机构投资者参与上市公司治理
境外法规及实践汇编

中国证券投资基金业协会
紫顶股东服务机构　著

中国财经出版传媒集团
中国财政经济出版社

图书在版编目（CIP）数据

机构投资者参与上市公司治理境外法规及实践汇编／中国证券投资基金业协会，紫顶股东服务机构著．－－北京：中国财政经济出版社，2021.11
　ISBN 978－7－5223－0836－4

Ⅰ.①机… Ⅱ.①中… ②紫… Ⅲ.①机构投资者－关系－上市公司－对外投资－涉外经济法－研究－中国 Ⅳ.①F832.48　②D922.295.4

中国版本图书馆 CIP 数据核字（2021）第 211422 号

责任编辑：郁东敏等　　　　　责任印制：刘春年
封面设计：中通世奥　　　　　责任校对：张　凡

机构投资者参与上市公司治理境外法规及实践汇编
JIGOU TOUZIZHE CANYU SHANGSHI GONGSI ZHILI JINGWAI FAGUI JI SHIJIAN HUIBIAN

中国财政经济出版社 出版

URL：http://www.cfeph.cn
E－mail：cfeph@cfeph.cn

（版权所有　翻印必究）

社址：北京市海淀区阜成路甲28号　邮政编码：100142
营销中心电话：010－88191522
天猫网店：中国财政经济出版社旗舰店
网址：https://zgczjjcbs.tmall.com
北京时捷印刷有限公司印刷　各地新华书店经销
成品尺寸：185mm×260mm　16开　17印张　366 000字
2021年11月第1版　2021年11月北京第1次印刷
定价：60.00元
ISBN 978－7－5223－0836－4
（图书出现印装问题，本社负责调换，电话：010－88190548）
本社质量投诉电话：010－88190744
打击盗版举报热线：010－88191661　QQ：2242791300

前　言

党的十九届五中全会描绘了"十四五"时期经济社会发展的宏伟蓝图，也对资本市场提出了新的要求。随着中国资本市场改革与发展、资本市场制度的逐步完备，机构投资者所管理的资产规模不断提高，在市场中的地位越来越重要，这也是资本市场走向健康的应有之义。根据已公开的最新数据，境内机构投资者（包括公募基金、私募基金、证券公司、保险公司、社保基金、信托公司及其他在内）已合计持有近50%的A股自由流通市值，成为资本市场的最重要参与者。与此同时，越来越多的境外资产管理机构也通过QFII、沪深港通等配置A股，尤其是MSCI等国际指数纳入A股，不仅提高了海外投资者对中国股市的关注度，也标志着中国境内权益类资产正式进入国际投资人的标准配置范围。

从A股上市公司的实际情况来看，"股权较为集中"仍然是A股公司的典型特征。截至2021年6月末，A股超过半数的上市公司控股股东持股比例超过30%。同时，随着一代创始人的减持退出，以及私募股权机构日益深度参与二级市场，我们观察到A股公司股权分散化的趋势日益加强，控股股东持股比例低于15%的上市公司数量已超过全市场的10%。

健康完善的公司治理是提高上市公司质量及建设良好资本市场的重要保障。股权集中或者过度分散，均可能对公司的健康治理带来挑战。在股权集中的上市公司，控股股东可能利用其控制权，实施侵占上市公司利益、侵害其他股东特别是中小股东利益的行为；而在股权分散的公司，则可能出现内部人控制的现象，同样可能对上市公司、其他股东的利益造成伤害。

机构投资者因其自身的投资特点，以及在资源、投研等方面的天然优势，在上市公司治理方面可以起到特别重要的作用。因此，制度化建立起机构投资者参与公司治理的方式，有效规范引导机构股东的力量，充分发挥其参与上市公司治理的积极作用，在当前市场环境下，显得尤为迫切和必要。

2020年10月，国务院发布了《关于进一步提高上市公司质量的意见》（以下简称《意见》）。《意见》的发布，充分体现了党中央、国务院对于提高上市公司质量、促进资本市场健康发展的重视。深入贯彻关于提高上市公司质量等一系列重要指示精神，需要进一步规范上市公司治理、协调平衡资本市场融资端和投资端、吸引更多中长期资金入市，利用多方合力，抓实抓好提高上市公司质量的相关工作。

2020年12月，在资本市场建立三十周年座谈会上，中国证监会将"持续推动提高上市公司质量，推动上市公司改革完善公司治理"作为资本市场下一阶段八大重点任务之一。为全面落实相关意见及指示，我们开展了系列工作，包括对境外资本市场关于机构投资者参与上市公司治理相关规则进行梳理及翻译、对国际投资者参与上市公司治理的先行实践进行研究及汇总、对国内部分公募基金管理人参与上市公司治理的现状进行摸底调研等，掌握了详实的资料，在此基础上形成本书。

改革完善上市公司治理任重而道远，本书旨在介绍、阐释并说明机构投资者参与上市公司治理的理论基础与制度实践，归纳及剖析境内外机构投资者的已有实践，希望能够为国内资本市场的参与者及研究者提供有益借鉴。

目 录

第一部分 机构投资者参与上市公司治理情况总览 ………………… 1

1. 境外规则梳理 ………………………………………………… 3
2. 境外机构投资者先行实践 …………………………………… 18
3. 境内机构投资者的开创性实践 ……………………………… 36
4. 结语 …………………………………………………………… 41

第二部分 海外市场尽责管理相关法律规则译文 ………………… 43

1. G20/OECD《公司治理原则》 ……………………………… 45
2. OECD：《机构投资者的负责任商业行为》 ………………… 62
3. 《欧洲基金和资产管理协会尽责管理准则》 ………………… 82
4. 美国：《关于投资顾问委托代理投票责任的指导意见》 …… 89
5. 美国：《有关投资顾问代理投票的最终条款》 ……………… 102
6. 英国：《英国尽责管理准则（2020年修订）》 ……………… 117
7. 荷兰：《尽责管理准则》 ……………………………………… 133
8. 韩国：《机构投资者尽责管理准则》 ………………………… 141
9. 日本：《尽责管理准则》 ……………………………………… 149
10. 印度：《尽责管理准则》 …………………………………… 162
11. 中国香港：《负责任的拥有权原则》 ……………………… 168
12. 中国台湾：《机构投资者尽责管理守则》修正条文 ……… 174

第三部分 境外机构投资者参与上市公司治理先行实践纵览 ·················· 181

1. 荷兰APG资产管理公司
   ——践行责任投资的养老金投资管理机构 ·················· 183

2. 荷宝投资管理集团
   ——深耕可持续投资26年 ·················· 191

3. 法国巴黎资产管理有限公司
   ——注重政策沟通的责任投资者 ·················· 201

4. 景顺资产管理公司
   ——美国责任投资实践先行者 ·················· 214

5. 施罗德集团
   ——贯彻责任投资理念的资产管理机构 ·················· 221

6. 富达国际
   ——持续前进的责任投资机构 ·················· 229

7. 加拿大养老基金投资公司
   ——积极开展尽责管理的资产所有者 ·················· 236

8. 贝莱德
   ——责任投资的行业标杆 ·················· 245

9. 挪威央行投资管理公司
   ——严谨负责的资产所有者 ·················· 254

| 第一部分 |

机构投资者参与上市公司治理
情况总览

1. 境外规则梳理

一、相关定义及主要背景

(一) 机构投资者

机构投资者是上市公司治理的重要参与者,也是改善上市公司治理的重要外部约束和市场化力量。从类别来看,随着金融系统的不断发展、投资链条的不断延展,机构投资者主要可以分为"资产所有者"(Asset Owner)与"资产管理者"(Asset Manager)两大类。

"资产所有者"一般指养老金、保险公司、投资信托等吸纳并持有资金,但较少开展直接投资,而是主要委托其他资产管理机构代为投资的机构投资者。尽管其实质并非最终"拥有"资产的主体,但相对于资产管理机构而言,这些资产所有者拥有决定由谁代其管理资产的权力,故而被市场称为"资产所有者"。"资产管理者"指直接管理投资组合、进行日常经营决策的机构投资者,例如公募基金、私募基金、保险资管、银行理财子公司等。在实践中,部分资产所有者如养老金,除了开展对外委托投资之外,也会在机构内部设立专门的投资部门以直接开展投资。

与上市公司董事会及其管理层开展沟通、积极参与上市公司股东大会并行使股东投票权,是机构投资者参与上市公司治理的核心手段。机构投资者通过上述路径表达对上市公司重大决策的意见,从而对上市公司施加影响。机构投资者的积极作为,能够推动上市公司提高其在公司内部控制、董事选任、重要发展战略及业务决策等核心议题方面的审慎性;在规范上市公司的同时,还推动了市场整体治理水平的提高,并使得市场参与各方从中获益。

(二) 信义义务与尽责管理

信义义务(Fiduciary Duty),通常译作"信托义务""受托责任"等。这一概念起源于信托关系,其内涵公认包含两方面内容:一是"忠实义务"(Duty of Loyalty),即受托人应当避免利益冲突,基于受益人的利益而行事,不能从中为自己或其他人谋取利益,不能将自己的私利置于与受益人利益相冲突的位置。二是"勤勉义务"(Duty of Care),即要求受托人在投资、经营或决策时审慎、勤勉、专业,始终将投资者的利益最大化作为其受托活动的行为准则。

如果说信义义务是对资管机构的本质要求,那么尽责管理(Stewardship)则是资管机构履行信义义务的外在体现。较之"信义义务"这个具有理论约束力但在执行要求方面相对宽泛的法律内涵,"尽责管理"具有更实际和具体的含义,可以承载相对不那么严肃但富有强制力的内容。

从词源上来讲,"Stewardship"指的是作为"管家"(Steward)负责任地规划和管理资产的职责。在现代投资的语境下,机构投资者(如公募基金、私募基金、养老金、保险公司等)就为其提供资金的客户而言,即是这些资金的"管家",其自身的尽责管理指的是负责任地管理资金提供者所委托的资产。尽责管理以"信义义务"的逻辑为前提,要求受托人为受益人的利益最大化而行事。

(三)公司治理原则强调机构投资者参与公司治理的重要作用

机构投资者参与公司治理是其"信义义务"的必然要求,但同时,机构投资者作为上市公司的重要外部约束力量,其积极作为可以提升市场公司治理的整体水平。

20世纪以来,随着资本市场的发展,机构投资者所管理的资产规模不断增加,对市场的影响力不断增强,其在公司治理中的角色也逐渐突出。多个国际机构和组织主动通过制定规则、发出呼吁等方式,倡导机构投资者积极作为。其中,最有代表性的就是经济合作与发展组织(The Organisation for Economic Cooperation and Development,OECD)与二十国集团(Group of Twenty,G20)联合发布的《公司治理原则》。

20世纪末,受1997年亚洲金融危机的巨大冲击影响,公司治理问题在全球兴起。OECD于1998年成立公司治理原则专门委员会,制定了第一版《公司治理原则》,并于1999年5月正式发表。该版《公司治理原则》是世界上第一部政府间制定的关于公司治理评价的国际标准,也是日后全球各资本市场制定公司治理相关规则的蓝本。此后《公司治理原则》经过两次修订。最新修订的《公司治理原则》发布于2015年,涉及公司治理相关的多个主体,包括上市公司、政策制定者、证券交易所、机构投资者等。其中,有关机构投资者参与公司治理的内容,首次作为单独篇章写进《公司治理原则》,并成为一项主要原则,强调机构投资者作为信义义务人,应当披露与其投资有关的公司治理及投票政策,包括决定使用投票权的相关程序,存管人或代理人①应按照股份受益人或所有人的指示进行投票,以及如何有效管理因行使投票权而产生的潜在利益冲突风险。

G20/OECD《公司治理原则》将机构投资者的参与视为公司治理的重要环节并专门予以强调,而类似的内容也反映在2018年中国证监会最新修订的《上市公司治理准则》中。《上市公司治理准则》"第七章 机构投资者及其他相关机构"中,专门提到"鼓励社会保障基金、企业年金、保险资金、公募基金的管理机构和国家金融监督管理机构依法监管的其他投资主体等机构投资者,作为上市公司股东,通过依法行使表决权、质询权、建议权等相关股东权利,合理参与公司治理。"可以看到,中国最新修订的《上市公司治理准则》结合了国际规则,特别是OECD/G20《公司治理原则》的最新内容,强调了保护中小投资者、完善董事会制度、机构投资者参与、上市公司在环境、社会责任、公司治理(Environmental、Social、Governance,ESG)方面

---

① 存管人(Custodian)或代理人(Nominee)指代客户持有证券的托管机构或代理机构。

的引领作用等内容,对上市公司治理领域诸多问题与需求进行了回应,为中国上市公司治理的发展制定了新的规范与蓝图。

(四) 机构投资者参与上市公司治理的主要规则类型

为使机构投资者参与公司治理做出更加具体、准确的指引和约束,许多国家和地区搭建了专门的规则体系,其中,最具有代表性和全球影响力的两类模式,即为美国模式和英国模式。

美国模式,主要体现为监管部门直接设置强制性规则,要求在当地注册的境内外资管机构必须遵守相关规则履行投票义务,并向监管部门汇报和向外界披露。此外,欧盟也通过发布指引的方式要求成员国逐步在本国法规中明确机构投资者参与上市公司治理的相关内容。

英国模式,则表现为国内某一组织制定尽责管理准则(Stewardship Code),在大多数情况下由机构投资者自主决定是否成为规则的签署方。英国模式被多国采纳使用,不同国家和地区也会根据当地实际情况进行调整,以适应资本市场实际需求。

本章的第二部分、第三部分将重点介绍这两类模式的演进历程、规则内容及特点等情况。

二、机构投资者参与公司治理规则之典型代表——美国模式

美国模式体现为监管机构制定具有法律约束力的规则体系,要求机构投资者遵守执行。这一模式的典型代表包括美国劳工部与证监会的规则体系与欧盟的股东权利指引Ⅱ。

(一) 美国劳工部与证监会的相关法规

美国以机构投资者参与股东大会投票为核心,设立了一套完整的、具有法律约束力的规则体系,作为推动机构投资者参与上市公司治理的主要机制。

1. 劳工部法规

美国机构投资者的壮大与其养老体系的发展密不可分。随着私人养老计划的发展,养老金在资本市场占据着越来越重要的地位。到1973年,美国养老金和保险公司持有的股票市值占比已接近20%[①]。

在此背景下,为规范养老基金的运作,美国劳工部于1974年颁布了《雇员退休收入保障法》(Employee Retirement Income Securities Act of 1974,"ERISA 1974")。该法案明确提出,凡是受约束的养老基金,都需要参与上市公司股东大会的投票,切实履行其对于委托人的信义义务。

此后,美国劳工部多次在公开信件或文件中强调受托管理养老金的机构应当参与上市公司投票、制定投票政策等;同时,就机构投资者应当如何参与上市公司投票、

---

① 美国圣路易斯联邦储备银行数据库。

履行信义义务，做出了具体详细的指导和说明。1998年，美国劳工部在给雅芳公司的回信（Avon Letter）中提到，投资经理只是受托人，需要"负责任地"行使投票权。

劳工部的积极背书、养老金规模的壮大及养老金自身长期投资的特点，共同推动了美国养老金参与公司治理的热潮。1984年，美国最大的公共养老基金加州公共雇员养老基金（California Public Employees' Retirement System，CalPERS）以反对 Texaco 公司管理层溢价回购公司股份为发端，领导了一场声势浩大的股东权利运动，同时牵头创建了机构投资者委员会（The Council of Institutional Investors，CII）。此后，市场把养老金积极参与上市公司治理并由此带来的公司治理改进称作"CalPERS 效应"。

2001年安然事件之后，CalPERS 发出金融市场改革的倡议，提出防范安然事件这类财务丑闻的原则和具体行动计划，并发起了抨击美国高管人员不合理薪酬等一系列积极的股东行为。

2. 美国证监会及国会法规

在劳工部和 CalPERS 的推动下，公司治理逐渐成为美国资本市场的焦点问题，美国证监会（U. S. Securities and Exchange Commission，SEC）也开始将目光聚焦于机构投资者，认为机构投资者作为上市公司重要股东，理应有所作为。

2003年，SEC 采纳了对机构投资者"投票信义义务"的约束建议，发布了《机构投资者代理投票的规则》，作为对1940年《投资顾问法》的细化和补充；同年，SEC 还发布了《投资公司投票政策与投票记录的披露规则》。这两个文件共同构成 SEC 对机构投资者投票监管的核心规范。自此，作为1940年《投资顾问法》的补充，美国通过 SEC 的规则，明确了对机构投资者通过投票参与公司治理的要求，使机构投资者正式成为受约束主体。

2008年金融危机之后，为规范金融市场，美国政府于2010年通过了《多德·弗兰克法案》（即《华尔街金融改革与消费者保护法案》），要求上市公司定期将公司高管薪酬提交股东大会进行投票（Say on Pay①），以借助机构投资者行使投票权来监督和约束上市公司管理层的薪酬问题，推动形成良好的互动机制。

伴随着美国机构投资者参与上市公司治理并行使投票权的实践，独立的第三方投票咨询机构作为提供投票建议的外部专业机构，开始兴起，并发挥着越来越重要的作用。但是，市场中也出现部分机构投资者惰于行使投票权，盲目依照投票咨询机构的建议完成投票的情况。这不仅引发上市公司的大量质疑，甚至还给机构投资者参与上市公司治理带来负面影响。在此情况下，2019年，美国证监会再度发布了《关于投资顾问的投票义务的补充指引》，明确机构投资者应当如何正确使用投票咨询服务，进一步完善了机构投资者行使投票权的监管框架。同时，该指引也对投票咨询机构提供的投票建议提出了更高的要求，以避免其不当建议可能对上市公司造成的负面影响。

---

① "Say on Pay"指美国上市公司应当就高管薪酬提出不具约束力的（Non-binding）、建议性的（Advisory）议案，供股东审议。

综合来看，美国对机构投资者参与上市公司治理的要求主要集中在行使投票权方面，从实践效果来看，为提升美国上市公司治理发挥了重要作用（见表1-1）。

表1-1　　　　　　　　美国机构投资者参与上市公司治理规则汇总

规则	发布时间	发布机构	相关内容
《雇员退休收入保障法》及解释公告94-2	1974年 1994年 2015年	劳工部	(1) 就议案进行投票：行使投票权是受托人的固有义务； (2) 投票政策：受托人应当制订投票政策并依此执行； (3) 股东积极主义：受托人义务包含与公司沟通、监督公司； (4) 服务于养老金的投资顾问、资产管理人应当披露其利益冲突
《机构投资者代理投票的规则》《投资公司投票政策与投票记录的披露规则》	2003年	证监会	(1) 要求机构投资者参与投票：投资顾问必须履行"信义义务"，负责任地行使表决权； (2) 强制披露：要求基金公司向投资人披露针对每个上市公司议案的投票结果、避免利益冲突的具体步骤，以及行使投票权的实际记录等，并每年向SEC提交； (3) 事先制订投票政策：要求投资机构制订并提前披露针对不同股东大会事项的投票政策
《多德·弗兰克法案》	2010年	国会	(1) 针对公司管理层薪酬定期进行建议性投票； (2) 对收购交易中的"金色降落伞"条款由非关联股东进行建议性投票
《关于投资顾问的投票义务的补充指引》	2019年	证监会	(1) 对机构投资者而言，其在使用投票咨询机构的服务时，应当采取有效的措施确保自己基于客户的最佳利益，认真履行自己的信义义务； (2) 对投票咨询机构而言，其投票建议必须确保在实质上的准确性，进而遵守《1934年证券交易法》的反欺诈规定。指引还建议其额外披露出具建议的方法论、信息来源和利益冲突情况

资料来源：紫顶研究。

(二) 欧盟的股东权利指引II (SRD II)

除美国外，其他地区也存在通过法规形式明确机构投资者参与公司治理相关规则的制度，最为典型的是由欧盟发布、要求成员国落实的股东权利指引（Shareholder Rights Directive，SRD）。

第一版SRD于2007年正式生效，旨在改善欧盟成员国内上市公司的治理情况。SRD作为欧盟议会审议通过、具有法律约束效力的规则，要求成员国将相关内容也反映在本国的法规之中。第一版的SRD侧重于要求上市公司为股东行使权利提供便利，而并未提及机构投资者相关内容。

2017年，欧盟对SRD进行了修订，推出了第二版股东权利指引（SRD II）。SRD II除对上市公司的股东权利保护义务提出了进一步要求外，还新增了与机构投资者相关的内容。主要有：

第一，政策制定：机构投资者应当制定和披露其参与上市公司治理的相关政策，包括投票、沟通等。

第二，效果披露：机构投资者应当每年汇报和披露其如何参与上市公司治理，特别应当汇报和披露投票相关的行为。

除此之外，类似于美国的 Say on Pay，SRD II 也设置了 Say on Directors' Pay 的要求。但不同于美国的是：第一，欧盟的 Say on Directors' Pay 议案所针对的对象不是高管，而是董事；第二，该议案是建议性还是具有约束力可以由各成员国自行决定。

总体来看，SRD II 致力于在欧盟成员国内打造一个统一的公司治理参与机制，其政策制订思路也从最初的主要关注上市公司，转变到强调机构投资者对改善上市公司治理的重要作用，并致力于提升机构投资者参与公司治理的透明度、规范度以及约束力。

三、机构投资者参与公司治理规则之典型代表——英国模式

英国模式体现为制定专门的尽责管理准则以全面约束、规范和引导机构投资者参与上市公司治理的行为。尽责管理准则是关于机构投资者作为公司股东，应当如何在参与上市公司治理的过程中有所作为、践行尽责管理行为的原则，是常见的专门针对机构投资者参与上市公司治理的规则制度。截至 2020 年 10 月，全球一共有 21 个国家和地区发布了当地的尽责管理准则。尽管这些准则在内容上存在一定差异，但都旨在通过敦促机构投资者负责任地行使股东权利、与持股公司进行积极互动，促进上市公司治理水平的提升。

作为全球首份尽责管理准则，英国《尽责管理准则》明确指出，"尽责管理"指的是"通过对资产进行负责任地配置、管理与监督，为客户及投资受益人创造长期价值，进而为经济、环境和社会带来可持续价值"。日本《尽责管理准则》对"尽责管理责任"的定义，则是"在深入了解公司及其商业环境的基础上，通过建设性的参与或有目的的对话，提高持股公司的价值、促进可持续发展，进而提高客户和投资受益人的长期投资收益"。

纵观各国或地区对尽责管理的定义，虽然在表述上有所差异，但核心本质皆蕴含了机构投资者应当在投资过程中，从资金提供者的长期利益出发，积极关注所投资公司的经营与治理状况，并通过与公司经营管理层沟通、行使投票权等方式参与公司治理的要义。

本部分将先梳理和介绍尽责管理准则的主要内容，再分别介绍英国、印度和日本三个国家的具体实施案例。

（一）尽责管理准则的主要内容

1. 主要类型

按制定主体划分，当前全球各经济体制定的尽责管理准则可以分为三类。第一类是由本地监管机构或类监管机构制定的准则，如英国、日本、中国香港、印度等；第二类是由投资者协会等行业组织制定的准则，如由美国投资者尽责管理团体（Investor

Stewardship Group，ISG）制定的尽责管理准则、欧洲基金与资产管理协会（European Fund and Asset Management Association，EFAMA）制定的尽责管理准则等；最后一类为公司治理领域第三方机构所制定的规则，如韩国的尽责管理准则由韩国投票咨询机构——韩国公司治理服务（Korea Corporate Governance Service，KCGS）发布，新加坡的准则由淡马锡所设立的倡议机构 Stewardship Asia 发布。截至 2020 年 10 月全球地区性尽责管理准则见表 1-2。

表 1-2　　　　全球地区性尽责管理准则一览（截至 2020 年 10 月）

国家/地区	准则名称	首次发布年份	是否强制执行	发布主体	发布主体类别
英国	The UK Stewardship Code	2010	否	Financial Reporting Council (FRC)	监管机构
加拿大	Principles for Governance Monitoring, Voting and Shareholder Engagement	2010	否	Canadian Coalition for Good Governance (CCGG)	行业组织
欧盟	EFAMA Stewardship Code	2011	否	European Fund and Asset Management Association (EFAMA)	行业组织
荷兰	Dutch Stewardship Code	2011	否	Eumedion	行业组织
南非	Code for Responsible Investing in South Africa	2011	否	Institute of Directors Southern Africa	第三方
瑞士	Guidelines for Institutional Investors	2013	否	Swiss Association of Pension Fund Providers	行业组织
日本	Principles for Responsible Institutional Investors	2014	否	金融厅	监管机构
马来西亚	Malaysian Code for Institutional Investors	2014	否	Securities Commission Malaysia & Minority Shareholder Watchdog Group	监管机构
意大利	Stewardship Principles for the Exercise of Administrative and Voting Rights in Listed Companies	2015	否	Assogestioni	行业组织
巴西	AMEC Stewardship Code	2016	否	Association of Capital Markets Investors (AMEC)	行业组织
肯尼亚	Stewardship Code for Institutional Investors	2015	否	Capital Markets Authority	监管机构
丹麦	Stewardship Code	2016	否	The Committee on Corporate Governance	监管机构
中国香港	Principles of Responsible Ownership（负责任的拥有权原则）	2016	否	证券及期货事务监察委员会	监管机构
中国台湾	Stewardship Principles for Institutional Investors（机构投资者尽职治理守则）	2016	否	台湾证券交易所	监管机构
新加坡	Singapore Stewardship Principles for Responsible Investors	2016	否	Stewardship Asia	第三方

续表

国家/地区	准则名称	首次发布年份	是否强制执行	发布主体	发布主体类别
韩国	KCGS Stewardship Code	2016	否	Korean Corporate Governance Service（KCGS）	第三方
美国	ISG Stewardship Framework for Institutional Investors	2017	否	Investor Stewardship Group（ISG）	行业组织
泰国	Investment Governance Code for Institutional Investors	2017	否	Securities and Exchange Commission	监管机构
澳大利亚	Principles of Internal Governance and Asset Stewardship	2017	是	Financial Services Council（FSC）	行业组织
澳大利亚	Australian Asset Owner Stewardship Code	2018	否	Australian Council of Superannuation Investors	行业组织
印度	Guidelines on Stewardship Code for Insurers	2017	是	Insurance Regulatory and Development Authority	监管机构
印度	Common Stewardship Code	2018	是	Pension Fund Regulatory and Development Authority	监管机构
印度	Stewardship Code for All Mutual Funds and All Categories of AIFs, in Relation to Their Investment in Listed Equities	2019	是	Security and Exchange Board of India（SEBI）	监管机构
俄罗斯	Principles of Responsible Investment	2020	否	Bank of Russia	监管机构

资料来源：紫顶研究。

2. 核心条款

纵观各国或地区的尽责管理准则，其核心内容均为针对机构投资者的指导性原则，再辅以若干具体实施指引，并将此作为机构投资者应当遵循的最佳实践。这些尽责管理准则在投票、沟通等方面的内容基本一致，但在部分或有条款设置上各有特点。我们上述各尽责管理准则的常见条款总结如表1-3所示。

表1-3　　　　　　　　　　尽责管理准则常见条款分类

共同内容		
原则	内容	纳入国家/地区
行使投票权	机构投资者应当制订如何进行投票的政策，并披露投票行为	全部
监督及与上市公司沟通	机构投资者应当监督上市公司治理，并就关切的重大问题与上市公司进行沟通	全部
解决利益冲突	机构投资者应当充分说明，在践行尽责管理行为时，如何处理利益冲突问题	全部

续表

共同内容		
原则	内容	纳入国家/地区
披露尽责管理行为	机构投资者应当制定政策，说明自己将如何践行尽责管理，并披露自己已经践行的尽责管理行为	全部

或有内容		
原则	内容	纳入国家/地区
集体行动	机构投资者应当在必要情况下，与其他投资者联合行动	英国、加拿大、欧盟EFAMA、荷兰、南非、意大利、巴西、丹麦、肯尼亚、新加坡、美国、泰国、澳大利亚、俄罗斯（14）
升级措施	机构投资者应当明确在何种情况下，会升级它们的行为，以捍卫股东利益	英国、荷兰、丹麦、肯尼亚、中国香港、泰国（6）
ESG*与可持续发展	机构投资者应当将可持续发展或ESG因素纳入其投资分析和决策框架中	英国、加拿大、南非、日本、马来西亚、巴西、肯尼亚、澳大利亚、俄罗斯（9）
资产所有者相关内容	资产所有者在监督资管机构践行尽责管理方面应当起到一定作用	英国、日本、澳大利亚、肯尼亚、印度、俄罗斯（6）
第三方服务机构相关内容	要求投票咨询机构等第三方以透明、负责的方式出具投票意见等第三方服务	英国、日本、肯尼亚（3）
机构投资者知识要求	机构投资者应当具备参与公司治理相关的能力与知识储备	日本、韩国（2）

注：*环境、社会责任和治理（Environmental, Social, and Corporate Governance）。

资料来源：紫顶研究。

可以看到，尽责管理准则的内容不仅包括践行投票权的相关事项，也包括监督上市公司、促进上市公司可持续发展等内容，部分国家或地区的准则还会要求机构投资者充分考虑上市公司利益相关方的利益。

在设置或有条款时，各国家或地区都不同程度地考虑了本地特点，具体有：

第一，在集体行动、升级措施方面，不同国家或地区的审慎程度有所不同。其中，约2/3设置了鼓励集体行动的条款，约1/4设置了鼓励适时采取升级措施的条款。

第二，各国或地区逐步意识到可持续发展要素是机构投资者应当关注的。大多发布时间较晚的尽责管理准则都纳入了可持续发展的相关内容，英国、日本也在后续更新中纳入了可持续发展或ESG的相关内容。

第三，部分国家或地区纳入了资产所有者相关内容。资产所有者可以作为市场力量，直接监督为数众多的资产管理机构的尽责管理行为，这既能解决资产管理机构的激励问题，也能缓解监管部门的约束压力。

此外，最为保守的日本和韩国还要求本国机构投资者在与公司沟通时，须具备与该公司经营相关的知识，对机构投资者要求较高。

3. 实施路径：强制或非强制

除条款设计外，各地区推动尽责管理最引人瞩目的差异，在于实施路径的不同——选择强制性还是非强制性的推广模式。尽管较为知名的尽责管理准则，如英国、日本，大多选择了非强制的实施路径，即"遵守或解释"（Comply or Explain 或 Apply or Explain），但这并不意味着尽责管理准则就不具备强制约束力。实际上，印度、澳大利亚的尽责管理准则就选择了强制性的实施路径。

强制性模式和非强制性模式有着不同的理论基础。

强制性模式的理论基础是"委托代理理论"（Agency Theory）。从经济学角度出发，这一理论刻画的是委托人（Principal）与代理人（Agent）之间的关系。委托代理理论的核心观点是，代理人不会以最大化委托人的利益为目标，而是出于自我寻利的动机，利用各种可能的机会增加自己的效用。在此情况下，委托人应当设置最佳的治理架构以监督代理人行为，使其不会背离委托人的利益。非强制性模式的理论基础则是"尽责管理理论"（Stewardship Theory），考虑了社会学与心理学要素，刻画的是委托人（Principal）与尽责管理人（Steward）之间的关系。尽责管理理论的核心观点是尽责管理人将受到内在驱动，将委托人的利益置于自身的利益之上。驱动尽责管理人的心理因素包括自我满足感、组织的认同与肯定及基于声誉的地位提升；社会因素包括更加集体主义和强调成员参与的管理文化以及相对小的社会权力疏离度。在一个组织内，尽责管理人的行为是具有合作属性且对组织有利的。为了促成和激励这样的尽责管理精神（Stewardship）并提升收益，委托人应当创造一个有利于这种行为的组织架构或氛围。

委托代理理论与尽责管理理论都致力于提升组织效益，但在行为假设、解决方案上却大相径庭。在尽责管理理论的框架下，管理程度越高的组织环境，越会降低尽责管理人的积极性，从而降低组织收益；而委托代理理论则认为加强管治有利于约束代理人行为，提高组织收益。

制度路径的选择，应充分考虑本国或地区的实际情况。丹麦的《尽责管理准则》（使用非强制路径）提到："我们发现自我管理是在公司治理方面最好的管理形式……尽管这需要社会、企业和投资者对于尽责管理精神有着积极的认识……"，而 G20/OCED 的《公司治理原则》则提出："对某些机构投资者而言，参与公司治理，包括投票权的实施，是其经营模式的天然组成部分。但是，另外一些机构投资者向其受益人和客户提供的商业模式和投资战略可能就不鼓励股东的积极参与，也不鼓励投入资源来支持积极的股东参与。"

从实践来看，大多数地区采取的都是非强制性的实施路径，即机构投资者主动选择是否成为尽责管理准则的签署方，签署之后按照"要么遵守，要么解释"的原则履职尽责管理职责。是否成为准则的签署方以及对准则的遵守、执行情况，会对机构投资者的声誉和口碑产生一定影响。因此，我们也发现越来越多的机构投资者选择主动遵照尽责管理准则，这在一定程度上构成对机构投资者的软性约束，提升了准则的实施效果。

以韩国为例，其尽责管理准则由当地的投票咨询机构——韩国公司治理服务

（KCGS）在2016年发布采取的就是非强制的监管路径。类似地，我国香港地区的监管机构也选择了非强制的监管路径。

事实上，上述非强制路径并不一定适用于所有地区。澳大利亚的监管机构对资产管理者和资产所有者推出了两套不同的尽责管理准则，分别是针对资产管理者的Principles of Internal Governance and Asset Stewardship（PIGAS）和针对资产所有者的Australian Asset Owner Stewardship Code（AAOSC）。其中，针对资产管理者的准则由澳大利亚资产管理机构行业协会（The Financial Services Council，FSC）发布，并设置了强制标准，要求其100多名成员单位必须遵守。

地处亚洲的印度亦采取了更加激进的举措，在机构投资者参与上市公司治理方面设计了一套全面且具有强制力的制度体系。该体系覆盖保险机构、养老金、共同基金等主要机构投资者，要求他们必须积极参与印度上市公司的治理。

综合而言，各国家或地区采取强制性还是非强制性的路径，应当从确保实施效果的角度出发，充分考虑当地历史实践与当前特点，选择最适合的方式。软性与硬性路径都有可取之处，监管机构在制定本地区规则时，应兼容并包，取长补短。

（二）尽责管理准则的先行者：英国

考虑到英国资本市场的实际情况，发端于英国的尽责管理准则，采取了非强制的推行模式。一方面，英国的主流观点认为股东与上市公司的直接交流是非常重要且不可替代的；并且，这种交流在实践中并不会通过如监管机构、财务或法律顾问、投票游说机构等其他中间方来开展。另一方面，出于市场偏好和有效性的考虑，股东提案在英国非常少见，股东对公司施加的影响常常在幕后显现；且股东诉讼在英国也鲜少出现，股东倾向于提前采取措施避免破坏公司价值——通过诉诸法庭以弥补投资损失往往成本高昂且有一定风险。

英国资本市场非强制实施的尽责管理准则取得了良好的效果，并逐步影响和扩散到全球其他国家与地区。

早在1998年，英国财务报告理事会（Financial Reporting Council，FRC）发布了本国的《公司治理准则》①［一般称作"合并准则"（Combined Code）］。合并准则包括两部分：第一部分适用于上市公司，主要吸纳了英国监管者对于上市公司董事会、薪酬、维持与投资者关系（其中提到公司应当配合与机构股东沟通）、审计与内控等治理相关要素的指导意见；第二部分针对机构股东（Institutional Shareholders），提到机构股东负有审慎行使自己投票权的责任，应当在有条件的情况下与上市公司沟通并对上市公司治理信息的披露进行评估。可以看出，在最早期的公司治理规则体系中，英国监管者就意识到应当强调和借助机构投资者的力量，使其参与到促进上市公司治理改善的过程当中。

2007年，作为行业组织的机构投资者委员会②（Institutional Shareholders' Commit-

---

① The Combined Code: Principles of Good Governance and Code of Best Practice。
② 非政府机构，是自发组建的行业协会，主要成员为英国保险业、信托业、银行业、养老金业投资机构。

tee），发布了《机构股东及其代理人的责任：原则声明》①（以下简称《声明》）。《声明》提出机构股东包括养老金、投资信托及其他资金归集方，而代理人则指资管机构、投资经理等对象。根据《声明》，机构股东及其代理人负有五项责任：一是制订政策说明将如何履行自己的责任；二是监督上市公司的表现，并在必要时建立常规对话机制；三是在必要时进行干预；四是评估自身参与上市公司治理活动的影响；五是向客户进行汇报。《声明》将机构投资者参与上市公司治理定义为其固有责任，明确了机构股东应当参与上市公司治理的理论基础。此外，《声明》作为英国尽责管理准则的前身，其条款已包含了之后出台的尽责管理准则的核心内容，并对尽责管理准则的最终形成奠定了重要基础。

在 2008 年全球金融危机的背景下，英国机构投资者参与上市公司治理的基石文件——《机构投资者尽责管理准则》（Stewardship Code）正式诞生。金融危机对全球金融秩序造成了巨大冲击，英国也不例外，其金融体系遭受了重大损失。出于对这一问题的警觉，英国政府委托大卫·沃克勋爵对银行体系的公司治理进行了深入研究。

2009 年 11 月，《对英国银行和其他金融机构的公司治理的评论》（以下简称"沃克评论"）发布。沃克评论提出，机构投资者的干预将有效控制银行的过度风险行为，防范银行系统危机的发生，而这也与机构投资者追求收益的本质要求相一致。沃克强调，英国财务报告理事会鼓励机构投资者采取对英国上市公司尽责管理的最佳实践，通过让机构投资者落实积极、长期的投资理念，促进英国上市公司的可持续发展。整体来看，英国尽责管理准则的直接目的是改善机构投资者对风险过度容忍和短期主义的行为，使其对整个金融系统产生更正面的影响。

在充分吸收《合并准则》《声明》和沃克评论的核心内容之后，2010 年 7 月，英国财务报告理事会发布了第一版机构投资者《尽责管理准则》，这也是全球首份尽责管理准则，为后续各国家和地区纷纷效仿的尽责管理准则确立了重要的基准内容。该准则内容包括：

第一，实施办法，机构投资者通过成为准则的签署方而被准则约束，并遵循非强制性的"遵守或解释"（Comply or Explain），强调机构投资者主动、灵活参与。

第二，设立了七条基本参与治理的原则，包括投票、沟通、必要时积极作为、集体行动、解决利益冲突、制订政策以及披露政策与实践。

英国的《尽责管理准则》在发布之后，一直处在不断发展完善的过程中，并于 2012 年和 2019 年进行了修订。

2012 年，受英国监管方委托，教授 John Kay 就英国股票市场的运作及其对英国上市公司长期业绩和治理情况的影响这一议题发布了报告②（Kay Review）。报告提到，资产管理行业存在系统性且普遍的短期主义行为，建议通过修订《尽责管理准则》改善这一问题。出于对 Kay Review 的回应，2012 年 9 月，英国《尽责管理准则》调整了对"尽责管理"（Stewardship）目的的描述，更加强调长期性，即"旨在增强机构

---

① 《The Responsibilities of Institutional Shareholders and Agents: Statement of Principles》。
② 《The Kay Review of UK Equity Markets and Long-Term Decision Making: Final Report》。

投资者与公司之间的沟通质量,以帮助改善股东的长期回报和治理责任的有效实践","尽责管理准则的目的在于促进上市公司的长期成功"。此次修订明确了机构投资者参与上市公司治理的目标是实现长期利益和公司的长期成功,有助于改善投资机构的短期行为。

2016 年,为提升机构投资者践行尽责管理的效果,英国财务报告理事会决定引入签署机构分级制度,以区分签署机构为遵守《尽责管理准则》所付出的努力程度。在新的规则①下,签署机构将依据其报告质量分级,最低一档的机构则需要做出改进。

2018 年,英国政府委托约翰·金曼勋爵对英国财务报告理事会的工作进行独立评价。评估报告②(Kingman Review)提出,《尽责管理准则》"尽管具有良好且重要的出发动机,但在实践方面效果并不明显",建议对准则进行修改,并着重强调调整准则的践行路径,关注结果和有效性,而不是沉迷于文书陈列。

2019 年,鉴于资本市场的最新变化和 Kingman Review 的影响,英国再次对《尽责管理准则》做出了修订,修订版于 2020 年开始实施。此次修订结合了近年来金融市场的趋势变化,主要内容包括:一是再次对"尽责管理"的定义进行调整,将其定义为"对资本负责任的配置、管理与监督,从而为客户和受益人创造长期价值,同时对经济、环境和社会带来可持续利益",特别强调了"环境与社会"因素;二是在条款指引方面,强调考核和评估机构投资者践行尽责管理的行动和成果,而不能仅关注概念陈述和政策制订等,以解决尽责管理停留于纸面的问题;三是专门为投票咨询机构等第三方服务提供方设置相应原则,将其同时纳入规范指引的框架中。

英国《尽责管理准则》的修订给其他国家或地区的政策制定者带来了丰富的启示。随着时间的推移和机构投资者参与上市公司治理的深入,各类新问题不断涌现。监管者需要与时俱进,适时反应,倾听来自市场的声音与建议,以便对相关规则进行更新,从而更好地处理上市公司治理及其发展中的问题,充分发挥机构投资者的力量。

(三)强制性尽责管理准则的典型代表:印度

在印度颁布《尽责管理准则》之前,印度证监会(The Securities and Exchange Board of India,SEBI)就曾发布过具有强制力的约束文件。2010 年和 2014 年,印度证监会两度发布文件,强制要求共同基金制定和披露投票政策,披露投票结果,以及按季度发布投票同意或反对某些议案的理由等。

2016 年,由印度金融监管部门联合组建的金融稳定与发展委员会(Financial Stability and Development Council,FSDC),开始讨论并提议为机构投资者设置尽责管理准则。此后,印度监管机构为不同类型的机构投资者陆续设立了三项尽责管理准则,即

---

① FRC,"Tiering of 2012 Stewardship Code Signatories," 2016, https://www.frc.org.uk/investors/uk-stewardship-code/uk-stewardship-code-statements.

② John Kingman et al., "Independent Review of the Financial Reporting Council," OGL, December 2018, https://assets.publishing.service.gov.uk/government/uploads/system/uploads/attachment_data/file/767387/frc-independent-review-final-report.pdf.

2017 年由保险业监管机构发布的针对保险公司的"IRDAI Code",2018 年由养老金监管机构发布的针对养老金的"PFADA Code",以及 2019 年 12 月由 SEBI 发布的针对资管机构(包括共同基金、另类投资基金等)的《尽责管理准则》。三份准则内容略有差异,但均具有强制效力,要求受监管的机构投资者必须在指定时间内实现遵守。

从内容上看,SEBI 的《尽责管理准则》与英国 2012 年版本的《尽责管理准则》基本一致;同时,SEBI 的《尽责管理准则》在其 2010 年和 2014 年的约束文件基础上,增加了资管机构应在做出投票决定前进行深度研究的要求。

一项研究①指出,印度选择强制性的实施路径可能有以下三个原因:

一是印度机构投资者的职责和面对的挑战与英国完全不同,英国上市公司的股权结构较为分散,而印度公司大多是家族企业或由国有资本控股,机构投资者的影响力天然不足;

二是制度不仅仅要服务股东的利益,还需要强调维护利益相关方的利益,强制性的路径更有利于实现这一目标;

三是非强制"Soft Law"的实施路径不适应印度的土壤,在公司治理领域,印度更依赖于强制性规则的力量。

(四)充分发挥资产所有者力量的代表:日本

在尽责管理准则落地实行的过程中,如果资产所有者(Asset Owner)能够积极协助规则推进,那么制度将会获得更加良好的效果。

在非强制性的执行路径下,机构投资者认真遵守尽责管理准则的动机主要有两方面:一是通过参与上市公司治理,提升投资业绩,进而提升资产管理规模;二是获得客户,即资产所有者的青睐。资产所有者对参与公司治理和投票的关注,将大大激励资管机构在该领域投入资源与精力以获得竞争优势。

以日本为例,日本的尽责管理制度非常强调调动资产所有者的参与度,而日本政府养老金管理机构(Government Pension Investment Fund,GPIF)在协助推进落实本国尽责管理制度方面发挥了重要的作用。

2012 年 12 月,日本政府成立日本经济振兴本部,出台了"日本振兴策略"(Japan's Economic Revitalization Strategy),旨在制订必要的经济政策,以促进日本经济的长期发展。作为自上而下的发展战略,"日本振兴策略"被视为安倍经济改革的重要环节,公司治理改革是其重要的组成部分。在日本,许多机构投资者因各种现实原因怠于参与公司治理,例如日本人寿保险公司和投资信托管理机构,因与持股上市公司经常发生业务往来而常常怠于行动,鲜少反对公司管理层的不当行为。日本公司治理改革旨在改变国内机构投资者的这些行为,推动其采取更加主动的参与措施。在此背景下推出的《尽责管理准则》与日本于 2015 年发布的《公司治理准则》,成为"日本振兴策略"中公司治理改革的两大重要支柱。

---

① Varottil, U. (2020). Shareholder Stewardship in India: The Desiderata. *NUS Centre for Asian Legal Studies Working Paper*, 20 (01).

2014年2月，日本金融厅首次发布了《尽责管理准则》。该准则为机构投资者推动被投资公司可持续增长、为客户和受益人提高中长期投资回报提供了指导，并指出机构投资者可以通过建设性的参与和有意义的对话来承担责任。日本《尽责管理准则》于2017年修订，进一步明确了资产所有者（如养老基金）的作用，并鼓励资产管理者加强利益冲突管理。近年来，准则的签署者不断增加，截至2020年9月30日，已有288家机构成为准则的签署方（见表1-4）。

表1-4　　　　　　　　日本《尽责管理准则》签署机构情况

机构投资者类别	数量（家）
信托银行	6
资管机构	191
保险公司	24
养老金	57
其他	10
总计	288

数据来源：https://www.fsa.go.jp/en/refer/councils/stewardship/20160315.html。

2020年3月24日，日本金融厅再次对《尽责管理准则》进行了修订，对资产所有者的尽责管理活动进行了专门调整，包括：

第一，阐明了资产所有者的管理职责；

第二，资产所有者应鼓励资产管理者根据其规模和能力进行有效的管理活动，以确保受益所有者的利益；

第三，资产所有者自行管理资金并行使表决权时，应进行有效监督管理，例如根据其规模和能力与被投资公司进行对话。

在实际操作中，资产所有者积极配合日本准则的实施，例如日本政府养老金投资基金（GPIF）。GPIF成立于2001年，是日本政府下设的公共年金管理机构。截至2020年第三季度末，GPIF管理着约1.59万亿美元的资产，是全球最大的公共退休基金。

GPIF在支持尽责管理方面做出了一系列努力，包括：第一，设立和修订内部专门的"尽责管理原则""代理投票原则"和"投资原则"，要求为其服务的资管机构遵循尽责管理相关的义务。第二，在选择外部管理人以及对外部管理人进行考核时，均会对其落实尽责管理的情况进行调查并出具调查报告。报告内容包括资管机构的准则遵循情况、参与股东大会及投票权行使情况，考核结果将对资管机构受托管理的资产规模产生重要影响。

通过上述方式，GPIF实质推动了日本尽责管理准则的落实。根据GPIF自身定期发布的尽责管理报告[①]，为其服务的资管机构与公司沟通的频率、行使投票权的次数和比例均稳步上升。

---

① GPIF, Stewardship Activities Report 2019-2020, https://www.gpif.go.jp/en/investment/Stewardship_Activities_Report_2019-2020.pdf。

2. 境外机构投资者先行实践

20世纪末，境外成熟市场的股东积极行为开始兴起，养老金、共同基金和对冲基金等各类机构投资者开始以不同方式行使股东权利，敦促公司董事会和管理层重视股东诉求，实现股东价值最大化，并进一步释放公司长期价值。在此背景下，与上市公司董事会及管理层开展沟通，积极参与上市公司治理并行使股东大会投票权，成为机构股东参与公司治理的核心手段。机构股东通过上述方式表达对上市公司重大决策的意见，从而对上市公司施加影响。同时，机构投资者的积极作为，使得上市公司不得不提高其在公司内部控制、董事及高管选任、重要发展战略以及业务决策等核心议题方面的审慎性，在规范上市公司的同时，也推动了市场整体治理水平的提高。

一、在境外资本市场，机构投资者已成为市场的重要股东力量

在境外成熟资本市场，随着机构投资者资产管理规模的逐步扩大，包括养老金、资产管理机构、共同基金及保险公司等在内的机构投资者，逐渐成为市场的重要股东力量。

以美国资本市场为例，我们整理了在美国股票市场中，机构投资者（包括养老金、共同基金及保险公司等）持有流通股票的市值占比情况。可以看到，在1980年，机构投资者在美国股票市场流通市值占比仅为28%，但到2019年，该比例已增长至70%（见图2-1）。

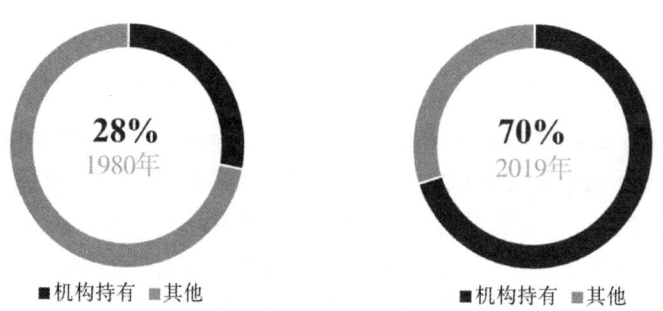

图2-1 美国二级市场机构投资者持有流通市值占比

数据来源：The Conference Board, 2010 Institutional Investment Report: Trends in Asset Allocation and Portfolio, November 2010; Broadridge and PwC, Proxy Pulse: 2019 Proxy Season Review, October 2019。

在机构投资者力量壮大的过程中，包括贝莱德（BlackRock）、领航集团（Vanguard Group）、道富全球（State Street Global）、富达投资（Fidelity Investments）等在内的国际知名资产管理机构，因管理资产规模巨大，已成为二级市场的重要股东力量（见图2-2）。

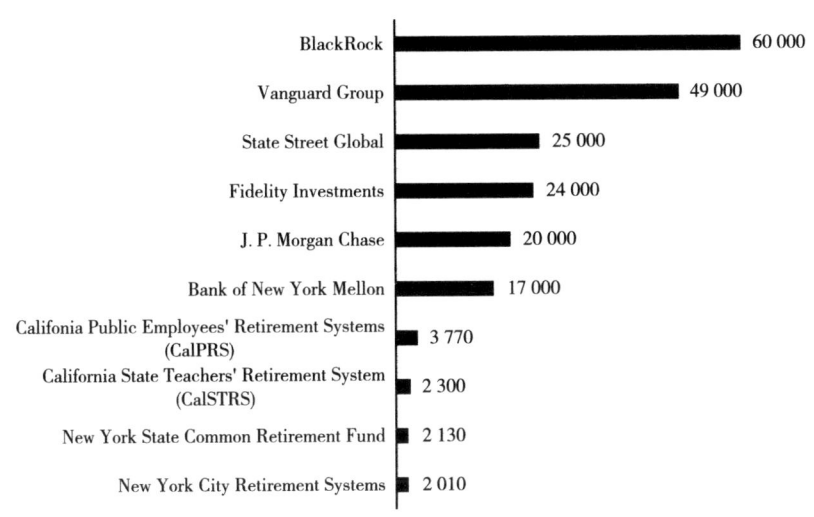

图 2-2　美国主要机构投资者资产管理规模（亿美元）

数据来源：Broadridge and PwC，Proxy Pulse：2019 Proxy Season Review，October 2019，数据截至 2018 年 12 月 31 日。

以标普 500 指数为例，其成分股公司中，已经有 88% 的公司最大股东是贝莱德、领航集团或道富全球这三大机构投资者。截至 2019 年末，共同基金和 ETF 产品持有约 32%[①] 的美国上市公司股票市值。表 2-1 进一步展示了 2019 年末，在美国总市值排名前十的上市公司中，共同基金及 ETF 产品的持股比例。可以看到，在这些市值排名位于前列的上市公司中，机构投资者的持股比例已接近 1/3，在部分上市公司中甚至超过 1/2。机构投资者已然成为上市公司最重要的股东。与此同时，在境外市场，绝大多数情况下，客户会授权其投资顾问也即机构投资者进行代理投票。这种巨大的投票权使得机构投资者具有集体影响力，在许多情况下甚至可以单独影响股东大会的投票结果和公司治理，进而影响持股公司的未来价值。

表 2-1　2019 年末美国总市值前十上市公司中共同基金及 ETF 产品的持股比例

市值前十美国上市公司	共同基金与 ETF 持仓占比（%）
苹果公司（Apple Inc.）	28.80
微软公司（Miscrosoft Corp.）	42.14
谷歌母公司（Alphabet Inc.）	39.58
亚马逊公司（Amazon.com Inc.）	32.14
脸书公司（Facebook Inc.）	45.93
伯克希尔·哈撒韦公司（Berkshire Hathaway Inc.）	32.56

---

① 数据来源：INVESTMENT COMPANY INSTITUTE, *2020 Investment Company Fact Book* at "Facts at a Glance" (60th Ed. 2020), https://www.ici.org/pdf/2020_factbook.pdf。

续表

市值前十大美国上市公司	共同基金与ETF持仓占比（%）
摩根大通公司（JPMorgan Chase & Co.）	39.20
维萨公司（Visa Inc.）	50.19
强生（Johnson & Johnson）	33.89
沃尔玛公司（WalMart Stores Inc.）	14.77
美国银行（Bank of America Corp.）	34.82

数据来源：https：//www.ici.org/pdf/2020_factbook.pdf。数据截至2019年12月31日。

二、见微知著，国际知名资产管理机构的先进经验

为了全面了解境外机构投资者在践行责任投资、参与持股上市公司的公司治理方面先行实践的情况，我们通过公开资料研究、问卷调研、一对一访谈三种形式，对13家境外机构投资者践行责任投资的情况进行了深入梳理与研究，研究对象及调研方式的情况如表2-2所示。

表2-2　　　　　　　　主要调研及研究对象基本情况

序号	机构名称	国家	机构类型	研究方式
1	BNP Paribas Asset Management（法巴银行资产管理有限公司）	法国	资产管理机构	线上访谈 公开资料
2	Robeco Institutional Asset Management（荷宝基金管理公司）	荷兰	资产管理机构	线上访谈 公开资料
3	APG（荷兰汇盈资产管理公司）	荷兰	资产管理机构	问卷调研 公开资料
4	UBS Asset Management（瑞银资产管理有限公司）	瑞士	资产管理机构	问卷调研
5	Man Group PLC（英仕曼集团）	英国	资产管理机构	问卷调研
6	Fullerton Fund Management（富敦资产管理有限公司）	新加坡	资产管理机构	问卷调研
7	JP Morgan Asset management（摩根大通资产管理公司）	美国	资产管理机构	问卷调研
8	Canada Pension Plan Investment Board（CPPIB，加拿大养老基金）	加拿大	资产所有者（养老金）	公开资料
9	Norges Bank Investment Management（NBIM，挪威央行投资基金）	挪威	资产管理机构	公开资料

续表

序号	机构名称	国家	机构类型	研究方式
10	BlackRock, Inc.（贝莱德集团）	美国	资产管理机构	公开资料
11	Invesco Ltd.（景顺资产管理公司）	美国	资产管理机构	公开资料
12	Fidelity International（富达国际）	美国	资产管理机构	公开资料
13	Schroders Group（施罗德集团）	英国	资产管理机构	公开资料

数据来源：紫顶整理。

上述调研对象均为国际知名资产管理机构，在全球进行广泛的资产配置。通过广泛调研及深入研究，我们发现这些机构普遍在内部构建了完整的责任投资组织架构和相应的尽责管理团队，并在履行信义义务和开展尽责管理领域开展了大量工作。对这些国际机构投资者的先行实践进行细致梳理，可以帮助我们对如何开展尽责管理、积极参与公司治理形成更为全面的认知。

（一）高度重视行使股东权利

来自境外成熟资本市场的机构投资者普遍认为，股东作为持有上市公司股份的所有者，理应享有一定的基本权利。公司及其董事会应当对股东负责，也需要设计有所制衡的治理结构，以确保公司及董事会的运行符合股东的利益。有效的投票权是股东所有权的核心，公平起见，公司应当设置同股同权的股权架构。对于股东权利的具体内容，国际资产管理机构强调，股东应拥有选举、罢免和提名董事、聘任审计机构、修改公司章程或规则等权利；应能够就对其投资产生重大影响的事项进行投票，包括但不限于改变公司经营方向、涉及股权稀释和优先购买权的投融资事项，以及收入分配和资本结构等事项；同时，有权获得充分、及时的信息以做出理智、最优的决策。

国际投资者高度重视股东对公司经营情况的知情权，将监督上市公司行为并给予反馈视作自身的尽责管理责任，推崇主动与上市公司就拟提交股东大会审议的事项或其他经营相关的议题进行沟通。通过与公司沟通，股东能够更加充分地了解上市公司的经营情况及治理结构，向上市公司提出自己的见解，加深彼此间的理解，推动上市公司提升治理水平。

（二）构建完备的责任投资组织架构

在机构内部开展尽责管理工作，需要协调大量的人力及资源，离不开完备组织架构的支持。以全球最大[①]的资产管理机构贝莱德为例，其秉持"可持续投资将在长期

---

① 截至2020年6月30日，贝莱德在全球管理的总资产达7.32万亿美元，其中被动型投资占比超过60%。

带来更高的风险调整回报"以及"应用可持续数据有助于识别投资组合中未被定价的风险与机遇"的投资理念,通过构建符合可持续投资要求的组织架构,践行责任投资。

如图 2-3 所示,贝莱德的责任投资组织架构以可持续投资小组和风险与量化分析团队为核心,以全球执行委员会下属投资委员会为领导,覆盖所有资产类别的投资部门。具体而言,可持续投资小组(BlackRock Sustainable Investing Team,BSI)负责制定可持续投资的相关规则;风险与量化分析团队(Risk and Quantitative Analysis,RQA)负责建立投资、关联方及经营风险的评估框架;全球执行委员会下属投资委员会(GEC Investment Sub - Committee)监督贝莱德内部投资流程的一致性;各投资部门的负责人(Investment Platform Leadership)确保其管理的投资业务贯彻了责任投资理念。总体来说,贝莱德责任投资组织成员具备投资、分析及监督职能,整体架构系统而完备,有利于责任投资工作的开展及落实。

贝莱德全球执行委员会(GEC)						
全球执行委员会下属投资委员会						
贝莱德可持续投资小组(BST)						
ETF与指数投资部门	主动权益部门	复合资产部门	固定收益部门	另类资产部门	现金管理部门	专户部门
风险与量化分析团队(RQA)						

图 2-3 贝莱德的尽责投资组织架构

资料来源:紫顶研究,根据贝莱德官网公开资料整理。

(三)在投资流程中整合责任投资理念

对偏好长期投资、可持续投资的国际投资者而言,关注社会、环境及公司治理的上市公司的长期业绩表现会更佳,可以为其带来更高的投资回报。因此,这些践行长期投资的资产管理机构选择将责任投资的理念整合纳入机构的投资流程及投资决策。

以欧洲规模最大的养老金管理机构之一的 APG[①] 为例,自 2015 年起,APG 将责任投资的理念完全整合进其投资决策中,责任投资理念具体体现在其投前、投中、投后三个环节。在投资前,APG 通过制定详细的选股政策及评分体系,将"合格"上市公司纳入投资范围,将"不合格"上市公司从投资范围中剔除;在投资过程中,APG 遵循联合国的可持续发展目标[②],并通过与机构合作、参与国际组织的做法推动可持

[①] 截至 2019 年年末,APG 所管理的资产规模达 5 380 亿欧元。

[②] 可持续发展目标(Sustainable Development Goals)呼吁所有国家(不论该国是贫穷、富裕还是中等收入)行动起来,在促进经济繁荣的同时保护地球。目标指出,消除贫困必须与一系列战略齐头并进,包括促进经济增长,解决教育、卫生、社会保护和就业机会的社会需求,遏制气候变化和保护环境。

续投资；在投资后，APG 积极参与持股上市公司的治理，通过参与股东大会投票、与管理层沟通的方式，行使股东权利，发挥资产管理者功能，推动上市公司提升其在社会、环境及公司治理方面的实践水平。

此外，这些境外资产管理机构会在其官方网站对责任投资相关政策、流程及实践情况进行充分披露，以便于其客户及广大投资者查阅。

（四）设置专职团队负责尽责管理工作

出于对尽责管理工作的重视，境外资产管理机构会设置专职团队来负责相关工作。以富达国际①为例，该机构以主动投资为主，目前研究覆盖 3 000～4 000 家上市公司，每家上市公司均有研究人员密切追踪。富达国际的尽责管理组织架构充分服务于其投资风格和资产规模，并选择在投资部门内设立尽责管理与可持续投资团队，以实现尽责管理与投资决策的密切互动。富达尽责管理与可持续投资团队设立于新加坡，主要负责制定富达与上市公司进行沟通、投票及 ESG 整合的工作策略。同时，为了便于富达在全球主要市场开展尽责管理工作，团队内部进一步成立了多个工作小组，小组成员分布在伦敦、新加坡、日本及中国香港等地。工作小组通过与投资团队紧密合作，在参与公司治理、开展 ESG 整合、行使股东大会投票权等方面积极开展工作。截至 2020 年 6 月 30 日，富达的尽责管理团队已有 14 名专职工作人员。图 2-4 展示了该团队的主要职责。

图 2-4　富达责任投资团队工作小组的主要职责

资料来源：紫顶研究，根据富达国际官网公开资料整理。

---

① 富达国际（Fidelity International），截至 2020 年 6 月，富达国际的资产管理总规模超过 4 370 亿美元。

（五）制定专门的投票政策并定期更新

投票政策（Voting Policy）或投票指引（Voting Guidelines）是指针对各式各样的细分议案类型，每个机构投资者将如何根据具体的议案情况做出投票决策的说明性文件。投票政策侧重于逻辑展示，向监管者、上市公司、其他利益相关方说明自己做出每一次投票决策的逻辑。

制定详尽的投票政策是评估上市公司提交股东大会审议的各项议案是否合理的重要基础，因此，境外资产管理机构都会制定并公布其投票政策。

作为深耕可持续投资及责任投资领域已达 25 年之久的荷兰老牌资产管理机构，Robeco①制定的内部投票政策主要关注上市公司的财务报告与外部审计机构、董事会、薪酬、资本管理、兼并与收购、股东权利、股东提案共七大类事项，并将其具体分为 33 小类事项，逐项制定投票政策。如果上市公司拟审议的事项超过上述范围，则将遵循"一事一议"的原则进行投票。

表 2-3　　Robeco 投票政策的关注事项

主要事项类别	细分事项
财务报告与外部审计机构	财务报告、董事会工作报告、审计报告、聘任审计机构、审计费用
董事会	董事选举及罢免、董事会规模或结构的变动
薪酬	高级管理人员薪酬、薪酬政策、非执行董事薪酬
资本管理	利润分配、债务融资、股权融资、注册资本变动、发行优先股、股份回购
兼并与收购	兼并、收购、重组
股东权利	修订章程、同股同权、会计准则变更、反收购条款、管理层权限
股东提案	信息披露、ESG 相关议案

资料来源：紫顶研究，根据 Robeco 官网公开资料整理。

考虑到各地资本市场自身监管要求与具体实践的差异，境外资产管理机构会因地制宜，针对不同地区分别制定相应的投票政策，并定期进行更新。

作为联合国责任投资原则的创始签署机构之一的法国巴黎资产管理有限公司（BNPP AM）②，其内部既有全球统一的投票政策，也有针对不同市场的独立投票政策。针对部分特定议题，BNPP AM 制定了全球统一的标准，如气候变化的解决方案、负责任的商业行为、联合国全球契约以及其他全球性的政策，但绝大部分的投票政策都是依据各地市场的实际情况和监管要求制定的。表 2-4 列举了部分 BNPP AM 针对

---

① Robeco 全称 Rotterdamsch Beleggings Consortium。截至 2020 年 6 月，Robeco 拥有 939 只基金产品，所管理的资产规模为 1 550 亿欧元。

② 法国巴黎资产管理有限公司，即 BNP Paribas Asset Management。截至 2020 年 6 月底，BNPP AM 合计管理资产规模已超过 4 280 亿欧元。

特定事项在不同资本市场因地制宜制定投票标准的案例。

表 2-4　　　　　　　　　　BNPP AM 因地制宜制定投票政策

议题	说明
独立董事	北美地区的投票政策更严格。 在北美地区，BNPP AM 要求董事会成员的 2/3 必须是独立董事，且关键委员会的成员必须全部是独立董事； 在其他地区，BNPP AM 一般要求董事会成员的 1/2 是独立董事
性别多样化	澳大利亚、欧洲以及美国市场的投票政策更严格。 自 2020 年 1 月起，BNPP AM 对这些地区要求至少 30% 的董事会成员为女性； 在其他地区，BNPP AM 一般要求董事会成员中至少有 1 名女性

资料来源：紫顶研究，根据 BNPP AM 官网公开资料整理。

但是，BNPP AM 也不会一味迁就市场的实际情况。在综合考虑其希望公司能够达到的目标以及最佳实践之后，BNPP AM 投票政策的部分标准会比当地市场的监管规则更加严格。例如，当上市公司的董事会中女性董事人数少于 1 人时，BNPP AM 会反对该公司董事会成员选举议案，这种投票政策比亚洲任何市场的监管规则都要严格。

BNPP AM 每年更新一次投票政策，并需要经过内部投委会和董事会的审议。对投票政策的更新，BNPP AM 会考虑内部和外部因素的共同影响，其中内部因素主要指 BNPP AM 工作重心的变化，外部因素指市场的实际情况及监管要求。以 2019 年为例，BNPP AM 在其全球市场的投票政策中主要增加了以下内容：

一是提高对董事会女性董事占比的要求；

二是反对董事长兼任 CEO；

三是要求北美上市公司董事会保持 2/3 以上的独立性；

四是基于欧洲标准对北美上市公司的薪酬制定提出更高要求。

（六）明确投票标准并积极参与投票

通过访谈、问卷调研和案头研究，我们发现境外资产管理机构高度重视参与股东大会投票，往往承诺参与客户授权代理的每一次股东大会的投票，仅在少数特定情形下才会放弃投票。

作为全球最大基金之一的挪威央行投资管理公司①（Norges Bank Investment Management，NBIM），选择完全透明地公开其投资情况。在 NBIM 的官网，可以查询到 NBIM 基金持有股份的每一家公司的相关信息，包括每笔投资的价值、持股比例以及对持股公司股东大会的投票情况。2019 年，NBIM 在 11 518 场股东大会上对 116 777

---

① 挪威银行投资管理公司，即 Norges Bank Investment Management，是全球最大的基金之一，占有全球上市公司约 1.5% 的股份，并持有全球 74 个国家和地区 9 000 多家公司的股份。

项议案进行了投票，拥有极为丰富的投票实践，并主动将投票意见公开，与客户及其他投资者分享，以表达自己的态度。为了有效管理数量众多的股东大会，NBIM 制定了一套完备的投票管理流程，并在实践中持续对其进行优化改进（见图 2-5）。

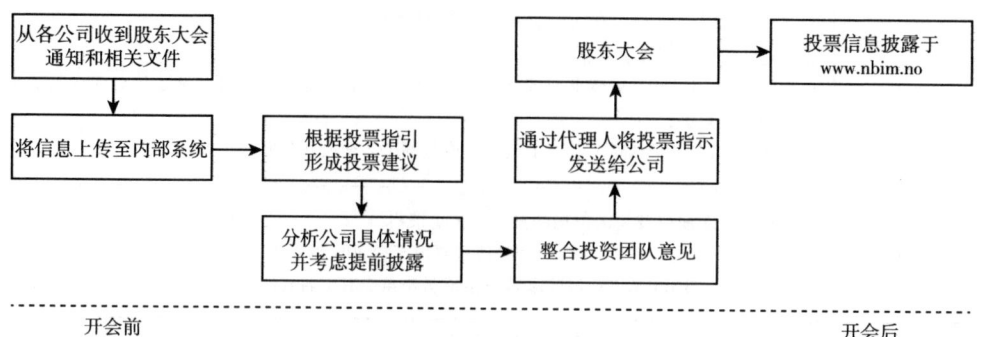

图 2-5　NBIM 的内部投票流程

资料来源：紫顶研究，根据 NBIM 官网公开资料整理。

做出投票决策前，NBIM 会根据上市公司的具体情况评估其拟提交审议的议案对公司长期发展的影响。对于有争议性或备受关注的议案，其投票团队也会参考投资经理及分析师的意见，并在必要时与上市公司的管理层或董事会成员沟通，以充分了解议案相关信息，做出符合其投票政策及股东利益的投票意见。2019 年，NBIM 在股东大会上的投票参与率高达 97.8%，对议案的反对率为 5.2%。表 2-5 为 NBIM 在 2017—2019 年参与股东大会会议数和议案反对率情况。可以看到，NBIM 这三年来一直保持稳定的参会数量和 5% 左右的议案反对率。

表 2-5　NBIM 在 2017—2019 年参与股东大会投票情况

年度	参与投票会议数（次）	参与投票议案数（件）	会议反对率（含一个或以上反对议案）（%）	议案反对率（%）
2017	11 084	113 216	N/A	6.00
2018	11 287	113 546	27.50	5.30
2019	11 518	116 777	29.10	5.20

数据来源：紫顶研究，根据 NBIM 官网公开资料整理。

如表 2-6 所示，采取主动投资策略的富达国际，虽然参与的股东大会数量相对较少，但议案异议率则更高。在大多数情况下，富达国际倾向于通过与董事会和管理层直接交流，促成公司对拟审议事项做出改变，而不是在年度股东大会上投反对票。但对于某些涉及经营的非常规事项，富达国际会在征求分析师和投资经理的意见之后投出反对票。从 2017—2019 年富达国际的参与投票情况来看，富达国际参与的会议次数呈上升趋势，同时保持较为稳定的异议率。其中，富达国际对欧洲（不含英国）上市公司的异议率最高，对亚洲上市公司（不包括日本）的异议率最低。

表 2-6　　富达国际 2017—2019 年投票情况（分地区）

地区	2019 年		2018 年		2017 年	
	参与投票会议数（次）	异议率（%）	参与投票会议数（次）	异议率（%）	参与投票会议数（次）	异议率（%）
美洲	1 074	39.9	1 071	46.9	624	40.9
亚洲（不含日本）	1 503	7.1	1 369	5.8	1 297	5.6
欧洲（不含英国）	728	59.6	701	57.5	681	58.3
日本	369	40.1	408	39.2	397	43.3
中东和非洲	43	48.8	54	37.0	60	31.7
大洋洲	197	26.9	219	24.2	226	24.8
英国	455	14.1	452	20.6	443	27.1
总数	4 369	28.7	4 274	30.7	3 728	29.2

注：异议即非赞成意见，包括反对、弃权。
数据来源：紫顶研究，基于富达国际官网整理。

（七）采购投票咨询机构的专业服务

使用第三方投票咨询机构的服务是境外资产管理机构投票流程中的重要环节，这些国际投资者长期采购独立第三方投票咨询机构的服务，使用其议案分析、投票意见、代理投票平台及投票记录跟踪等功能。除 Glass Lewis、ISS（Institutional Shareholder Services）等国际大型投票咨询机构外，部分资产管理机构在其重点投资的资本市场也会采购当地机构的投票咨询服务。全面、系统的外部投票服务降低了分析成本，大大提升了资产管理机构的投票决策水平及投票效率。

此外，借助独立第三方投票咨询机构进行投票也有利于避免利益冲突。当资产管理机构本身也是某上市公司的子公司时，其代理持有该上市公司股份的客户投票就会产生潜在利益冲突。某些资本市场的监管机构会以限制股东投票权的方式保护特定行业（如国防、金融、能源等）免受外资控制。在此情况下，若某个资产管理机构的若干客户对上市公司的合计持股比例达到监管要求的上限，将被限制投票。因此，将投票权委托给独立第三方咨询机构，有助于资产管理机构正常行使投票权。例如，贝莱德等机构在实践中遇到前述情况时，选择将投票权委托给第三方咨询机构 Sustainalytics，以实现正常投票。

（八）参与公司治理并积极开展沟通

在调研中，我们发现境外资产管理机构普遍非常重视参与公司治理，并将与公司沟通视为获得更多有关公司经营情况、发展规划及治理信息的有效途径。

施罗德集团①（Schroders）作为拥有逾200年资产管理经验的全球最大的上市资产管理公司之一，致力于为客户创造长期可持续价值。Schroders很早就注意到，除了关注投资回报，客户也愈发关心这些投资所产生的社会影响。因此，在过去的20多年里，Schroders在其投资决策中坚持贯彻可持续性原则，为客户、大众乃至社会做正确的事。作为主动资产管理机构，与持股公司进行沟通是Schroders的日常工作之一。2019年，Schroders的股权和固定收益团队与公司举行了超过8 500次会议。另外，其尽责管理团队与持股公司进行了超过1 750多次的尽责管理领域的交流，共计与全球57个国家的1 420多家公司进行了互动沟通（见图2-6）。

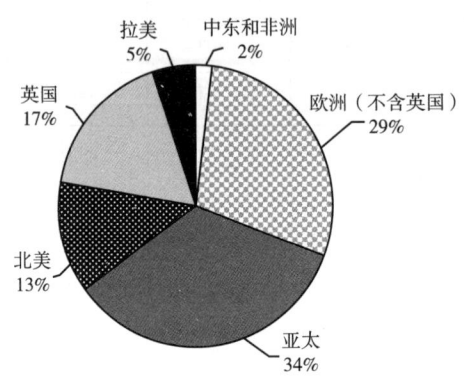

图2-6　2019年Schroders在全球参与沟通情况

资料来源：紫顶研究，根据Schroders官网公开资料整理。

通过与公司沟通，Schroders能够更好地与公司建立长期关系，深化对新型风险和机遇的投资见解，从而获得更高的投资回报。Schroders参与持股公司沟通的目的主要分为两类：一类是事实发现型（Fact Finding）参与，另一类是变革促进型（Change Facilitation）参与，两者互为补充。事实发现型参与包括对业务模型获得更多补充性的理解内容，以及获得更深入的认识；变革促进型参与主要通过识别公司内部较薄弱的措施和潜在的风险来促进公司进行有意义的变革。2015—2019年，变革促进型参与的总数和比值逐渐上升。Schroders认为，关键的战略变更往往需要一段时间才能真正在公司业务流程中得以实施；同时，有效的参与离不开对公司进行持续性的监督和不间断的对话。因此，在其与公司沟通且提出变更要求的一年后，Schroders也会对公司进行持续追踪，并记录进展情况。

（九）主动与监管部门沟通推动政策进步

在调研中我们发现，境外资产管理机构普遍重视与监管机构的沟通，认为这一工作也是其履行尽责管理职责的重要内容，并且有利于推动监管规则朝着更加符合股东长期利益的方向发展。以贝莱德为例，其设置了全球公共政策团队（Global Public

---

① 施罗德集团是全球最大的上市资产管理公司之一，截至2020年第一季度，Schroders所管理的资产规模达6 496亿美元。

Policy Group），主动与各国证监会及区域性、全球性行业自律组织等进行沟通，通过提交意见信（Comment Letter）与反馈函（Consultation Response）的方式向监管部门表达想法和建议，并在官方网站披露相关文件。

2020 年 9 月，贝莱德就印度证监会加强上市公司对责任与可持续经营报告的披露提出建议，希望该报告可以包括董事会对可持续领域的年度工作重点介绍、对不恰当行为的界定与处罚及中期可持续目标，并希望报告构成能够符合国际框架。2020 年 3 月，贝莱德主动回应了日本尽责管理委员会发布的《关于进一步推动公司治理改革对外征求意见》，建议尽责管理准则应不仅对上市公司机构投资者的尽责管理作出规定，还要对持有其他资产类别的机构投资者作出相关要求。2018 年 6 月，中国证监会对《上市公司治理准则》进行了修订，并于同月起向社会公开征求意见，贝莱德主动通过证监会公开意见征询的机会，提交了其作为国际投资人对公司治理的想法与建议，围绕包括加强核心公司治理事项的披露要求、强化董事会架构和实效性、加强对控股股东和实际控制人质押公司股票的管理以及鼓励公司将积极履行社会责任、参与公益事业与公司的业务发展战略更好地结合这四个方面提出了具体建议。

三、抽丝剥茧，境外机构投资者先行实践的共通之处

通过大量的访谈、调研以及案头研究，我们收集了大量关于境外机构投资者参与上市公司治理的一手资料，对境外机构开展尽责管理实践情况进行了深度的梳理和分析。

由于机构类型、投资风格和历史沿革的差异，每家机构的尽责管理在实践中存在一定差异，但抽丝剥茧，依然可以总结出他们先行实践的共通之处。

（一）拥有共同的原则

通过对境外机构的研究，可以发现，无论是作为资产所有者的养老金、保险公司，还是作为资产管理者的投资机构，其积极行使股东权利的出发点主要包括以下三个方面：

一是满足相关法律法规的要求。世界主要资本市场的国家或地区均推出了相应的尽责管理准则，美国证监会更是要求投资顾问必须披露其投票政策和投票结果。无论是作为尽责管理准则的签署方，还是受美国证监会约束的投资顾问，必须按照相应的规则要求，开展一系列的尽责管理工作。

二是最大化投资受益人的利益。资产管理机构管理客户即投资受益人委托给他们的资产，并始终代表客户进行投资，肩负着最大化客户利益的责任。资产管理机构通过在持股公司行使投票权、参与公司沟通等方式，推动持股公司保值增值，帮助提高投资收益，实现资产的良性发展，最终为客户和投资受益人创造长期价值。

三是推动公司乃至整个社会可持续发展。通过与持股公司进行沟通、对话、互动，践行责任投资、可持续投资的理念，为资本市场和宏观经济的健康增长和可持续发展提供支撑，最终为经济、环境及社会带来可持续的利益。

（二）设立组织架构及配套制度

1. 完善的组织架构

从境外实践来看，包括行使投票权、与公司沟通等在内的尽责管理工作，通常由专职的部门及团队负责。因机构特色不同，部分机构选择将尽责管理团队设置在投资体系中，另一部分机构为确保尽责管理团队不受投资团队的影响，将该团队独立于投资团队，以提高独立性、避免利益冲突。但无论何种架构，尽责管理团队的最终负责人基本都是机构内级别最高的首席投资官（Chief Investment Officer, CIO）或首席执行官（Chief Executive Officer, CEO）。

值得关注的是，成熟资本市场的机构投资者，通常在机构内部设置代理投票委员会（Proxy Voting Committee），以负责监督投票执行的相关工作。一般而言，代理投票委员会的职责主要包括：

一是监督代理投票的流程；二是定期审阅评估机构内部的代理投票政策；三是将日常执行投票的权利授予给相应的工作人员；四是当特定的上市公司或特定的议案与机构本身有实在或潜在的利益冲突时，决定最终如何投票。

2. 健全的配套制度

为确保有效开展尽责管理，境外机构内部会制定一系列配套制度，主要包括：

一是尽责管理政策。总括性说明投资机构将如何遵守并执行其所在市场的尽责管理准则或其他相关法律法规。

二是投票政策或指引，包括尽责行使投票权的方针、程序和详细标准等。在投票政策中，投资机构均强调组织内部资源，由内部投票团队在对持股公司相关数据充分收集、分析、深入评估的基础上，做出专业投票意见，确保其投票权的行使有利于持股公司股东的中长期价值。

三是信息披露制度。境外机构往往通过制度保障，明确其应当如何、以何种频率披露尽责管理工作的相关信息，保障信息披露的透明性和公正性。

四是利益冲突管理制度。在尽责管理活动中，机构投资者可能因存在与持股公司相关的自身利益而无法忠诚维护客户或投资受益人最大利益[①]，例如因机构投资者自身的股权结构、治理结构、交易关系或合同关系，使得其在持股公司的股东大会上难以投出反对票。制定详尽的利益冲突管理制度，可以帮助解决尽责管理活动过程中因利益冲突而引起现有或潜在问题。

五是内幕信息管理制度。包括不同部门之间如何建立信息防火墙——尤其是如何确保因与公司沟通而获得的非公开消息不被用作交易而获利，和应对相应风险的合规及报告流程。同时，机构内部应定期就内幕信息管理制度组织员工培训。

---

① 美国证监会（SEC）2003年发布的《Proxy Voting by Investment Advisors》指出，投资顾问代理投票的方式可能会因各种利益冲突而受到影响。例如，投资顾问（或其附属机构）为上市公司管理养老金计划、员工福利计划等，或向上市公司提供经纪、承保、保险或银行服务，而该公司的管理层又向投资顾问游说投票。如果投资顾问未投票支持管理层的决策，可能会损害其与公司的关系。投资顾问还可能与代理权争夺的参与者、上市公司董事或董事候选人有商业或个人关系。例如，投资顾问的高管的配偶或其他近亲，也可能在上市公司担任董事或高管。

（三）积极开展投票实践

1. 明确是否参与投票的标准

境外机构通常会明确并公开其是否参与持股公司股东大会投票的标准。这些标准一般分为两类：一类是明确表示会参与其所有持股上市公司股东大会的投票；另一类则是根据持股比例、持有市值等制定硬性标准，一旦满足该标准，则参与投票。

在特定情况下，机构会放弃投票。一是在客户与投资机构所签署的委托合同中，客户保留了投票权，则由客户自行决定并执行投票。二是参与投票的经济成本远大于收益。例如，在部分资本市场，如果要参与上市公司股东大会的投票，需承受一定时期的卖出限制（通常指股权登记日和股东大会召开日之间的时间段），由此带来的投资流动性受损也会成为投资机构放弃投票的重要原因。三是涉及融资融券业务，如果证券在股东大会登记日已经被借出，则通常机构不会赎回股票来行使投票权。实践中，除非相关议案涉及公司重大事项（如合并与收购交易、解散、业务转型或整合等），部分机构会承担一定的成本赎回股票来参与投票。

2. 制定全面详细的投票政策

投资机构会统一制定内部的投票政策，部分机构不仅有全球统一的投票政策，还会针对不同市场制定相应的投票政策。

开展委托投资的部分客户，特别是养老金客户，对资产管理机构如何行使投票权高度重视，他们虽已将代理投票权委托给投资机构，但仍要求投资机构制定符合其标准的投票政策，并依此进行代理投票。

每年投票季结束后，境外机构会对内部投票政策进行更新，确保其符合最新的全球治理最佳实践标准。机构内部诸如尽责管理小组、可持续投资委员会以及机构所聘请的外部投票顾问等，均会参与这一过程。

3. 普遍使用第三方机构的服务

通常，境外机构在全球普遍采购ISS及Glass Lewis的第三方投票咨询服务。近年来，由于法律法规、语言文化等方面的巨大差异，ISS和Glass Lewis这类在全球提供投票咨询服务的机构，开始面临本土机构的竞争，包括法国、瑞士、荷兰、日本、韩国、中国台湾、印度、中国大陆等国家或地区均出现了本土化的第三方投票咨询机构。上述机构提供的服务主要包括：为机构提供定制化的投票政策，或为机构的投票政策提供定制化建议；提供股东大会的投票意见及相关研究；提供代理投票的电子管理系统，若收到投资机构的指令，也可以代为执行投票；保留投票记录及相关信息等。

投资机构因在全球的持股数量庞大，对代理投票机构的服务有很大的依赖，但即便如此，机构投资者仍承担着行使投票权的最终责任，并履行做出符合客户最佳利益的投票决定的义务。在使用第三方服务的过程中，投资机构会明确地向服务供应商传达其尽责管理的相关政策，并要求这些第三方机构所提供的服务符合相应政策。

除投票服务外，其他与机构投资者尽责管理相关的第三方服务，还包括ESG数据、ESG评级、公司深度研究等。

（四）主动与公司开展沟通

随着越来越多的资金被配置到被动投资策略的组合中，管理数量庞大的公司股票的基金管理人无法密切追踪所有上市公司动态，难以随意卖出股票，更难以通过主动投资中常见的"用脚投票"的策略表达态度。因此，与公司沟通、行使投票权日益成为资产管理机构维护客户利益、提升公司长期价值的重要方式。机构投资者通过与公司沟通，向公司表达意见与顾虑，如果直接沟通没有成效，机构投资者可以选择提起推动上市公司做出改变的股东议案。

在成熟市场的实践中，围绕尽责管理，境外机构通常出于以下原因，主动与持股上市公司联系和沟通：

（1）告知上市公司其进行投票的原则；

（2）要求公司对重要议案尤其是可能投出反对票的议案进行说明，就公开信息与公司进行确认；

（3）帮助加深对上市公司的研究，进一步了解、明确公司战略、管理等情况，帮助理解同行业表现的相关指标；

（4）确认公司面临的潜在风险，深入了解公司的增长机遇，为投资提供洞见；

（5）理解监管政策对公司的潜在影响与挑战，了解公司计划如何应对未来的风险与机遇等。

就股东大会提案事项与上市公司进行沟通，是最为常见的原因。投票，是股东对公司重大事项表达观点的重要途径，在此过程中，投资机构可能会提前或者事后与公司就相关议题进行沟通。一方面，若机构投资者在上市公司持股比例较高，在未经沟通的情况下，其反对票可能导致公司议案无法通过，部分投资机构担心这样可能会损害与上市公司的关系；另一方面，如果仅仅通过反对票表达观点而不就反对理由进行充分沟通与解释，上市公司董事会及管理层可能仍然无法充分理解投资者的担忧及顾虑，进而导致重复出现类似的问题。此外，与上市公司进行沟通，也是机构投资者了解上市公司发起议案动机与目的的重要途径，有利于增进双方了解。

在沟通方式上，向上市公司管理层致信、通过投票表达意见并向公司解释投票的原因、与公司举行会议、与公司董事会或者CEO见面、主动在股东大会上发起股东议案、向其他股东争取对议案的支持等方式均被境外机构投资者广为采纳，而不同的沟通方式也体现了投资机构在开展公司沟通时所投入的精力和资源的差别。

必要时，机构投资者会开展合作，联合起来与上市公司进行交流，以实现更佳的沟通效果。同时，部分机构也会资助学术类的研究项目，帮助推动提升市场整体的认知度；与监管机构、行业专家开展直接对话，变相承担起部分教育市场的工作。

（五）适时采取更加积极的措施

在上述沟通工作中，如果持股公司的董事会和管理层未做出有效的反馈，机构会择机选择更进一步的措施，推动公司做出改变。这些措施包括：

（1）联合其他投资者进行沟通及干预，并就重要事项共同向上市公司董事会及管理层表达意见、施加影响；

（2）在举行股东大会前发表公开声明；

（3）在股东大会上提起议案，推动公司做出改变；

（4）召开临时股东大会以开展股东行动，如提议更换董事会成员甚至罢免全部董事会；

（5）直接卖出持有的股份。

在极端情况下，若所有的沟通及联合行动均失效，且上市公司涉及欺诈等行为时，机构投资者也会选择集体诉讼的方式，维护自身合法权益。

（六）定期进行信息披露

尽管大多数境外规则要求机构投资者应当对外披露尽责管理的相关信息，但主要为原则性指引，并未具体要求机构投资者如何进行披露，因此机构投资者在具体信息披露的方式和程度上有较大的自主性①。从实践来看，机构投资者对其尽责管理的信息披露情况，总体有以下几个特征：

一是根据披露对象不同，信息披露的程度有所差异。如果披露对象是委托账户的客户，则这些客户能够获得机构投资者参与公司治理的所有相关信息，包括全年的沟通进展记录、具体的沟通目标及变化等。但如果披露对象是社会公众，那么机构投资者会谨慎披露参与其上市公司治理的相关信息，这主要也是考虑到过度的对外披露可能会影响机构与上市公司的关系，造成不必要的负面影响。

二是在官网或公司年报中定期发布相关报告。机构投资者的自主披露行为一般以整个公司为单位汇总进行披露，而非以基金产品为单位逐个披露。因机构风格不同，其发布报告的类型也有所差异，一般包括责任投资报告（Responsible Investment Report）、ESG投资报告（ESG Investment Report）、尽责管理报告（Stewardship Report）、代理投票报告（Proxy Voting Report）、可持续投资报告（Sustainable Investment Report）、主动管理报告（Active Ownership Report）、参与公司治理报告（Engagement Report）等。虽然报告标题存在差异，但覆盖内容有很大程度的重合。

在披露内容上，境外投资机构重点披露以下三类内容：

1. 参与股东大会投票的情况

境外机构普遍会在完成上市公司股东大会的投票后，对投票结果进行披露，同时简要说明投票的理由（无论是赞成还是反对）。

在披露方式上，从实践层面，境外机构会在其官网建立投票结果查询系统，客户可以通过搜索公司名称、会议时间等信息，查阅机构投票情况。同时，境外机构普遍会按年度发布尽责管理报告，在报告中对全年开展代理投票的情况进行全面总结和分

---

① 美国除外。在美国注册登记的投资公司（Investment Company）均需以注册的公司为单位，每年按照N-PX表格的详细指引，向SEC汇总提交本公司名下各基金产品（Portfolio）的投票情况。但美国的大型资管机构除满足监管部门的底线要求外，往往也会再单独并系统地披露本机构的总体投票、参与治理等尽责管理的情况。

析。部分机构对尽责管理的重视程度极高，会以季度回顾（Quarterly Review）的方式，详尽披露其在上一季度的重点投票情况，尤其是投出反对票的案例及理由。

以注册在荷兰的机构投资者为例，为了满足《荷兰尽责管理准则》的要求，这些机构至少会每季度在其公司官网公开披露对持股的荷兰上市公司的投票情况，包括对单个上市公司和每个投票事项的投票情况，同时至少每年在其公司官网公开披露其投票行为，并对重要的投票议案做出解释说明。

值得关注的是，虽然大部分境外机构在上市公司股东大会召开完成后再行披露投票结果，但也有部分机构格外重视投票的透明性，选择在会议召开前就将其投票意见及理由进行披露。

以加拿大养老基金投资公司（Canada Pension Plan Investment Board，CPPIB）为例。作为资产所有者的 CPPIB，在开展对外委托投资的同时，仍有较大比例的资金由其内部的投资团队独立投资管理。针对其内部投资所持有的上市公司股票，CPPIB 会在股东大会召开日之前向上市公司和其他感兴趣各方完整披露其投票意向，并在股东大会会议召开之前发布代理投票决定。此外，佛罗里达州的养老金管理机构（State Board of Administration Florida），同样会在持股公司股东大会投票意见提交后立即进行公开披露，同时说明其做出相应投票意见的理由。这些机构在上市公司股东大会召开数日前便对投票意见进行披露，并将这种做法视为体现机构透明度的重要方式。

2. 关于参与上市公司沟通的披露

通过梳理境外机构的披露情况，可以发现这些机构投资者重点披露两类信息，一是全年累积参与上市公司沟通的次数及对应的主题，二是选择性披露部分具有代表性的与公司沟通的案例，以说明机构参与沟通的背景、目的以及取得的效果。图 2-7 即为瑞银资管（UBS Asset Management）在其尽责管理报告中披露的参与公司沟通数据统计情况。2017 年 7 月至 2018 年 6 月，瑞银资管累计与 156 家上市公司进行了沟通，并按照沟通类型、沟通方式及沟通主题三个维度进行了分项统计。

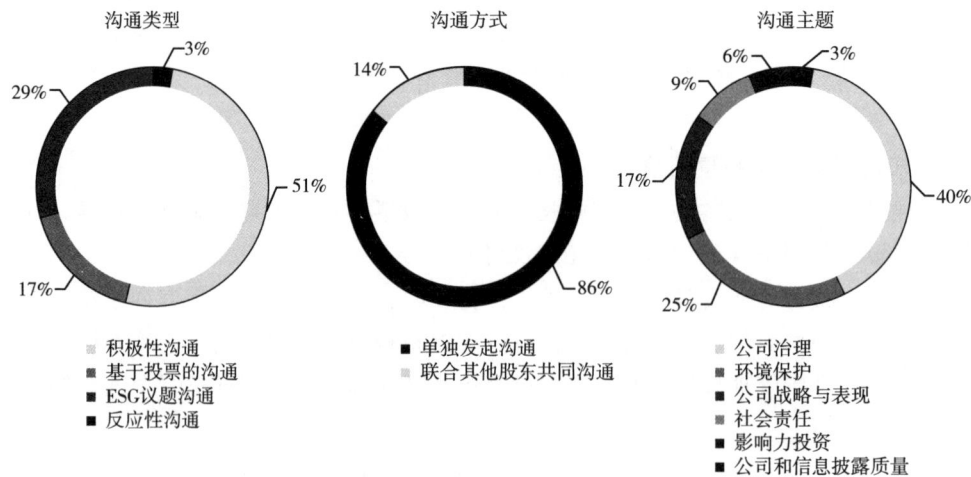

图 2-7　2017 年 7 月至 2018 年 6 月瑞银资管与公司沟通情况统计

数据来源：紫顶研究，根据 UBS Asset Management 官网公开资料整理。

3. 关于第三方专业机构的使用

机构投资者普遍披露是否使用了第三方机构的服务，以及服务提供方的详细信息、服务范围、如何使用其服务以及对其所提供服务的依赖程度。一般而言，该部分的披露情况较为简略。

随着各地资本市场尽责管理准则及配套法律法规的推行及逐步完善，监管机构对投资机构提出了越来越多的要求，尤其在信息披露方面向机构投资者施加了更大的压力。我们在调研中，就如何看待监管机构提出更高信息披露标准这一问题进行了访谈，部分机构表示未来会应要求逐步提高对社会公众的信息披露程度，部分机构认为自身在信息披露方面走在了监管前面，可以从容面对更高标准的要求。

（七）集体诉讼

当前述所有沟通和参与方式均失效，且因公司的误导信息或欺诈行为导致投资者损失时，若评估后发现诉讼成本可控或者较低时，大部分资产管理机构会选择股东诉讼或者参与集体诉讼以维护自身利益。

通过对数十家境外机构的研究，可以发现，机构投资者已经日渐成熟壮大，除了简单的"用脚投票"，还可以熟练使用各种工具积极行使股东权利，在维护客户及投资受益人利益的同时，推动企业实现长期价值，进而提升社会的整体福利。

3. 境内机构投资者的开创性实践

一、境内目前相关法律法规情况

尽管中国大陆地区目前暂无专门针对所有机构投资者参与上市公司治理的专门规则，但监管部门和行业自律组织已经建立了相关的制度雏形。

（一）中国证监会《上市公司治理准则》

2002 年，出于改善境内上市公司治理的目的，中国证监会颁布了首版《上市公司治理准则》。该版规则虽无针对机构投资者的专门章节，但在第十一条中提到"机构投资者应在公司董事选任、经营者激励与监督、重大事项决策等方面发挥作用"，表明了监管者对机构投资者在上市公司治理中能起到积极作用的认可。

2018 年，为适应不断变化的资本市场实际情况，中国证监会发布了修订版的《上市公司治理准则》。修订版《上市公司治理准则》专门设置了第七章"机构投资者及其他相关机构"，其中第七十八条至第八十条均为与机构投资者相关的内容，主要包括四项要点：

一是明确中国语境下的机构投资者定义，具体为"社会保障基金、企业年金、保险资金、公募基金的管理机构和国家金融监督管理机构依法监管的其他投资主体等"；

二是明确态度，鼓励机构投资者"作为上市公司股东，通过依法行使表决权、质询权、建议权等相关股东权利，合理参与公司治理"；

三是阐明机构投资者参与公司治理的主要途径，即"参与重大事项决策，推荐董事、监事人选，监督董事、监事履职情况等"；

四是鼓励机构投资者做好参与治理方面的信息公开工作，即公开"参与上市公司治理的目标与原则、表决权行使的策略、股东权利行使的情况及效果"。

可以看到，中国证监会最新修订的《上市公司治理准则》强调了机构投资者参与上市公司治理的内容，为机构投资者参与中国上市公司治理给出了新的方向性指引。整体来看，该准则对机构投资者参与上市公司治理起到了承上启下、提纲挈领的作用，衔接各项已出台的规范和标准，同时为后续出台配套政策提供指导。

（二）中国证券投资基金业协会《基金管理公司代表基金对外行使投票表决权工作指引》

2012 年，中国证券投资基金业协会发布了《基金管理公司代表基金对外行使投票表决权工作指引》（以下简称《指引》），指导基金管理公司代表其管理的证券投资基金对外行使投票表决权行为。

《指引》旨在引导和规范基金管理公司对外行使投票表决权，要点包括：

一是明确基金管理公司应当制定行使投票表决权的相关制度，规范了行使表决权的制度内容，列举了可能对持有人利益产生实质影响的重大事项；

二是强调基金管理公司行使投票表决权，应当建立的授权制度、利益冲突判断原则、标准、处理程序及监督机制，防范行使投票表决权中的利益输送行为；

三是规定基金管理公司应当履行的投票表决信息报送职责，明确向协会报送投票具体情况，以及违反《指引》的自律措施。

《指引》的发布具有一定开创性，是境内第一部关于机构投资者参与上市公司治理的规则，有效督促了公募基金行业积极参与上市公司治理，促进了公募基金行业忠实履行受托人义务，保障维护基金份额持有人合法权益。但从内容来看，《指引》的约束对象仅包括基金管理公司，约束行为局限于行使投票权，尚不涉及其他类型的机构投资者，以及投票权之外的其他尽责管理行为，与境外制度仍然存在一定差异。

二、境内机构投资者参与公司治理的现状

为了解境内机构投资者参与公司治理的现状，以提供制定相关制度的现实基础，我们对 10 家知名公募基金公司进行了访谈调研。受新冠肺炎疫情的影响，访谈采取线上与线下相结合的方式。访谈对象主要为公募基金投票或公司治理业务的相关负责人，累计调研人数超过 29 人。

本次调研对象均为境内知名公募基金，基金公司所在地覆盖北京、上海、深圳、广州等地，基金性质包括中外合资基金及内资公募基金，不同基金管理的资产规模亦存在较大差异。总体来看，调研对象的行业代表性强，可以很大程度反映境内公募基金公司开展尽责管理的现状。

三、部分境内机构投资者的开创性实践

随着责任投资理念的广泛传播，以及海外资金所有者对 ESG 及责任投资理念的高度重视，境内的机构投资者日益重视参与公司治理，开展尽责管理实践。调研中，我们发现，部分头部机构，已开始在相关领域做出不少工作和探索，为同业机构提供了可借鉴之处。

（一）充分贯彻责任投资的 A 基金公司

作为境内资产规模最大的公募基金之一，A 基金已逐渐认识到应当重视作为公司股东所拥有的权利，采取行动促进公司治理改善以提高其长期价值。自 2017 年开始，A 基金在内部推行 ESG 责任投资理念，通过"利用 ESG 框架将公司治理、社会和环境的抽象概念转化为具象的评估结果"和"主动行使股东的质询、建议、投票权，以督促公司不断提升其治理水平"的实践方法，坚持长期投资，将股东利益、公共利益

的理念引入其投资价值体系。

目前，A基金已经建立了以投研总监为牵头人、以基金经理为主导、以ESG研究员为抓手的三位一体的ESG团队合作机制，实现了定期对重点持仓公司进行ESG评价，动态跟踪并向基金经理反馈，在股东大会投票议案中坚持以持有人利益为原则进行表决的工作流程。上述工作的开展离不开健全组织的支持，对A基金而言，履行尽责管理职责不再是单一个人或部门的工作，已上升到基金公司总体层面，包括高层管理及各投研业务部门，成为投资不可或缺的环节。

在完备的组织架构和充足团队资源支持的基础上，A基金建立了"投前ESG风险评估筛查+投中持续跟踪关注+投后主动参与投票"系统参与公司治理的机制与流程，通过对公司不断施加积极影响，实现了降低投资风险、维护股东价值的目标。在此过程中，产生了不少可以作为行业标杆的案例。

案例3-1：投前ESG风险筛查——将存在ESG风险的公司剔除股票池

2019年，A基金ESG团队对钢铁行业进行ESG风险评估，发现该行业某上市公司当年曾出现重大安全事故，且历史上出现的安全事故较频繁，对员工安全和生产稳定造成了很大不确定性。虽然事故出现后，公司对生产安全提出了更高的要求，提高了内部运行标准，但ESG团队研究后发现，该公司在治理机制上注重对效率和盈利的要求，对设备和人员要求利用率最大化，在员工激励上重视盈利和考核绩效的挂钩，易导致生产安全的风险上升。综合评估后，A基金认为该公司的ESG风险过高，最终将这家公司剔除出了股票池。

案例3-2：投中持续跟踪——就潜在治理风险主动与上市公司管理层沟通

2019年5月，A基金在新闻中发现其持仓的某上市公司之控股股东集团成立了全资营销子公司，该新闻引起了市场强烈反应。经分析，A基金的ESG投资团队认为该集团全资营销子公司会与上市公司产生大量关联交易，同时认为销售体系被集团主导后可能会制约上市公司的未来提价空间。为此，A基金参加该上市公司年度股东大会，主动与管理层进行沟通，从股东角度表达对潜在关联交易的顾虑，并提出限制与集团的关联交易、将集团全资营销子公司纳入上市公司体内避免利益冲突的建议。沟通后，A基金也对该上市公司的销售渠道进行密切持续的跟踪，而该公司关联销售的情况没有出现进一步恶化。

案例3-3：投后主动投票——就重要议案向公司提出建议、保护中小股东利益

2020年4月，A基金持仓的某上市公司发布非公开发行A股股票暨关联交易的公告，计划向其控股股东集团发行上市公司股票。站在中小股东的立场，A基金认为上市公司向控股股东以高折价实施大规模定向增发，将对中小股东造成较大稀释效应，对中小股东有失公平。为此，A基金主动就该定增议案与上市公司管理层进行多次沟通，提出了修改定增方案以保障中小股东权利的建议。在沟通后，上市公司作出较为积极的回应，主动优化了方案，承诺减少未来与控股股东之间的关联交易，并特别公告将坚持稳定、可持续的分红方案，间接作为对中小股东的补偿。机构投资者的主动作为保障了中小股东的利益，也保障了上市公司的独立性。

从上述案例可以看出，A 基金从投资出发，主动作为，在践行责任管理方面，做出了行业领先的探索与实践。

（二）构建完备组织构架及专职团队的 B 基金公司

B 基金是国内最早关注责任投资的机构投资者之一，于 2017 年成为联合国责任投资原则（UN PRI）的签署机构，根据 2020 年 PRI 签署方年度评价报告，B 基金在衡量公司 ESG 管理水平的"策略与治理"模块中获得 A + 评级，是国内首批获得该模块 A + 评级的机构。

1. 构建专职团队

2019 年 5 月，B 基金在国际投资部设置了 ESG 研究团队。目前，该团队有 2 名全职员工，主要负责协助海外专户管理。ESG 投资理念已经被整合进海外资产主动权益投资的全部投资流程，包括：投资策略制定、基本面行业研究、组合构建和管理、日常风险控制、上市公司沟通和组合监控报告等。

2020 年 5 月，B 基金在全公司层面上设立了 ESG 业务委员会。该委员会由投资、销售、产品以及风控部门领导组成，由国际投资部投资总监担任委员会主席，ESG 研究团队协助落实，主要负责公司层面的 ESG 统筹和投资工作。2020 年下半年，ESG 业务委员会完成了对 ESG 投资及参与公司治理相关政策的审议工作，并即将于 PRI 平台对外公布上述政策。

2. 建立投票管理系统并采购第三方服务

B 基金的投票实践处于国内公募基金前列，制定了内部投票政策，并形成了较为完整的投票流程。2021 年，B 基金开始正式采购国内第三方投票咨询机构的服务，并借助投票咨询机构的力量，推动其投票实践与国际标准接轨。

3. 加入国际组织并主动参与公司治理

B 基金制定了参与公司治理的内部政策，明确了与公司就 ESG 议题展开沟通的方式及操作流程。自 2018 年，通过成为 TCFD[①] 支持机构、加入 CA100 + 等国际性投资者联盟，B 基金联合国际投资者的力量，共同推动上市公司 ESG 水平的提高。

目前，B 基金侧重与上市公司就 E（环境）议题进行沟通，并向公司介绍境外上市公司的实践经验，普及相关规则。B 基金曾发挥其作为本土机构的优势，搭建沟通的桥梁，与外资机构汇丰银行（HSBC）和蒙特利尔银行（BMO）一同与中国神华 ESG 信息披露人员进行了多次交流，向中国神华普及碳排放专业知识，并提出改进建议。2020 年，中国神华在董事会专门设立了 ESG 执行委员会，同时显著提高了 ESG

---

① 即 Task Force on Climate‐related Financial Disclosures，支持气候相关财务信息披露工作组。

信息披露的质量，侧面体现了 B 基金的沟通效果。

B 基金目前已推出了能源革新基金和节能环保基金，并与某境外资管机构签署了战略合作协议，在责任投资研究和实践等多方面开展深度合作；2020 年，B 基金与该境外资管机构合作推出了全球首个投资中国权益市场的 ESG UCITS 基金，B 基金作为基金管理人，境外资管机构则为 B 基金提供有关 ESG 整合、公司 ESG 沟通和全球责任投资发展的建议。综合来看，B 基金作为国内责任投资领域的先行探索者，进行了许多深度实践。

（三）主动与公司沟通、积极参与治理的 C 基金公司

C 基金在 2018 年正式成为 UN PRI 签署成员，此后逐步探索 ESG 的本土化融合。目前，C 基金已建立了针对 ESG 业务的管理架构和相关制度流程，搭建了针对 ESG 议题风险评估体系和数据库，并在参与上市公司沟通领域做出了积极探索。

1. 构建全覆盖的 ESG 评价体系

为推动 ESG 投资研究的融合，C 基金在公司内部建立了完整的内部 ESG 评价体系，实现对 3 963 家上市公司、5 216 个信用债主体，合计 9 179 个投资标的进行 ESG 评级覆盖；同时，内部建立了研究员与基金经理的数据共享平台，来推动基金经理在投资决策中充分考虑 ESG 的相关信息。

在此基础上，C 基金致力于打造多层次的 ESG 产品体系，并于 2019 年 12 月成立了首个 ESG 主题投资的股票基金产品。

2. 与上市公司沟通，推动关注气候变化风险

C 基金于 2020 年正式加入 CA 100 + 组织，旨在通过践行积极股东策略，推动上市公司关注气候变化风险，加快节能减排承诺。C 基金作为该机构煤炭 ESG 项目组联合牵头方，多次组织与某碳排放量规模巨大的上市公司线上线下沟通，向该上市公司提出包括"量化建立 ESG 和碳排放量的模型""推进坑口发电占比""加大尾矿库处理"等建议。C 基金的沟通工作，有效推动了该上市公司积极推进减排计划，并根据国际指标对公司的业务和运营进行优化。

3. 作为债权投资人主动参与公司治理

C 基金针对所持有的固定收益类资产，积极贯彻 ESG 投资理念，对 ESG 议题进行积极沟通和行使表决权，通过综合评估公司的责任感和治理水平，实现防范尾部风险的目标。

C 基金固定收益团队在对其所持债券资产的某畜牧业上市公司进行调研时，主动询问公司养殖场猪舍清洁环保以及疫病防控的现状，督促公司不断提高绿色农业生产、创新环保等技术。在沟通过程中，公司做出了较为积极的回应，表示将会提高装备水平、管理水平、环保技术等，并在后续披露的年度报告中做出正式回应。此外，针对债券持有人大会，固收团队也会与其债券主承销商进行沟通，由其代为表达反对意见、期望公司对审议事项做出的调整等，并曾对上市公司无偿划转资产的议案投出反对意见。

4. 结语

从成熟资本市场的经验来看，机构投资者参与上市公司治理的实践是随着市场的不断发展而逐步完善的，境外实践为我国资本市场提供了有益且充分的借鉴。但是，我国资本市场有其自身发展的阶段特点，为持续推动我国上市公司治理改善，需要市场各方主体结合国情，不断调整、完善制度，并在以下方面做出持续努力：

第一，基于最新的上市公司治理准则，完善现有规则体系。无论是前述英国模式还是美国模式，在规范机构投资者参与上市公司治理的长效制度形成过程中，都充分考虑了本国资本市场的实际情况，并在实践中经历了持续的调整。基于我国资本市场的发展阶段，适时推出适合我国国情且针对境内机构投资者参与上市公司治理的有关规则，为机构投资者参与公司治理提供有力支撑。

第二，在规则体系的基础上，进一步完善机构投资者参与公司治理的配套设施。一方面，机构投资者内部应进一步完善参与上市公司治理的相应工作流程，并积极制定包括明确的投票标准、参与公司沟通政策、利益冲突管理政策、信息披露政策等相关规则；另一方面，研究包括投票咨询机构、ESG数据提供商等第三方市场机构的作用，探索其为机构投资者提供参与上市公司治理服务的可能性。

第三，充分发挥多方力量，打造积极参与公司治理的良好的氛围。包括社保基金、养老金及保险公司等在内的资产所有者对公司治理的重视与关注，将成为机构投资者积极参与治理的动力源泉之一；监管机构对部分优秀机构投资者最佳实践的鼓励与宣传、对上市公司的培训与指导，都将为打造良好的市场氛围提供巨大助力。

我们坚信，未来，中国机构投资者会逐渐认识到参与上市公司治理的重要价值，并采取更加积极的态度与有力的措施管理其享有的上市公司股东大会的投票权，主动与上市公司进行沟通，为提高上市公司治理水平、提升上市公司质量作出不懈努力。

第二部分

海外市场尽责管理相关法律规则译文

1. G20/OECD《公司治理原则》*

首次发布：1999 年
二次修订：2014—2015 年
经合组织公司治理委员会

---

* 原文链接：https://www.oecd.org/corporate/principles-corporate-governance/。

前　言

《二十国集团/经合组织公司治理原则》（G20/OECD Principles of Corporate Governance，以下简称《公司治理原则》）帮助制度制定者评估和完善公司治理的法律、监管以及制度结构，从而助力于经济效益、可持续增长和金融稳定。

该原则自 1999 年首次发布以来，已成为全球范围内制度制定者、投资者、公司以及其他利益相关者的国际基准。《公司治理原则》也被金融稳定委员会采纳作为《健全金融体系关键标准》（Key Standards for Sound Financial Systems）之一，并为世界银行《关于遵守标准和守则的报告》（ROSC）提供公司治理方面的依据。

目前版本的《公司治理原则》是修订于 2014—2015 年的第二次修订版。其修订的基础是 2004 年版的《公司治理原则》，包含了在以下方面达成的共识，即高度透明、问责明确、董事会监督、尊重股东权利、关键股东角色是运营良好的公司治理体系的基础部分。这些核心价值被保留和加强以反映自 2004 年以来的经验，同时确保原则一如既往地具备高质量、相关度和实效性。

第二次修订版由 Marcello Bianchi 先生担任主席的经合组织公司治理委员会牵头。二十国集团中的非经合组织成员国全部受邀平等地参与了修订工作。相关国际组织——尤其是巴塞尔委员会、金融稳定委员会和世界银行集团的专家也积极参与了此次修订。

经合组织在拉丁美洲、亚洲、中东和北非的区域性公司治理圆桌会议、专家、网络公开意见征询，经合组织的官方顾问机构：工商顾问委员会（BIAC）和工会顾问委员会（TUAC）也为此次修订做出了重要贡献。

2015 年 4 月，二十国集团/经合组织公司治理论坛对《公司治理原则》草案进行了讨论。该会议后，经合组织理事会于 2015 年 7 月 8 日通过了《公司治理原则》。随后，《公司治理原则》被提交至于 2015 年 11 月 15—16 日在安塔利亚召开的二十国集团领导人峰会，并获审议通过，被采纳为《二十国集团/经合组织公司治理原则》。

为了确保持续的相关度和准确性，经合组织开展了大量涉及公司和金融领域改革的实证和分析工作，为此次《公司治理原则》的修订提供了大力支持和所需信息。在开展此项工作过程中，经合组织秘书处和公司治理委员会主动联系了众多的专家、组织和研究机构。同时，包括伊斯坦布尔海峡大学（Boğaziçi University）在内的相关学术机构也为此次修订提供了研究支持。

OECD 与二十国集团以及利益相关各方下一步的工作是致力于推动和监督最新版原则的有效实施。这项工作将包括全面修订《公司治理原则实施的评估方法》。

序

公司治理旨在营造一个讲信用、高透明度和问责明确的环境,从而获得长期投资、金融稳定和商业诚信,进而支持更强劲的增长和更具包容性的社会。

《公司治理原则》正为我们提供了这一基准。它清楚地确定了良好公司治理结构的关键组成部分,并为在国家层面的实施提供了切实的指南。

与二十国集团的合作为该原则提升了真正的全球影响力,并进一步强调该原则反映了不同发展阶段和法律体系下各国的经验与宏愿。

公司治理的准则和规定要适应于实施的环境。这正是为什么更新版的公司治理原则建立在大量涉及公司和金融领域改革的实证和分析之上,包括在全球金融危机中汲取的公司治理方面的主要经验教训、跨境所有权的增加和证券市场运作方式的变革,以及从居民储蓄到公司投资更长和更复杂的投资链而带来的后果等。这些基于事实的研究成果已反映在建议中。同时,《公司治理原则》还涉及许多利益相关者的权利,而这些利益相关者的就业和退休储蓄取决于企业的绩效和诚信度。

目前的首要工作是使《公司治理原则》得到充分利用,让国家和公司因更好的公司治理而受益。为此,经合组织将与二十国集团、各国机构以及其他国际组织一起评估公司治理结构的质量,以支持《公司治理原则》的落地实施。

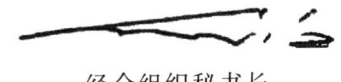

经合组织秘书长

关于《公司治理原则》

《公司治理原则》旨在帮助制度制定者评估并完善公司治理的法律、监管和制度结构，以保障经济效率、可持续发展和金融稳定。实现这一目标的主要方式是给予股东、董事会成员、高管以及金融中介机构和专业服务机构正确的引导，使其在分权制衡结构内履行各自职责。

《公司治理原则》力求简明、易懂并能在国际范围内通用。根据《公司治理原则》，政府机构、半政府机构或私营部门负责实施相关计划，以评估公司治理结构的质量，并制定更为细化的能够顾及国别经济、法律和文化差异的强制性或非强制性规定。

《公司治理原则》主要适用于公众公司，无论是金融类公众公司，还是非金融类公众公司。如果《公司治理原则》被视为可适用于非公众公司，则其也可能会成为完善非公众公司之公司治理的有效工具。尽管相对于小型公司而言，《公司治理原则》中的某些原则可能更适宜于大型公司，但是制度制定者或许也会希望凭借该原则来提高所有公司（包括小型公司和非上市公司）良好公司治理的意识。

公司治理涉及公司管理层、董事会、股东和其他利益相关者之间的一系列关系。此外，公司基于公司治理结构来设定公司目标，并确定实现这些目标的手段和绩效监控方式。

《公司治理原则》并无意图影响或事后评判市场参与者、董事会成员和公司高管的具体商业判断。对某家公司或某个投资者群体有效的措施并不一定普遍适用于所有企业，也不一定具有影响全局的经济意义。

《公司治理原则》承认雇员和其他利益相关者的权益，以及其在促进公司长期成功和绩效方面发挥的重要作用。与公司决策流程相关的其他因素，例如环境问题、反腐问题或道德问题，也纳入《公司治理原则》中进行了考量，但是《公司治理原则》提及的许多其他文件，包括《经合组织跨国企业指南》（OECD Guidelines for Multinational Enterprises）、《关于打击国际商业交易中行贿外国公职人员行为的公约》《联合国工商企业与人权指引原则》《国际劳工组织关于工作中基本原则和权利宣言》，对以上因素进行了更为明确的探讨。

《公司治理原则》是在对以下内容有所认识的基础上制定的：公司治理制度对于投资者信心、资本形成和配置等广泛经济目标的实现，发挥着重要作用。公司治理的质量影响公司获取其发展所需资金的成本，以及直接或间接的资金提供方对于是否能公平、合理参与并共享价值创造的信心。因此，公司治理规则和实践体系共同构成一个结构，有助于缩小居民储蓄存款与实体经济投资之间的差距。因此，良好的公司治理将使股东和其他利益相关者确信其权利受到保护，而且将使公司能够降低资本成本，易于进入资本市场。

在当今全球化的资本市场上，这一点具有重要意义。国际资本流动使公司能够从更大规模的投资者群体获得融资。如果各公司和各国要充分利用全球资本市场，并吸引长期"耐心"资本，公司治理安排必须可信、获得其他国家的充分理解，并符合国际公认的原则。即使公司并没有主要依靠海外融资渠道，可靠的公司治理结构在有效监管和执行机制的支持下，也会有助于提升国内投资者的信心，降低资本成本，支撑金融市场的良好运行，并最终催生更稳定的融资渠道。

目前尚不存在良好公司治理的统一模式。但是，一些常见要素构成了良好公司治理的基础。《公司治理原则》基于这些常见要素而制定，并概括了现存的各种不同模式。例如，《公司治理原则》并没有倡导任何特定的董事会结构，《公司治理原则》中所用"董事会"一词旨在包括各国不同结构模式下的董事会。在某些国家实行的典型双层委员会制度中，《公司治理原则》所用的"董事会"系指"监事会"，而"关键高管"系指"管理董事会"。在单层委员会制中，董事会由内部审计机构监督，参照适用双层委员会制中董事会适用的原则。由于"关键高管"一词的定义根据具体的情形（例如薪酬或关联交易等），可能会在不同司法管辖区内有所差异，《公司治理原则》允许各司法管辖区对这一术语灵活地进行定义，以实现《公司治理原则》致力于达到的结果。在《公司治理原则》正文中，"公司"（corporation）和"公司"（company）两词可互换使用。

《公司治理原则》不具有约束力，不旨在对各国立法做出详细规定，而是力求确定各种目标，并提出实现这些目标的各种手段。《公司治理原则》的目标在于为制度制定者和市场参与者提供一个可靠但灵活的参考，供其制定各自的公司治理结构。若要在一个不断变化的世界中保持竞争力，公司必须对公司治理实践进行创新和调整，使其能够满足新需求，把握新机遇。考虑到监管的成本和利益，政府担负着塑造有效监管结构的重大责任，该监管结构必须具有足够的灵活性，既能保证市场有效运行，又能满足股东和其他利益相关者的新期望。

《公司治理原则》在全球各个司法管辖区被广泛用作基准。同时，《公司治理原则》还是金融稳定委员会《健全金融体系关键标准》中的一项标准，并构成世界银行《关于遵守标准和守则的报告》中公司治理部分的评估基础。

《公司治理原则》不断改进并根据环境的重大变化进行修订，以保证其继续发挥公司治理领域制度制定之指导性文件的作用。

《公司治理原则》分为六个不同的章节：第一章为确保有效公司治理结构的基础；第二章为股东权利和平等待遇及关键所有权功能；第三章为机构投资者、证券交易所和其他中介机构；第四章为利益相关者在公司治理中的作用；第五章为信息披露与透明度；第六章为董事会责任。每一章的标题对应的均为一个单项的原则，之后再对一些支持性的具体原则进行阐述。《公司治理原则》中的各项注释发挥补充作用，对各项公司治理原则进行说明，旨在帮助读者理解其背后的原理。这些注释也对主导趋势或新出现的趋势进行了说明，并提供可能增进《公司治理原则》可操作性的替代实施方式和实例。

第一章　确保有效公司治理结构的基础

公司治理结构应提高市场的透明度和公平性，促进资源的高效配置，符合法治原则，并为有效的监督和执行提供支持。

第二章　股东权利和公平待遇以及关键所有权功能（节选）

公司治理结构应保护和促进股东行使权利，确保全体股东的平等待遇，包括少数股东及外资股东。在权利受到侵犯时，应保障全体股东均有机会获得有效救济。

股票投资者拥有一定的财产权利，例如股份公开交易的公司的任何股份都可以被购买、出售或转让。任何股份都赋予投资者在承担不超过投资额的有限责任的前提下，分享公司利润的权利。此外，任何股份的所有权也赋予了股东主要通过参与股东大会和投票的方式去了解公司信息和影响公司的权利。

然而实践中，公司不能由股东投票进行直接管理。持股人可以区分为个人和机构两种群体，他们的利益、目标、投资期限的长短和能力差异很大。而且公司管理要求必须能够快速做出商业决策。鉴于这些事实以及在快速、瞬息万变的市场中管理公司事务的复杂性，股东不应被期望来承担管理公司事务的责任。公司战略和运营的责任往往掌握在董事会以及由董事会选择、激励和必要时更换的管理团队的手中。

影响公司股东的权利集中在一些基本事项上，例如选举董事会成员或影响董事会组成的其他手段、修订公司组织文件、批准特别交易以及其他由公司法和公司内部规章所规定的基本事项。本节可被视为对股东最基本权利的声明，这些权利获得几乎所有经合组织成员国家的法律认可。对于如审计师遴选的批准、董事会成员的直接提名、质押股份的权利、利润分配的批准、董事会成员及/或关键高管的薪酬表决、重大关联交易的批准等其他权利，各个司法管辖区都进行了规范。

资本市场的发展和正常运行取决于一个关键因素：投资人相信他们所提供的资本不会被企业管理者、董事会成员或有控制权的股东滥用或挪用。董事会、管理者和有控制权的股东有可能参与损害无控制权的股东利益的活动中，以牟取其个人利益。为保护投资人利益，需要有效区分事前股东权利及事后股东权利。事前权利包括，例如股份优先购买权和以特定多数表决方式进行某些决策的权利。事后权利则允许股东在权利受到侵犯时寻求救济。在法律法规结构执行力较弱的司法管辖区，可能应当加强股东的事前权利。例如，有权提出股东大会议程项目所需达到的持股比例门槛应设定在一个较低的水平，或者设置关于在作出某些重要决定时应适用股东绝对多数制的规定。《公司治理原则》支持在公司治理中平等对待外资股东和国内股东，但不涉及对外直接投资的监管制度。

股东权利得以执行的渠道之一是其可对管理层和董事会成员提起法律和行政诉讼。经验表明，法律是否提供有效措施，使股东在付出合理代价且不过度耗时的情况下能够获得救济，是股东权利受保护程度高低的重要决定因素之一。当法律制度为少数股东提供了适当的机制，使其在有正当理由认为其自身权利受到侵犯时可以提起诉讼，则少数股东的信心会增强。设置该等执法机制也是立法者和监管者的关键责任所在。

然而，如果法律制度允许任何投资人在法庭上对企业活动提出质疑，也会带来滥诉的潜在风险。因此，许多法律制度引入了保护管理层和董事会成员不受滥诉侵扰的办法，包括测试股东投诉的充分性，为管理层和董事会成员的履职行为建立所谓的安全港〔比如经营判断规则（Business Judgement Rule）〕，以及为信息披露建立安全港。最终，允许投资人在所有权被侵犯时能寻求法律救济的同时，必须找到平衡，避免滥诉。许多国家已经发现，替代性裁决程序——例如由证券监管者或其他监管机构安排的行政听证或仲裁程序——是解决争议的有效办法，至少在"一裁"这一层级上。专门的庭审程序同时可作为一种实用手段，用于获取及时的禁令，并最终促进争议的快速解决。

（一）股东基本权利包括：（1）可靠的所有权登记方式；（2）股份转让或过户；（3）定期、及时地获得公司相关的重大信息；（4）参加股东大会并投票；（5）选举和罢免董事会成员；（6）分享公司利润。

（二）股东应有权批准或参与涉及公司重大变更的决策并为此获得充分的信息。这些变更如：（1）公司章程或类似治理文件的修改；（2）授权增发股份；（3）重大交易，包括实际上导致公司出售全部（或几乎全部）资产的资产转让。

公司应有权利对外建立合作关系，成立关联公司，向合作伙伴和关联公司转移运营资产、现金流和其他权利义务。该等权利至关重要，可以使复杂组织具有业务灵活性，并确保其能进行责任委托。该等权利也允许公司剥离运营资产，从而成为单纯的控股公司。然而在缺乏适当制衡的情况下，这种权利也可能被滥用。

（三）股东应获得有效参加股东大会和投票的机会，并应对股东大会议事规则（包括投票程序）知情：

（1）股东应充分、及时地得到关于股东大会召开日期、地点和议程的信息，以及将在股东大会上作出决议的议题的全部信息。

（2）股东大会的流程与程序应虑及全体股东的公平待遇。公司程序不应使投票过于困难或成本过高。

参加股东大会是股东的基本权利。管理层和有控制权的投资人有时会阻挠无控制权的投资人或外资投资人对公司发展的方向施加影响。一些公司对股东投票收取费用。其他潜在的障碍包括禁止代理投票，要求股东亲自参加股东大会进行投票，在偏远地点举行大会，以及仅允许举手表决等。不仅如此，其他程序更使得股东几乎不可能行使所有者权益。股东可能在股东大会举行前很短的时间才收到投票材料，导致没有充分的时间进行思考和咨询。许多公司寻求更好的渠道与股东进行交流与决策。应当鼓励公司努力消除人为壁垒，便于股东参加股东大会，公司治理结构应为不在场股东采用电子投票提供便利，包括通过电子手段发送代理材料及设置可靠的投票确认系统。在私人执法较弱的司法管辖区，监管者应能够做到遏制不公平投票行为。

（3）股东应有权向董事会提问（问题可涉及年度外部审计），有权在股东大会中提出议案、进行表决，但该等权利应受到合理限制。

为鼓励股东参与股东大会，许多司法管辖区提升了股东权利，允许他们通过一个简单明确的提交修改意见以及决议的流程，向股东大会提出议案，并在股东大会召开前提交问题，获得管理层及董事会成员的回复。股东还应能就外部审计报告提出问题。公司有正当理由采取措施确保股东不会滥用此等权利。比如公司要求只有持有特定市值或特定比例股份的股东，或拥有投票权的股东，才有权在股东大会提出决议，就是一种合理的措施。这一门槛的设置应该对股权集中的程度予以考量，以确保少数股东能无障碍地提出议案。经股东大会批准且属于股东大会审议范围的议案，应当由董事会负责执行。

（4）应推进股东有效参与企业重要管理决策，例如提名和选举董事会成员。股东针对董事会成员及/或关键高管薪酬（如果适用）的意见应通过包括股东大会投票等渠道表达。董事会成员和员工的薪酬计划中关于股权的部分应通过股东的审批。

选举董事会成员是股东的基本权利。为了有效开展选举流程，股东应有权参与提名董事会成员、对被提名的具体董事或不同的董事名单进行投票。因此，在防止权利滥用的前提下，在许多国家股东还是有权获得向其提供的投票资料。关于董事候选人的提名，许多公司设立了提名委员会，以确保提名严格符合已有程序，并致力于促进董事会人员构成的均衡性与胜任能力。独立董事在该委员会中发挥关键作用是一种良好实践。为进一步改进遴选程序，《公司治理原则》也提倡充分知情、及时披露董事会候选人的经验和背景以及任命的程序，以便于在充分信息基础上评估每位候选人的能力和适当性。披露被提名者担任的其他董事职位亦被视作是良好的做法。在某些司法管辖区还会公开候选人的其他被提名职位。

《公司治理原则》提倡披露董事会成员以及关键高管的薪酬。甚为重要的是，股东需要了解薪酬制度以及根据该制度制定的薪酬安排总额。特别地，当股东在评估董事会的能力及被提名董事的素质时，需要特别关注薪酬和公司绩效之间是如何挂钩的。不同形式的薪酬表决权（具有约束力的投票或咨询投票，事前制定/事后制定、包含董事会成员和/或关键高管、个体和/或整体的薪酬、薪酬制度和/或实际薪酬）在向董事会传递股东情绪的强度和态度时发挥着重要作用。尽管董事会和高管合同并非适合采用寻求股东大会批准的方式，但仍然应有股东可以表达观点的方式。在股权类薪酬计划下，股东的股权比例可能被稀释，对管理层的积极性产生相当的影响，不论是单个董事的薪酬还是整体的薪酬制度，应当得到股东的批准。越来越多的司法管辖区要求，对现有方案的任何实质性改变都须经股东批准。

（5）股东应能亲自或由代理人投票。不论是亲自还是代理投票，都应具有相同效果。

为了达到促进股东参与的目标，建议各司法管辖区和/或公司应当在投票中更普遍地使用信息技术，包括在所有上市公司中实行电子投票。《公司治理原则》建议普遍采用代理投票的制度。采用指示代理投票制度确实对于促进和保护股东权利很重要。公司治理结构应该确保代理人按照委托人的指示投票。在允许公司接受委托成为代理人的司法管辖区中,披露股东大会主席(通常是公司获得的股东代理权的接受人)如何行使附属于非定向代理权的投票权是非常重要的。在董事会或管理层代理公司养老基金或员工持股计划持有委托投票权的情况下,应披露投票指示。库存股和子公司持有的股份不参与投票,不计入法定投票票数,这是一种良好实践。

(6)应消除跨国投票障碍。外国投资者通常通过一系列中介机构持有股票,基本会将其所投资的上市公司股票存管在证券中介机构的账户中;如果所投资的上市公司位于第三国,那么这些中介机构又会在其他司法管辖区的其他中介机构和中央证券存管机构开有账户。这种跨国界的链条带来了两大挑战:首先,难以确定外国投资者是否有权行使投票权;其次,与外国投资者的沟通程序难以保证通畅,加之商业实践中通知期限一般很短,最后导致公司发布股东会召开通知之时留给股东的时间往往非常有限,要保证其在知情的基础上作出决策绝非易事,跨国界投票容易出现困难。法律结构和监管结构应阐明,在跨国界情况下谁有权利控制投票权、存管链(Depository Chain)的哪些环节有必要简化。此外,通知期限应确保外国投资者实际上拥有与国内投资者相同的行使所有权职能的机会。为了进一步便利外国投资者进行投票,法律、法规和公司实践应以无差别的方式允许通过电子技术手段参与投票。

(四)应当设置一定的股东权利(但为预防该等权利被滥用,其应受例外规定约束),从而使包括机构投资者在内的股东能就本原则中所界定的股东基本权利有关的事宜相互进行协商。

长期以来,人们认为在股权分散的公司,个体股东在公司的持股份额可能太少,因而难以承担采取行动的成本,也难以投入资金监控绩效。而且,如果真有小投资者投入资源采取此类行动,其他人将不劳而获〔即,他们会成为"免费搭车者"(free riders)〕。这就导致小投资者没有足够的积极性来监控所投资公司的绩效,不过,这个问题这对机构投资者可能并不重要,特别是对于以信义(fiduciary)义务人身份开展活动的金融机构,当其要决定是否增持某公司股权以便持有大量份额时或者是否要分散其投资时,情况更是如此。然而,影响机构投资者持有大额股权的其他成本或许仍然很高——在许多情况下,机构投资者不能作出持有大额股权的决定是因为这超出了他们的能力,抑或持有大额股权将会导致其需要把资产更多地投资于同一个公司,而这种集中投资的做法将失之谨慎。为了克服这种不对称现象,从而避免投资过于分散化,应允许甚至鼓励股东运用改善公司治理的各种手段,诸如:在提名和选举董事会成员、提出提案、与公司直接讨论的过程中,展开合作和相互协调。更普遍的做法是,应当允许股东彼此交流,而不是死板地遵守投票代理权委托书征集的正式程序。

但是必须承认,如果没有收购或信息披露规则的制约,投资者之间的合作会被用于操纵市场和获取公司的控制权,而且也可能以合作之名达到规避竞争法规的目的。

然而，如果股东之间的合作不涉及获取公司控制权，也不会引发与市场效率和公平的冲突，就可以帮助股东更有效地行使其所有权。为了明确何种情况下股东之间可以合作，在制定收购规则与其他规则时，监管者可以针对股东之间展开协调的形式、构成或不构成一致行动的协议发布指引。

（五）同类同级的所有股东都应享有同等待遇。对于使特定股东获得与其股票所有权不成比例的某种支配力或控制权的资本结构和安排，应当予以披露。

1. 同类别的任何股份系列，均具有相同的权利。所有投资者在购买股份之前，都应能够获得附带于各类各系列股份应享有权利的有关信息。经济权利或投票权的任何变动，都应获得受不利影响的那些类别股份持有者的同意

公司的最佳资本结构最好在经股东批准的情况下由管理层和董事会决定。某些公司发行优先股（Preferred Shares, or Preference Shares），这种优先股具有优先获取公司利润的权利，但通常具有有限的投票权或无投票权。公司也可发行参与证（Participation Certificates）或具备有限投票权或无投票权的股票，其交易价格可能会不同于附带完整投票权股票的交易价格。在以最符合公司利益的形式分配风险与回报，进行符合成本效益的融资时，所有这些结构都可能是有效的。

投资者会期望在投资前获知有关其投票权的信息。一旦投资者做出投资，就不应当改变他们的权利，除非持有投票权的人员参与了改变股票所附权利的决策。变更不同系列和类别的股票投票权的提案，应由受影响的股票类别中，带有投票权股份的特定多数持股人（通常情况下比例更高的）向股东大会提交批准。

2. 资本结构和控制安排的披露应当必不可少

某些资本结构允许股东在一定程度上对公司行使与其股票所有权不成比例的控制权。设置金字塔结构、交叉持股和带有有限或多重投票权（Multiple Voting Rights）的股份，都会减弱非控股股东影响公司制度的能力。

除所有权关系外，其他工具也能影响公司控制权。不同的股东群体（这些股东个人可能持有比较少量的股权）要一致行动组成多数股东，或者至少集结成最大的股东群体，最常见的手段就是达成股东协议。股东协议通常给予协议参加者购买其他协议参加者所出售股份的优先权。这些协议也可以包括要求协议参加者在特定时间段不出售其股份的条款。股东协议可以涵盖像如何选举董事会成员或董事会主席等问题。这些协议也能促使协议方作出相同的表决。一些国家已经发现有必要加强对此类协议的监控并限制其存续期。

不管股东实际拥有多少股票，封顶投票权（Voting Caps）限制了单一股东可以投票的数量。因而封顶投票权起到了重新分配控制权的作用，并可能影响股东参与股东大会的积极性。

考虑到这些机制能重新分配股东对公司制度的影响力，该等资本结构和安排的披露应当必不可少。与该等资本结构和安排相关的披露还可以使股东和潜在投资者在更充分知情的情况下作出决策（见第五章第 3 节）。

（六）关联交易的批准和执行，应当以确保对利益冲突进行适当管理，并保护公

司和其股东的利益的方式进行。

1. 关联交易中内在的利益冲突应当予以处理。

在所有的市场中，潜在的关联交易滥用是一个核心的制度问题，在公司所有权集中、盛行设立集团公司的市场尤为如此。禁止此等交易并非通常的解决之道，因为关联交易本身并没有任何问题，只要此等交易中固有的利益冲突得到充分的处理（包括通过适当的监督和披露）。当公司有较高比例的收入和/或成本来自关联交易时，妥当处理利益冲突尤为重要。

各司法管辖区应当建立有效的结构来明确列举关联交易，包括对关联方进行广泛而精确的定义，并在非重大关联交易的情况下，将其中的某些交易排除在定义之外，因为这些交易并未超过事前禁止门槛（Ex Ante Thresholds），可视为在可验证的交易条件（at Verifiable Market Terms）下反复发生的交易，或者被视为与子公司开展的、但不存在关联方特定利益的交易。一经确定为关联方交易，司法管辖区应以将交易潜在不良后果控制在最低水平的方式，设定批准流程。绝大多数司法管辖区非常重视董事会的批准，独立董事通常在批准时发挥显著作用，或者要求董事会说明交易对公司的利益。在批准特定关联交易时，也可以给予股东发言权，但有利害关系的股东除外。

2. 董事会成员和关键高管应当按照规定向董事会披露，他们是否在任何直接影响公司的交易或事务中有直接、间接或代表第三方的实质性利益。

当董事会成员、关键高管（在某些司法管辖区，还有控股股东）在公司外部拥有的企业、家庭或其他特殊关系，可能会妨害他们对公司特定交易或事务的判断时，他们有义务告知董事会。上述的特殊关系包括，高管和董事会成员通过与控股股东联合而产生的特殊关系。如果董事会成员、关键高管、控股股东已声明存在重大利益，其不得参与任何涉及这些交易和事务的决策。此外，相关决议应明确表示决策程序中排除了这种重大利益的参与，和/或说明这些交易对公司带来的好处，并且不论是排除利益或说明好处都应提及交易的条款。这些做法应视为良好实践。

（七）少数股东应受到保护，使其不受控股股东（Controlling Shareholders）直接或间接地滥用权力，或者他人为控股股东的利益而滥用权力的侵害，并且应当享有有效的救济手段。滥用自我交易应当予以禁止。

许多股份公开交易的公司存在具有控制权的大股东。虽然控股股东能够通过密切监控管理层而降低代理问题，但是法律和监管结构中的漏洞可能导致公司其他股东的利益遭受侵害。任何人（包括控股股东）与公司关系紧密时，就可能利用这些关系来损害公司和投资者的利益，这就是滥用自我交易（Abusive Self-dealing）。

当法律制度允许且市场也接受这样的行为，即具有控制权的股东利用法律工具使所有权从控制权中分离出来（比如金字塔结构或多重投票权）从而行使过度的控制权，导致其控制权与其作为股东所承担风险的程度不对等，此时，潜在的滥用是很明显的。这种滥用可能以各种方式出现，包括：通过向在本公司就职的家庭成员和亲戚支付高工资和高额奖金来进行直接的私人利益输送，不适当的关联方交易，业务决策系统性地有所偏颇，以及通过向具有控制权的股东专门发行股份来改变资本结构。

除了信息披露外，保护少数股东的另一关键是明确规定董事会成员对公司和所有股东负有忠诚义务（Duty of Loyalty）。的确，在法律和监管结构中对于忠诚义务的规定较弱的国家，侵害少数股东的现象最为常见。在企业集团很普及、董事会成员的忠诚义务暧昧不清甚至被解释为对集团的义务的某些司法管辖区，这个问题的重要性尤为明显。其中某些国家现已制定了一系列规则，以控制消极影响，包括规定：某公司作出有利于集团内另一家公司的交易时，必须获得集团内其他的公司给出的相当利益来抵消。

其他行之有效的保护少数股东的通用条款有：与股票发行有关的优先购股权（Pre-emptive Rights）、某些股东决策的特定多数制（Qualified Majorities），以及在选举董事会成员中采用累积投票制的可能性。在特定情况下，某些司法管辖区要求或允许具有控制权的股东以独立机构所估价格收购其余股东的股票。这在当控股股东决定一个企业退市（De-list）时特别重要。其他加强少数股东权利的手段包括派生诉讼（包括多重派生诉讼）和集体诉讼（Class Action Law Suits）。某些监管机构已建立投诉处理机制，而且某些监管机构能够通过披露相关信息和/或相关经费为诉讼提供支持。尽管都以提高市场信用为目标，保护少数股东的条款选择与最终的设计还是取决于整体的监管结构和国家法律制度。

（八）应允许公司控制权市场以有效和透明的方式运行。

（1）有关资本市场中公司控制权收购、较大比例公司资产的出售以及类似于合并的特别交易（Extraordinary Transactions）的规则和程序，都应清楚详细并予以披露，以使投资者理解自己的权利和追索权。交易应在价格透明和公平条件下进行，以使各类股东的权利都受到保护。

（2）反收购工具（Anti-take-over Devices）不应当成为管理层和董事会规避问责（Accountability）的庇护工具。

在某些司法管辖区，公司可以运用反收购工具。然而，投资者和证券交易所都担心，反收购工具的广泛应用可能会严重阻碍公司控制权市场功能的发挥。有时，抵御收购完全可以被管理层或董事会用于规避股东的监控。在采用任何反收购工具和处理收购要约时，有必要将董事会向股东和公司承担的信义义务（Fiduciary Duty）放在首要位置。某些司法管辖区在公司发生重大重组（包括兼并和合并）时，为持异议的股东提供退出选择。

第三章 机构投资者、证券交易所和其他中介机构

公司治理结构应当在投资链条的每个环节都提供健全的激励因素，并规定证券交易所的运行应当有利于促进良好公司治理实践。

在制定公司治理法律和监管结构时，为了使其有效发挥作用，必须考虑到当地的经济实况。在许多司法管辖区，公司绩效和最终受益人的持股收入之间原本明确直接

的关系在减弱，公司治理实践和所有权关系发生了变化。实际上，投资链往往长而复杂，在最终的受益人和公司之间存在很多的中介机构。作为独立决策者存在的中介结构，对投资者参与公司治理的诱因和能力产生影响。

机构投资者（比如，共同基金、养老基金、保险公司和对冲基金）持有的股权投资份额已显著增长，其所拥有的很多资产由专业的资产管理人管理。机构投资者和资产管理人参与公司治理的能力和利益发生了很大变化。对某些机构投资而言，参与公司治理，包括投票权的实施，是其经营模式的天然组成部分。但是，另外一些机构投资者向其受益人和客户提供的商业模式和投资战略可能就不鼓吹积极的股东参与，也不鼓励投入资源来支持积极的股东参与。如果股东参与并非机构投资者商业模式的一个要素，也非投资战略的组成部分，那么强制其参与（比如，通过投票）可能起不了任何作用，同时也容易导致参与行为流于过场。

《公司治理原则》建议机构投资者披露与公司治理有关的制度。然而，在股东会行使投票权还是股东参与公司治理的唯一渠道。至于直接与董事会、管理层接触和对话，也是经常使用的其他股东参与方式。近年来，某些国家已开始考虑采用要求机构投资者自愿签署参与治理的股东参与守则［股东尽责管理守则（Stewardship Codes）］。

一、作为信义义务人，机构投资者应当披露与其投资有关的公司治理及投票制度，包括决定使用投票权的相关程序

机构投资者的整个公司治理结构和公司监管的有效性及可信性，在很大程度上取决于机构投资者的意愿和能力，即其是否有意愿和能力基于充分信息行使其股东权利，并有效发挥其在所投资公司中所享有的所有权职能。虽然本项原则并不要求机构投资者一定要就其所持有的股权进行投票，但是要求机构投资者披露根据成本效率的考量以何等方式行使所有权。对于充当信义义务人的机构投资者，例如养老基金、集合投资计划、保险公司的某些业务和代其行事的资产管理机构而言，可以认为投票权也是其客户投资价值的一部分。不行使所有权可能会损害投资者利益，因此投资者应关注机构投资者遵循的制度。

在某些国家，向市场披露公司治理制度的要求相当具体，包括：要求机构投资者设有明确的战略，指引其在何种情况下会对所投资的公司进行干预、此类干预所采取的方式、评估此类战略有效性的方法。对实际投票记录进行披露被视为良好实践，尤其是对于已经明确规定须行使投票权的机构而言，更是如此。披露要么向客户做出（该等披露仅针对每名客户所涉证券），要么向市场做出（对于投资顾问向注册投资公司所作披露而言）。除了参与股东大会之外，还有一个补充的参与方法，就是与投资组合公司构建持续的对话机制。尽管公司在平等对待所有投资者上义不容辞，不应在未向市场披露时先向机构投资者泄露信息，但是还是应鼓励机构投资者与公司之间开展此类对话。公司提供的补充信息通常包括公司经营所处市场的一般背景以及进一步详细说明已向市场披露的信息。

机构投资者已制定并披露了其公司治理制度后，制度执行的有效性要求其投入恰当的人力和资金资源，并按照符合受益人和投资组合公司要求的方式实施治理制度。

对于实施积极公司治理制度的机构投资者的客户而言，机构投资者应当向其披露这种积极公司治理制度的性质和实际实施情况，包括人员配备。

二、存管人或代理人应按照股份受益所有人的指示进行投票

除非获得特定指示，否则代客户持有证券的托管机构不得就这些证券进行投票。在某些司法管辖区，虽然上市规则中大量列出存管人未经指示不得进行投票的事项，但是对于特定的常规项目，未经指示进行投票可能性仍然存在。上市规则应当要求托管机构向股东及时提供信息，使股东对其投票权行使的相关选项作出充分考量。股东可以选择亲自进行投票，也可以选择向存管人委托全部投票权。此外，股东也可以选择获知所有将要进行投票的议题，可以决定自己投一部分票，并向存管人委托一部分投票权。

存托凭证（Depository Receipts）持有人应当获得与标的股票（Underlying Shares）持有人相同的最终权利和参与公司治理的实际机会。在股票直接持有人可能采用代理投票时，存管人、信托机构或同等实体应及时向存托凭证持有人发出投票代理权委托书。存托凭证持有人须有能力针对存管人或信托机构所持有股票，发出有约束力的投票指示。

应当注意的是，本项原则不适用于受托人或其他人员接受某种特殊的法定授权（例如，破产管理人和遗产执行人）而行使投票权的情况。

三、作为信义义务人，机构投资者应当披露如何管理可能会影响所投项目之关键所有权行使的重大利益冲突

在特定情况下，中介所有者（Intermediary Owners）投票和行使关键所有权职责的动力可能不同于直接所有者。这种差别有时从商业逻辑的角度来看是合理的，但也可能源于利益冲突。当信义义务人是另外一家金融机构的子公司或分公司时，利益冲突可能变得十分严重，特别是在综合性金融集团中。如果这类利益冲突是由某种重要的业务关系——例如通过协议安排来管理投资组合公司的资金——所引起，应明确识别这种利益冲突并加以披露。

与此同时，机构投资者应当披露为了将行使关键所有权的能力所受潜在负面影响最小化，采取了何种行动。这类行动可以包括分离因基金管理和因集团其他单位收购新业务而获的奖金。资产管理和其他中介服务的收费结构应当保持透明。

四、公司治理结构应当要求委托投票代理顾问、分析师、经纪商、评级机构，以及为投资人决策提供分析或建议的其他人员，披露可能会损及其分析或建议公正性的利益冲突，并将冲突控制在最低限度

投资链从最终的所有者开始，一环扣一环直至公司，其中不仅仅涉及多方中介所有者，还包括向中介所有者提供建议和服务的各种专业人士。投票代理顾问（proxy advisor）向机构投资者提供关于如何投票以及如何销售有利于投票过程的服务的咨询建议，从公司治理角度来讲，是其中最重要的一环。在某些情况下，投票代理顾问也向公司提供有关公司治理的咨询服务。其他的专业服务机构则会根据不同的公司治理标准评估公司。分析师、经纪商和评级机构都履行了相似的职能，并面临相同的潜在利益冲突。

考虑到公司治理中各种服务的重要性，以及某些情况下公司治理对各种服务的依赖性，公司治理结构应当促进专业人士的诚信，比如分析师、经纪商、评级机构和投票代理顾问。如果对此等服务进行恰当的管理，则可以在塑造良好的公司治理实践中发挥重要作用。与此同时，上述专业人士仍然可能会产生影响其判断的利益冲突，比如在咨询建议的提供者也寻求向公司提供其他服务时，或者服务机构对公司或其竞争者有直接的重大利益时，就可能产生利益冲突。许多司法管辖区已经通过规章，或提倡实施自律规范，来缓解此等利益冲突或与诚信有关的其他风险，并规定私人部门和/或公共部门对此进行监督。

在适当的情况下，投票代理顾问服务的提供者应当向其客户（即投资人）公开披露其咨询服务赖以做出的程序和方法，以及与客户相关的投票制度标准。

五、内幕交易和市场操纵应当予以禁止，适用的规则应当予以执行

由于内幕交易会导致操纵资本市场，因此，内幕交易在大多数国家被证券法规、公司法和刑法所禁止。内幕交易被视为有悖于良好的公司治理，原因是它们违反了平等对待股东的原则。但是，这种禁止规定是否有效取决于执法行动是否严格。

六、对于在创立地以外司法管辖区上市的公司，应当明确披露其适用的公司治理法律法规。在交叉上市（Cross Listings）的情况下，关于如何承认（Recognition）第一上市（Primary Listing）所适用的上市规则，相关的标准和流程应当透明并明文规定

公司在设立地以外的司法管辖区上市或交易其股票的情况日益普遍。这可能令投资者不确定应遵循哪种公司治理规章制度。这可能影响公司治理事务的方方面面，从年度股东会的召开流程、地点至少数股东的权利。因此，公司应当明确披露适用哪一司法管辖区的规则。如果公司所适用的主要公司治理规定并非股票交易所在的司法管辖区的规定，而是另一个司法管辖区的规定，则应当披露两个司法管辖区的规定之间的主要差异。

已在某一证券交易所上市的公司在其他证券交易所再上市（Secondary Listings）的盛行，即所谓的交叉上市（Cross-Listings），是证券交易所日益国际化和一体化催生的另一重要现象。交叉上市的公司通常受制于第一上市所在司法管辖区的监管和许可。在第二上市的情况下，基于对公司第一上市所在地证券交易所的上市要求和公司治理法规的承认，通常会豁免公司遵守第二上市当地的上市规则。证券交易所应当明确披露适用于交叉上市公司的规则和程序，以及对当地公司治理规则豁免的规定。

七、证券交易所应当发挥公平高效的价格发现功能，以利于改善公司治理效果

有效的公司治理意味着，股东可以通过将市场相关信息与公司的前景和绩效信息相对比，监督和评估其对公司的投资。如果股东认为这是有利可图的，他们可以通过行使股东权利来影响公司行为，或者出售其股份（或增购股份），或者在其投资组合中重新评估公司股票。因此，市场信息的质量、获取（包括有关股东投资的公允高效的价格发现功能），对股东行使权利意义重大。

第四章　利益相关者在公司治理中的作用

公司治理结构应承认利益相关者的各项经法律或共同协议而确立的权利，并鼓励公司与利益相关者之间在创造财富和就业以及促进企业财务的持续稳健性等方面展开积极合作。

第五章　信息披露与透明度

公司治理结构应确保及时准确地披露公司所有重要事务，包括财务状况、绩效、所有权和公司治理。

第六章　董事会责任

公司治理结构应确保董事会对公司的战略指导和对管理层的有效监督，确保董事会对公司和股东的问责制。

附录

理事会关于《公司治理原则》的建议
2015 年 7 月 8 日

根据经合组织创始成员国于 1960 年 12 月 14 日签署的《经济合作与发展组织公约》第 5b)条的规定；

根据《理事会关于国有企业的公司治理指南的建议》中提出的关于国有企业的补充指南；

根据作为《关于国际投资和跨国企业的宣言》《关于打击国际商业交易中行贿外国公职人员行为的公约》和《理事会关于在教育、就业和创业中实现性别平等的建议》不可或缺组成部分的《跨国企业指南》的规定；

鉴于《公司治理原则》已在全球范围内获得认可，而且是各国以及国际社会据以完善公司治理的重要根据；

认识到《公司治理原则》的执行根据法律、经济、社会和监管环境的不同而有所差异；

理事会基于公司治理委员会的提议：

1. 建议已加入《理事会关于公司治理原则的建议》的经合组织成员国和非成员国（下称"加入国"）妥善考虑《理事会关于公司治理原则的建议》附件中所载且构成该附件不可或缺组成部分的《公司治理原则》；
2. 邀请秘书长宣传《理事会关于公司治理原则的建议》；
3. 邀请加入国宣传《理事会关于公司治理原则的建议》；

4. 邀请非加入国妥善考虑并加入《理事会关于公司治理原则的建议》；

5. 指示公司治理委员会做好《理事会关于公司治理原则的建议》执行工作的跟进，并在《理事会关于公司治理原则的建议》获得通过后 5 年内以及之后的适当时候，向理事会进行汇报。

2. OECD：《机构投资者的负责任商业行为》*

发布时间：2017 年 3 月 28 日
经合组织负责任商业行为工作组

---

* 原文链接：https://www.oecd.org/corporate/mne/rbc-financial-sector.htm。

在机构投资层面实施《经合组织准则》（节选）①

（一）将负责任的商业行为纳入投资者策略和管理系统中

根据《经合组织准则》规定，虽然说将投资机构政策和管理制度纳入 RBC 当中并不是尽职调查的正式组成部分，但它有助于确保《经合组织准则》中所设想尽职调查活动是有效且可信的。下面的方框内容介绍了投资者可以采取哪些措施，以将 RBC 纳入投资者的政策和管理系统。投资机构通常拥有一个公司实体和一个投资实体，分别肩负着为其股东争取合理回报的义务和通过管理资产使资产所有者受益的法定义务。为了避免利益冲突，这两个实体通常都有各自单独的策略和治理结构。因此，这些投资者既要针对相关的公司实体，也要针对投资实体单独提出建议。

| Investor Actions 投资者行动 | 1. 采用针对投资者的 RBC（负责任的商业行为）政策，并做到：
• 要求投资者遵守国际上有关 RBC 标准（例如《经合组织准则》《联合国负责任投资原则》）；
• 对于资产管理者，明确制定对其职工（即员工）以及与业务关系中有关 RBC 的要求。这可能要求持股公司按照国际上的 RBC 框架执行，如《经合组织准则》；
• 对于资产所有者，应将尽职调查所考虑的因素纳入其与外部投资管理者的关系之中；
• 说明投资机构实施尽职调查的方法；
• 说明投资机构与利益相关者沟通的方法；
• 以相关的内部和外部专业知识作为依据；
• 对于投资机构的公司政策，经投资机构最高层批准；
• 公开披露。
2. 任命基金管理者负责 RBC 工作，并对其建立 RBC 的内部审查制度。
3. 建立系统以管理投资机构的 RBC 风险。
4. 将 RBC 事项纳入投资决策。例如，在投资决策中要明确规定对 RBC 进行研究的程序。而开展该研究时，它可能会因不同的资产类别和投资策略而异。
5. 在投资机构中建立内部控制措施，包括：制定 RBC 目标并根据这些目标审查业绩；制定适宜的信息系统和操作程序。例如：
• 制定程序，以考察投资团队实施尽职调查流程的有效性，并考察其应对实际和潜在负面影响的反应；
• 建立数据库（例如，用于保存记录 RBC 相关信息、活动和决策）。这些信息可能包括：
——投资组合中确定的 RBC 风险名册（包括通过投诉机制报告 RBC 风险）；
——对持股公司的 RBC 业绩评估；
——与持股公司和/或利益相关者的接洽记录。
6. 在投资机构内所有相关部门和场地（如分析、研究和法律部门）的尽职调查提供大力支持与充足资源。在其他机制（例如通过与工人的社会对话、内部争端解决机制、举报人机制、操作层面的申诉机制）的基础上，建立公司和投资管理部门之间的循环反馈机制，以便不断改进。 |

投资者的主要考虑因素
以现有框架为基础

投资者的核心职责之一是分析和衡量金融风险，因此投资者已然拥有巩固的金融

---
① 译者注：下文为官方原文节选，译者仅对格式进行调整。

风险管理框架。此外，许多投资者按照既定的框架，已经将环境和社会问题纳入投资过程的不同阶段和运营模式的不同层面，如将 ESG 因素纳入投资组合分析中、在交易和风险平台自主地发出 ESG 信号等。

《经合组织准则》希望投资者可以通过现有的风险管理框架，进行基于 RBC 风险的尽职调查，但前提是这些框架也针对 RBC 风险，而不是仅针对投资者本身或持股公司的风险。如下文中所讨论的，财务重要性与 RBC 风险之间通常具有很强的关联性，因此，将 RBC 风险管理纳入现有金融风险分析和管理中会更为有利。方框 1 介绍了全球投资机构将 ESG 风险分析纳入核心投资分析的几种做法。虽然 ESG 标准通常被用于识别金融风险，但其流程亦可用于识别 RBC 风险。

方框 1：ESG 整合

一些机构投资者在考量某些基金的策略时，明确考虑到了 ESG 标准。一些投资者拥有特定的 ESG 基金（如 ESG 指数基金，详见方框 6），而其他投资策略则希望将 ESG 标准纳入整个投资组合，而确保 ESG 标准是作为决策过程的一部分本身也是项挑战。基金管理者可以与那些开展负责任投资的员工取得联系，以确保 ESG 因素融入投资分析和决策当中。《负责任投资原则》中的相关内容如下：

- 基本策略（也称传统策略）：指投资者可以根据 ESG 因素的预期影响调整财务预期（如收入、营业成本、资产账面价值和资本支出）或公司估值模型（如股利贴现模型、现金流量折现模型和调整后的现值模型）。
- 量化策略（也称系统化策略）：指量化管理人可以通过构建模型，将 ESG 因素与价值、规模、动量、增长和波动性等因素整合在一起。
- 智能贝塔策略（也称为战略贝塔、替代品贝塔和要素投资）：指 ESG 因素和表现可用作构建投资组合的权重，以创造风险调整后的超额回报、降低下行风险和/或增强投资组合的 ESG 风险状况。
- 被动策略（也称指数化策略）和增强型被动策略（也称为增强指数化策略）：指被动投资的总体 ESG 风险概况或特定的 ESG 因素对整体风险敞口可以通过调整指数权重或利用已达到的指数来减少。

《负责任投资原则（2016）——股权投资的 ESG 整合实践指南》，www.unpri.org/page/pri-launches-esg-integration-guide-for-equity-investors。

认识财务重要性与 RBC 风险间的关联性

根据信义义务或同等法律义务（如审慎人原则），投资者必须以其客户或受益人的财务利益为重。《经合组织准则》承认，在许多情况下，其建议超出了国家法律的范围，但不应与国内法律相冲突。

如何认定某些财务权益是重要的，是一个动态的概念。在投资方面，RBC 问题的重要性会随着时间的推移、立法和政策的变化、风险和对风险了解的变化、特定企业或行业发生变化，也会因社会、环境和经济影响以及社会（和受益人）期望和规范的变化而变化。作为投资过程的一个组成部分，对 RBC 问题的分析使投资者能够对特定的投资风险和机遇进行全面评估。

当 RBC 风险严重时，往往可能在财务上产生重大影响，且事实证明，强有力的 RBC 措施与更为明显的财务表现息息相关。对 RBC 风险的早期管理会避免风险发展成更为严重的财务影响。这一点正逐渐得到投资者和监管机构的认可。

在过去十年中，投资实践和公共政策的变化使投资者承担了明确的义务，即在遵守内部和外部政策、法律和条例的前提下，当财务上出现严重影响时，要将 RBC 或 ESG 问题纳入考虑范围。一些国家政府（例如加拿大和南非）明确规定，在这些情况下，投资者应考虑到社会和环境问题。在美国，劳工部的指导意见也明确指出，对于根据《雇员退休收入保障法案》（ERISA）制订的计划，如果 ESG 问题对投资的经济价值有重要影响，那么这些问题将成为受托方分析的一部分。联合国环境规划署金融倡议组织、联合国全球契约组织与负责任投资原则组织最近共同开展了一项研究，即环境署对可持续金融系统设计的调查，分析了澳大利亚、巴西、加拿大、德国、日本、南非和英国的信义义务，并得出结论："在投资实践中不考虑包括环境、社会和治理问题的长期投资价值驱动因素，是失职的信义义务。"

投资者也越来越关注长期投资，并认识到环境和社会问题对财务的长期影响。这种认识反映在制定尽责管理守则和鼓励投资者监督公司并与其接洽沟通的倡议中。

制定专项政策管理 RBC 风险，并将避免和解决 RBC 风险的目标纳入核心业务中。通常来讲，这不应妨碍，反而能使投资者有能力代表其受益人的利益与期望，并有助于提高其能力。

一些投资管理者可能认为，只有当客户明确要求或指示他们考虑 RBC 问题时，他们才会这样做。在资产所有者和资产管理者间的政策和委托中系统地列出 RBC 问题，有助于资产所有者和资产管理者表明其通过尽职调查，对相关受益人的利益和期望做出回应。

利用政策确定优先级

制定 RBC 政策可能是投资者传达和解释其在 RBC 风险管理中优先事项的一种有效方式。投资者通常对各种不同的公司投资，而对于投资较大的投资者来说，其投资的组合可能反映了整个市场。因此，投资者可通过其投资组合直接与一系列广泛的负面影响产生联系。对于投资者来说，识别投资组合中最严重的风险是非常困难的。投资者政策可作为工具，用于传达在管理负面影响时 RBC 的任何具体优先事项，并解释如何实现这些优先事项。例如，当考虑到气候变化影响的巨大规模、范围和不可补救的特点，以及监管机构与其客户均将气候变化作为优先事项时，投资者可在其政策中标明气候变化风险是他们的优先事项。

在制定具有合理性的优先级时，投资者要积极与利益相关者（例如资产管理者的受益人或客户）以及熟悉 RBC 问题的工人组织和民间社会组织进行协商。这将有助于他们根据 RBC 风险的严重程度确定优先级，并借此反映出相关利益方的观点。

（二）实施尽职调查：识别实际和潜在的负面影响

在尽职调查过程中，这一步骤的目的是帮助投资者识别进而评估整个投资组合中潜在和实际的负面影响。首先，投资者试图通过识别来了解他们可能直接与问题相关的范围。其次，投资者对这些问题进行优先级排序，并酌情做出回应。以下的方框中，展示了投资者在投资组合中通过企业识别和评估可能与他们直接相关的负面影响的措施实例。

投资者行为	1. 将 RBC 风险的识别纳入现有程序（例如投资前的定性和定量风险评估，并根据资产类别的情况，为投资决策和积极持股提供信息）。 2. 积极筛选投资组合，根据被认定的具有高风险的因素，例如地缘政治、行业、产品和供应链的各个阶段等因素，（在根据策略进行不同资产类别投资之前和之后）确定潜在的 RBC 风险范围。

投资者的主要考虑因素

采用基于风险的方法识别实际和潜在的影响

许多投资者拥有庞大的投资组合，这使得在持股公司中识别风险产生了极大的资源消耗。而采用基于风险的方法，可以帮助那些拥有大量投资组合的投资者面对负面影响风险时确定出一个大致范围，并根据这一评估确立优先级，以便在适当情况下进行进一步评估。换句话说，投资者可以对其投资组合进行筛选，以确定 RBC 风险最大的范围，并利用此信息作为基础，进一步单独或合作地开展调查。

作为尽职调查的一部分，投资者要对那些实际或可能存在较严重的负责任商业行为风险的持股公司开展更详细的调查。投资者可以独自进行案头研究，或利用专业研究服务、合作数据库和参与技术（方框2和方框3），以及直接与这些持股公司进行沟通（如要求持股公司提供某些信息、问卷调查、实地考察等），以获得有关 RBC 问题的更多信息，进而进行后续的调查。在这种情况下，投资者也可以通过合作的方式与公司接洽或者收集更多关于公司的信息，例如适用 PRI 合作平台等机制（方框2）。

投资者要认识到，在投资前获得详细信息并对某些被动投资进行深入调查是较为困难的，所以要将被动投资纳入一般性风险筛查之内，以确定 RBC 风险的最大范围，从而采取行动。

基于风险的方法可能会考虑到如下因素：

- 与持股公司相关行业或活动性质（如服装工厂的劳工和工作条件）有关的 RBC 风险。
- 与持股公司母国和其经营所在国家或地区相关的 RBC 风险，包括：
  ——持股公司的经营所在国或地区的社会经济因素（例如冲突后地区、移民或难民人口众多的国家）；
  ——持股公司经营所在国或地区的治理环境（如腐败问题或法治薄弱）。
- 与持股公司本身相关的 RBC 风险（例如在 RBC 问题上的不良记录，包括与员工发生冲突、造成环境问题等）。
- 投资者对于 RBC 政策中确定的优先问题（视情况而定）。

方框 2：联合国支持的 PRI 协作平台

协作平台提供一系列全球参与计划，让投资者与上市公司、决策者和投资链中的其他参与者互动。协作平台的内容包括：

- 邀请公司签署联名信；
- 为深入调研和指导投资者提供建议；
- 有机会参加投资者与公司共同参与的有关特定 ESG 主题的活动；
- 呼吁促进与决策者的对话；
- 有机会参加投资者-公司有关特定 ESG 主题的活动；呼吁促进与决策者的对话；请求支持即将出台的股东决议。

负责任投资准则小组多方协作平台网址：
www.unpri.org/about/pri-teams/esg-engagements/collaboration-platform

---

运用综合方法应对信息不足

RBC 风险信息披露的不统一性也为投资者带来一大问题。据估计，全球有 80 000 家跨国公司，其中只有5 000～10 000家公布了有关环境和社会的报告。此外，现有的非财务报告法规和监管机构对这些报告规则的监督和执行的有效性，以及这些规定对投资者的价值均遭受人们的质疑。而多数情况下，公司对RBC问题的披露仍然不完善，投资者可能很难全面了解在其投资组合中公司所面临的RBC风险以及它们是否得到了充分解决。

ESG研究服务的范围越来越大，同时也在逐步完善，并已能够作为投资者了解RBC信息的着手点。ESG研究服务涵盖公司在一系列ESG问题上的表现，以及与国际环境和社会标准有关的事件和争议。然而，ESG研究服务可能无法涵盖投资者的整个投资组合，也无法涵盖所有潜在的RBC风险。

投资者可能无法及时识别和注意到其投资组合中存在的所有RBC风险，但他们可以在信息不足时利用手头现有的信息并采取各种措施来识别实际和潜在影响。有关RBC的问题不是一成不变的，所以他们还应不断更新这些问题的信息。

研究服务可用于筛选投资者的投资组合，并识别与该服务所涵盖公司有关的RBC风险。对于投资组合未被ESG研究服务覆盖（或完全覆盖）的情况，可以通过上文提到的"基于风险的方法"进行筛查。除了这类方法外，也可通过查看投诉机构和其他报告平台中为投资者标记"警告"的方式对一些存在风险的公司引起注意。方框3的内容介绍了机构投资者如何利用信息来源识别RBC风险。

方框3：机构投资者获取RBC风险信息的来源

机构投资者在投资前通过尽职调查和对RBC风险进行持续监控，进而主动识别出投资组合中的RBC风险。RBC信息的来源可能包括：外部RBC市场研究服务机构；内部财务分析师或负责任投资专家；专项委任研究；公共信息或来自同行业内的网络信息共享；或是合作倡议。一些机构投资者拥有公司和行业集团层面的RBC内部数据库，分析师可以将数据同财务估值数据共同分析。

评估信息的可信度

RBC信息的可信度或客观性可能难以评估。为确保已识别的RBC风险的可信度，投资者应依据现有的可靠信息和资源，如市场研究服务、专门指数以及可靠的国际组织、民间团体和媒体的报告。为了评估通过申诉机制提交的申诉的可信度，投资者可以制定关于提交的标准和如何评估投诉可信度的政策，同时要确保这些评估标准公开传达，从而避免不必要的麻烦。

如果已发现潜在的严重负面影响，投资者可以查看其他信息来源，以核实或确定索赔。这些信息来源如方框4内容所述，可通过国家行政机关的报告、国际组织报告、非政府组织报告、媒体报道、行业文献、国家联络点（NCPs）的声明等方式获得。

方框4：国家联络点声明

国家联络点提供了一个论坛，各方可以在论坛上提出针对某一方未遵守《经合组织准则》建议的指控（或称为"具体实例"），并就这些问题开展调解对话。国家联络点会就上述问题的过程和结果发布声明，这些声明可作为了解RBC风险信息的重要来源。例如，国家联络点就程序和结果发布的声明可以表明有关问题是否已得到解决。一些国家联络点的调解程序还会确定公司是否遵守《经合组织准则》。此外，许多国家联络点在其最终声明中列出部分建议，有时还会跟进这些建议。而跟进这些进展，会对投资者在与被投公司沟通时起到参考作用。经合组织具体实例数据库（网址：https：//mneguidelines.oecd.org/database/）涵盖了提交给国家联络点的所有具体实例的摘要，以及国家联络点声明的链接。

归根结底，进行识别是为了帮助投资者了解实际或潜在的 RBC 风险敞口。因此，有关 RBC 风险或影响的信息或说法不一定要完全核实，以便在基于 RBC 风险的尽职调查方法下开展更进一步的调查和进行更密切的接洽。

如果投资者决定进行更深入的评估，那么与利益相关者协商可能有助于评估损害并制定适当的应对措施。至于谁是利益相关者，这将取决于相关的负面影响。例如，国际工会联合会及其附属的个体工会通常代表受到影响的工人，就一系列有关劳工或人权事务问题提供信息或专业知识。

采取积极主动的方法提高 RBC 信息的质量和可用性

作为应对信息不足的方法，投资者可以考虑独自和通过合作，逐步从持股公司获得更多的信息，并推动更多的 RBC 风险披露。这可以通过参加对现有行业的倡议来实现。例如，由 800 多名投资者支持的国家碳排放信息披露项目（CDP），该项目提供了公司温室气体排放和气候相关风险的信息。它还涉及提出和解决一些具体问题的倡议，例如与高 RBC 风险行业或国家及地区的小公司相关的 RBC 风险问题。

促进投资的实体，例如指数提供商和交易所，也可以在收集与 RBC 风险相关的其他信息方面发挥作用，尤其是因为这些实体可能已经受制于《经合组织准则》下的相应要求（方框 5）。

方框 5：《经合组织跨国企业准则》下的证券交易所和尽职调查

证券交易所在经济活动中发挥着许多作用，包括为私营领域筹集资金、创造投资机会和公司治理，现在它也越来越多地帮助构建更具可持续性的资本市场。从历史上看，大多数交易所都是会员所有制的非营利组织；现在，大多数交易所已经脱胎换骨，越来越多的交易所本身也变成了上市公司。鉴于这些变化，加上同行业间的激烈竞争，证券交易所间传统的自我监管作用也在不断发展，一些交易所现在已经承担起监管责任或索性转成证券监管机构。公司要在交易所上市，就必须遵守上市规则，且各国各地区对这些规则的监督各不相同。而根据《经合组织准则》，交易所与公司之间存在"业务关系"，因此产生了开展尽职调查的要求。

可持续证券交易所倡议（以下简称"SSE"）由负责任投资原则组织、联合国贸易和发展会议、环境署金融倡议组织和联合国全球契约组织共同设立，是一个同侪学习平台，旨在探讨交易所如何与投资者、监管机构和公司合作，以提高公司在 ESG 问题上的透明度，进而提升最终表现力，并鼓励可持续性投资。

据 SSE 报告，证券交易所正采取越来越多的行动，以构建更具可持续的资本市场。目前共有 60 家交易所参与 SSE，超过 30 000 家公司在这些交易所上市，市值超过 55 万亿美元。在接受考察的 50 个国家中，有 8 个国家实施了针对 ESG 因素的尽责管理守则；其中 6 个国家是自愿的，另外 2 个国家是在"遵守或解释"的基础上实施；另有 13 个国家制定了政府政策，要求资产所有者披露其如何在投资过程中考虑 ESG 因素。

按资产类别识别和评估实际和潜在负面影响的方法

表 1 列出了不同资产类别的投资管理机构在投资前后的一些高阶做法，用于识别与持股公司有关的负面影响。如果资产所有者或资产管理者任命外部投资管理机构，则他们应确定该投资管理机构已制定了适当的策略和程序来识别实际和潜在的负面影响。他们还应持续监控投资管理机构对这些策略和程序的执行情况。

表1　　　识别实际和潜在负面影响：不同资产类别和投资策略的做法

阶段	上市股票		固定收入		私募股权、房地产和基础设施基金	
	主动	被动	企业	政府	基金	直接投资
投资前	进行研究以识别RBC风险，并按严重性排序	考虑与指数提供者讨论需要的RBC信息和对RBC风险的预测	进行研究以识别RBC风险		有限合伙人①：在投资基金前将RBC风险纳入对基金经理的尽职调查中 普通合伙人②：在投资前对单个公司进行研究以识别RBC风险	进行研究以识别RBC风险
投资后	使用基于风险的方法，定期筛选整个公共市场投资组合（上市的股票和债券，包括主动和被动），以识别出现的RBC问题。通过更深入的接触，识别并进一步评估投资组合中的高RBC风险公司	使用基于风险的方法，定期筛选包含在指数或投资产品中的市场投资组合（上市的股票和债券，包括主动和被动），以识别出现的一般RBC问题，并优先进行跟进	使用基于风险的方法，定期筛选包含在指数或投资产品中的市场投资组合（上市的股票和债券，包括主动和被动），以识别出现的一般RBC问题并优先进行跟进		有限合伙人：将RBC风险纳入对普通合伙人的持续监督中 普通合伙人：将RBC风险纳入对投资组合公司的持续监督中	将RBC风险纳入对投资的持续监督中

注：①有限合伙人——私募股权，房地产或基础设施基金的资产所有者或最终投资者；
②普通合伙人——管理基金、选择公司或资产进行投资并持续监督投资的实体。

（三）实施尽职调查：寻求预防和减轻负面影响

一旦投资者识别出其投资组合的实际和潜在负面影响，他们便可以根据优先级将收集到的信息转化为行动，以预防和减轻潜在影响。这是使投资者能够满足《经合组织准则》要求的关键一步。下面的方框中提供了投资者为预防和减轻实际和潜在的负面影响可采取的行动。

| 投资者行动 | 1. 预防的适当方法可包括：
• 在投资委托中明确有关RBC的要求和先决条件。例如，禁止在任何情况下对某些公司或领域（如有争议的武器）进行投资，要求对持股公司开展尽职调查等。
• 如果投资者对公司拥有一定控制权（例如作为私募股权、房地产、基础设施领域的普通合伙人），在必要时应根据监管义务坚持要求持股公司开展尽职调查，并通过签署合同或其他形式的书面协议，让投资人在持股公司违反契约或RBC政策时发挥法律的影响力。
• 在拟投资公司中筛选排除具有高RBC风险的公司和符合排他性政策的公司。
• 作为对其他方法的补充，并在监管义务允许的范围内，对ESG指数进行投资（方框6），以便引导资金从具有不良RBC实践的公司中撤出。
2. 一旦识别出实际或潜在负面影响，适当的应对方法可包括：
• 在尽力减轻RBC风险的整个过程中，继续与持股公司保持联系。例如，通过与公司"沟通"以发挥影响作用来减轻负面影响，沟通方式包括：
　　—— 通过书信、邮件和/或电话与持股公司联系； |

续表

投资者行动	——与公司业务人员、高级管理层和/或董事会进行面对面交流，对 RBC 问题发表自己的看法； ——出席年度股东大会并发言，表达对 RBC 问题的看法； ——行使投票权发表对 RBC 问题的看法； ——与其他投资者合作，在 RBC 问题上共同发挥影响力作用； ——与监管机构和政策制定者就 RBC 问题进行沟通； ——参加针对特定地区或问题的，旨在预防和减轻在已确定领域（如国别、商品或部门圆桌会议、多利益攸关方倡议和实地方案）的负面影响的行动。 • 就主动策略而言，应根据 RBC 风险在适当情况下减少投资，并向公司清楚地传达投资减少的原因。如果公司没有在第一时间做出积极回应，则应加大与公司的沟通力度。 • 就主动策略而言，在对 RBC 风险进行减缓措施的同时，应酌情考虑暂时性撤资。 • 就主动策略而言，在未能减轻或投资者认为不可能减轻负面影响时，或在负面影响非常严重时，应撤出投资。 • 就被动策略而言，必要时应根据监管义务重新制定投资策略，以规避具有严重影响的投资（例如退出被动指数并投资经过调整的指数，该指数排除了投资者识别出的严重风险）。 PRI 合作平台，网址： www.unpri.org/about/pri-teams/esg-engagements/collaboration-platform

方框 6：ESG 指数

ESG 指数是根据关于 ESG 的全部或部分因素最终加权的指数。对此，支撑起由指数构建的 ESG 研究是由指数供应商（或由指数供应商签约的专业 ESG 信息专业供应商）进行。一般的 ESG 指数和可持续性指数仅占被动投资资产总量的一小部分。然而，人们逐渐意识到气候变化对财务的影响，因此人们对根据公司碳强度进行加权的指数越来越感兴趣。例如，作为主要的指数提供商之一，MSCI 现在为其主要的常规指数（即不仅是那些专业低碳指数）提供碳足迹信息。这一信息是在指数层面提供的，而不是针对单个公司。

投资者的主要考虑因素

尽责管理活动及预防和减轻（负面影响）

广义上讲，机构投资中的尽责管理是指投资者提高与持股公司间的参与度以及加强对持股公司的持续监督。投资者尽责管理的概念是在 2008 年金融危机之后产生的，随着英国在 2012 年出台《英国尽责管理准则》，这一概念首次得到正式推广。《英国尽责管理准则》中要求投资者做到：

- 公开披露他们将如何实施尽责管理的政策；
- 制定有力的政策来解决与尽责管理相关的利益冲突，该政策：
  ——应公开披露；
  ——监督其持股公司；
  ——就何时以及如何进行尽责管理活动制定明确的指导方针。
- 必要时酌情主动与其他投资者共同开展行动；
- 制定明确的投票政策并披露投票活动情况；
- 定期报告尽责管理和投票活动情况。

一些尽责管理活动与尽职调查所建议的活动密切相关，特别是在预防和减轻负面影响时，尽管两者的目标可能略有不同。

方框 7：沟通是投资尽责管理的一部分

　　沟通通常是投资尽责管理中的核心内容，因为它有助于公司应对 RBC 风险的方法，并根据 RBC 标准促进对风险预防和减轻策略。

　　在很大程度上，尽责管理涉及与公司管理层互动并提供支持，帮助他们在工作上做得更好并解决问题。大型机构投资者每年可能会同成百上千家被投公司就 RBC 问题进行沟通。这可能涉及与公司管理层（例如高管和董事会董事）举行会议，以及在必要时与其他股东举行会议，出席股东大会并就股东提出的议题进行投票。

理解因关系产生的影响

　　如果识别出实际或潜在的负面影响，投资者应设法了解该影响与他们之间的关系。投资者与负面影响的关系（即，影响是由投资者造成还是促成的，或是由于业务关系而直接相关）是一个重要的考虑因素，因为它将决定投资者是否也有责任解决该问题，换句话说，提供某种形式的补救措施。图 1 中展现了《经合组织准则》中基于不同关系而期望的不同应对措施。

　　根据《经合组织准则》，如果企业的行动或不作为与负面影响之间存在直接联系，则企业"造成"负面影响。"促成负面影响应理解为具有实质性的推动作用，即导致、促进或激励另一个实体造成负面影响的活动，但不包括次要或琐碎的事物。"最后，企业的经营、产品或服务也可以通过业务关系与负面影响"直接关联"。

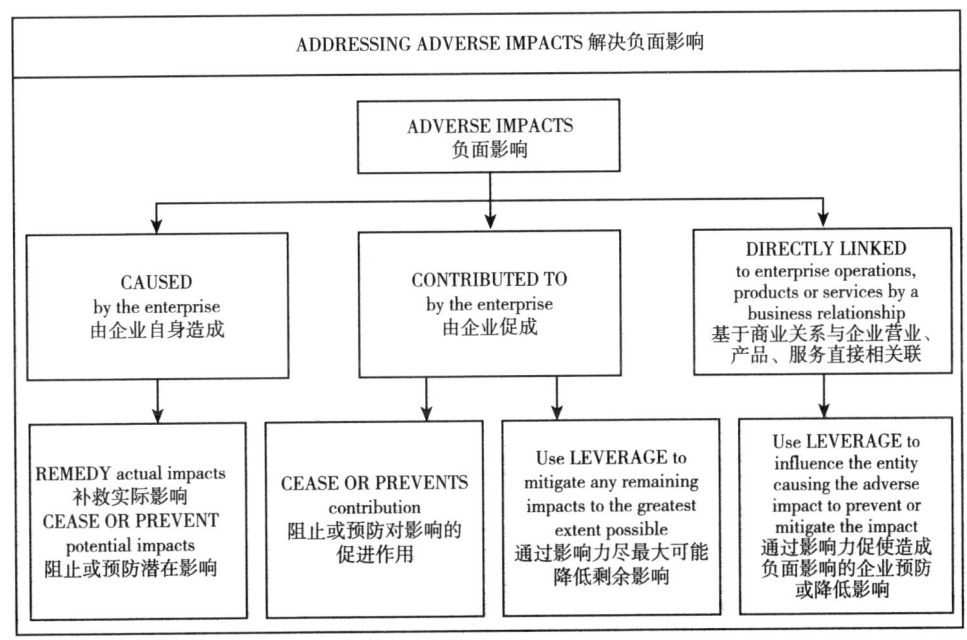

图 1　根据《经合组织跨国企业准则》解决负面影响

　　通常来说，少数股东关系，特别是在上市股票中，不太可能构成《经合组织准则》中规定的对负面影响的实质性推动。因此，在绝大多数情况下，持有少数股权的机构投资者将无法"促成"持股公司的负面影响。但是，如果投资者在公司中持有较大份额股权并主动试图指导或影响管理层，则可能导致负面影响的产生。

　　鉴于少数股权在机构投资者管理的资产中所占比例最大，因此本文重点讨论投资者是如何通过其投资与损害产生直接关联的。根据《经合组织准则》,少数股权的持有同样被视为一种业务关系。投资者,即使他们持有少数股权,也可能因其持有或管理持股公司股份而直接与这些公司造成或促成的负面影响相关。换句话说,在大多数情况下,在投资者的投资组合中存在的 RBC 风险(潜在影响)或实际影响,都与投资者本身直接相关。

不得为了预防或减轻影响而将责任从公司转嫁给投资者

《经合组织准则》强调,虽然要求企业设法预防或减轻因业务关系导致的与其经营、产品或服务直接相关的负面影响,但这一要求"不是为了将责任从造成负面影响的实体转嫁给与之有业务关系的企业"。

持股公司始终有责任预防或减轻其造成或促成的负面影响。投资者也应尽可能地建立并发挥其影响力作用,以影响其相关公司在出现风险时采取措施预防和减轻负面影响。此外,投资者如何预防和减轻负面影响,会因不同的资产类别、有关策略、在投资组合中的地位以及监管环境而异。因此,在业务关系中,尽职调查是投资者寻求预防或减轻负面影响的过程。在这种情况下,企业或投资者一般不会对其有业务关系的实体的行为负责,而是对自己的行为负责,这也包括对影响或鼓励该实体的行为负责(另请参见"影响力限制")。

解决负面影响的责任不能从被投资方转移到投资方。如果投资者对造成影响的被投资方缺乏(或已用尽)影响力,可以选择暂时维持这种商业关系或直接撤资。按照本文件所述的"基于风险的优先级"内容,投资者从持股公司撤资和继续投资都是合理选择。但如果投资者选择保留商业关系,则应继续说明其为了减轻风险正采取的行为,并要意识到为了保持关系所带来的声誉、财务或法律风险(另请参阅"考虑撤资和退出"内容)。

这种方法反映了公司治理的原则,同时这些原则承认,虽然指导公司事务的主要责任在法律上是由董事会和管理层承担,但投资者同样有权在知情的情况下利用其作为股东权益,并在其投资的公司中有效地行使其所有权职能。

行动的优先级

如第 1.2 节所指出的,在投资中,尽职调查的性质和程度可能取决于投资实体的性质、投资组合的规模和性质以及与具体投资的关系(例如,公司的所有权份额、投资期限、相关信息的获得以及产生实质影响的可能性)。如果企业(或是被投子公司)拥有大量的供应商,则《经合组织准则》希望它们能根据评估结果确定对风险采取行动的优先级。优先级的确定决定了公司采取行动的先后顺序和对尽职调查资源的针对性,并因此认识到不是所有负面影响都可以同时被识别和应对。投资者应优先对最严重的影响进行尽职调查,同时继续监控 RBC 风险,做出最优先的决策,并在可能或必要的情况下逐步扩大行动范围,以涵盖更为广泛的持股公司和行动。

如第 2.1 节所述,持股公司中潜在负面影响的范围很广,因此投资者也可以制定和阐明自己的优先级政策。该政策应得到充分的解释,包括有关评估 RBC 风险严重程度的所有理由,且与《经合组织准则》的建议保持一致,并对外公布(例如,通过年度报告或在其公司网站上公布)。

除了考虑影响的严重性之外,以下标准可能与决定如何预防或减轻实际或潜在负面影响有关:

- 持股公司对投资者的重要性,这很可能会从问题对相关公司的重要性以及扩展到问题对投资者的重要性来得知。
- 各种预防和减轻方法的资源影响。
- 同一家公司的其他投资者是否已经在同一问题上开展了沟通活动,以避免工作的重复。
- 有关负面影响的信息的可靠性,这意味着应该进行可靠的尝试来验证关于可能的严重风险的信息是否真实。
- 对投资者影响并改变被投资股份公司行为的能力应受到实际限制(另请参见"影响力限制"内容)。

影响力限制

当识别出 RBC 风险时,投资者对相关公司施加影响的能力——利用其所谓的影响力作用来减轻 RBC 风险——可能会受到一些因素的影响。例如:

- 即便是最大规模的机构投资者,在一些公司中也只是少数股东。
- 对于上市公司,某些国家的公司所有权结构以及公司治理规则和做法可能会妨碍少数股东,尤其是外国股东施展其影响力。例如,公司可能给予股东有限的信息和接触公司管理层的机会。只有在特殊情况下,全体股东才能作为一个整体拥有正式的权力指导公司董事会采取具体行动。
- 这种施加影响的能力可能会受到资产类别的限制。例如,公司债券或政府债券的投资者对这些发债的公司或政府施加的影响是非常有限的。发行债券时,债券投资者可能会在贷款协议中加入限制公司做出某种投资行为的契约(条件)。一旦发生违约行为或破产,债券持有人会享有相应的权利。但是,债券持有人对公司的日常活动施加持续影响的能力是有限的,而对政府的影响力更为有限。
- 被动型投资管理者可能要征得客户同意后才能将某公司从指数中排除。
- 在许多情况下,由于投资产品或策略的性质,可能导致无法进行撤资。但这不意味着所有情况均如此,只是如果没有投资者去积极沟通,就更没有机会去说服这些公司改变做法。
- 与公司沟通可能受到限制,这取决于投资者是否在当地设有办事处或拥有具备相关语言能力的员工。
- 该公司可能不愿意预防或减轻负面影响。

《经合组织准则》认为:"(投资者)改变(与其有业务关系的实体)的行为的能力应受到实际限制。"投资者拥有的对造成负面影响的公司施加的影响力作用的程度,对于考虑如何说服该实体采取行动是有用的,但对于投资者是否应进行尽职调查并有效行使其可能拥有的任何影响力作用无关。例如:

- 在私募股权、基础设施和房地产基金中，普通合伙人（GP）的影响力通常大于上市公司的少数股东。持有投资组合公司或资产控制公司多数股权的普通合伙人控制着该公司。在任何一种情况下，作为相关基金投资者的有限合伙人都可以与普通合伙人一起影响投资组合公司。
- 少数股东可以独立地对一家公司产生影响；但是，在某些情况下，可以通过与其他股东合作（例如，通过 PRI 协作平台）的方式，获得更大的影响力。
- 投资者可以单独和通过协作与监管机构、政策制定机构和民间团体沟通，共同完善诸如《经合组织准则》的 RBC 标准的实施。

方框 8：少数投资者参与以及国家联络点具体案例

由于投资者的参与，一些国家联络点的案件已成功解决。例如，2015 年荷兰国家联络点[①]接收了一起涉及制药公司 Mylan 的案件，该公司因向美国监狱出售"安乐死"注射剂产品而对人权造成影响。荷兰国家联络点针对这一案件的最终声明中指出："（投资者）参与或不参与对话似乎都会影响 Mylan 的行为。"

有一宗提交给英国国家联络点的案件最引人瞩目，石油勘探公司 Soco 最终承诺停止在刚果民主共和国的世界遗产维伦加国家公园进行勘探。这一结果在很大程度上归功于 Soco 的投资者在英国国家联络点的调解过程中的积极参与度。[②]

注：① 荷兰国家联络点，《关于律师 Bart Stapert 诉 Mylan 案件的最终声明》（2016 年 4 月），www.oecd-guidelines.nl/documents/publication/2016/4/11/bart‐stapert‐attorney‐vs‐mylan.

② 英国 NCP（2014 年 7 月）在 WWF International 对 SOCO International plc 的投诉达成协议后达成最终声明，www.gov.uk/government/publications/uk‐ncp‐final‐statement‐wwf‐international‐and‐soco‐international‐plc‐agreement‐reached.

撤资与排除

根据《经合组织准则》，一旦识别出负面影响，投资者可以根据不同情况考虑撤资。这些情况包括：投资者在尝试减轻负面影响失败后、投资者认为减轻措施不可行、投资者政策明确规定此情况下要撤资，或仅仅是出于对负面影响的严重性的考虑。如果投资者的影响力作用有限，或在长期不断接触沟通之后未能成功预防或减轻负面影响，也可以撤资。

在决定撤资是否合适时，应考虑以下因素：投资者对公司的影响力；这种关系对投资者的重要性；影响的严重程度；以及终止与公司的关系是否会产生负面影响。这一决定还将取决于资产类别和策略的性质，以及撤资行为的谨慎度是否依据了相关司法管辖区基于信义义务或审慎原则的投资法律。

投资者还应该根据自身的规模和资源水平、投资规模以及负面影响的严重程度等因素与实际情况，判断如何构建"长期参与"。一般来说，负面影响越严重，越需要投资者在决定是否终止关系之前尽早看清变化。

根据《经合组织准则》，撤资在大多数情况下应是最后不得已的方法，或应仅针对最严重的负面影响。然而，在某些情况下，排除风险可能是对负面影响的第一反应。例如，一些投资机构对具有高破坏性行为或具有潜在系统性负面影响的行业或产品制定了排除政策。

> **方框9：排除和撤资**
>
> 许多投资者都制定了与特定影响或标准相关的排除政策或撤资政策。例如，某些投资者会在投资清单中排除生产集群武器、反步兵地雷、生化武器的公司或煤炭制造公司。投资者还可以根据《经合组织准则》或《联合国全球契约原则》等现行的制度来审查在其投资组合中公司的表现。如果违反这些标准的公司对（投资者的）接洽沟通没有反应、没有改善其行为，投资者可以考虑撤资。

在某些情况下，投资者可能会发现，一些造成或促成负面影响的公司或有可能产生风险的公司仍被保留在其投资组合中，而这时进行撤资又是特别困难，甚至是不可能的（例如，在合并的被动投资组合中，或是投资管理者的客户不同意撤资）。在其他情况下，如果公司继续发挥其影响力作用，这时撤资可能又是不合适的，因为这会使公司失去一个现有的投资者。最后，还有些情况是，公司可能代表着至关重要的商业关系或投资。根据《联合国指导原则》，如果某关系提供了对企业业务十分重要的产品或服务，并且没有合适的替代来源，则该关系可以被认为是至关重要的。在投资中，这可能与具体的持股公司不太相关，但可能与特定规模或特定领域的公司类别有关，因为这些公司是构成分散式投资组合元素所必需的公司（例如高市值能源公司）。

表2中说明了有关何时终止与造成或促成负面影响的企业的业务关系的决策逻辑。在遵循这种逻辑之前，应先分析终止业务关系（或撤资）是否会违背针对投资者的任何法律或法规要求。

表2　　　　　　　　　　　　　决定何时终止业务关系

类型	具备影响力	不具备影响力
重要业务关系	减轻负面影响继续/再次发生的风险 如果不成功，进行步骤2	寻求增加影响力 如果不成功，寻求减轻负面影响继续/再次发生的风险 如果不成功，考虑终止业务关系①，或说明为减轻负面影响而付出的努力，预测维持（关系）的可能后果
不重要业务关系	试着减轻负面影响继续/再次发生的风险 如果不成功，逐步终止业务关系	评估增加影响力的合理选择，以减轻负面影响继续/再次发生的风险 如果不可行或不成功，考虑终止业务关系②

注：①终止业务关系应考虑对这样做可能带来的任何人权影响作出可信的评估。
②如果认为该业务关系很重要，则在制订该行动方案时应考虑到负面影响的严重性。

如果投资者决定继续对造成或促成负面影响的公司投资，则应根据《经合组织准则》（第2.4节）制定内部控制评估报告，该评估报告将作为投资者尽职调查的一部分。他们还应继续监督该投资项目（例如通过维护信息数据库）并在情况发生变化时重新审视他们的决定，或者作为投资者长期策略的一部分而系统地对《经合组织准则》中的所有建议予以回应。

在某些情况下，如继续投资那些已经造成或促成了负面影响的公司，可能会对投资者构成声誉风险或潜在的财务风险。在这些情况下，投资者应公开解释为何决定继续投资、该决定如何与其RBC政策和优先事项保持一致、当前正在采取什么措施来尝试利用影响力来减轻影响，以及未来将如何继续监督该项投资等，这样做是符合投者的利益的。

按资产类别预防和减轻实际和潜在负面影响

表 3 和表 4 按资产类别为资产所有者和管理者列出了为了预防和减轻负面影响出现的良好新兴做法。在各类情况下，如果资产所有者任命外部投资管理者，他们应确保投资管理者制定了适当的政策和程序，用于预防和减轻负面影响。他们还应持续监督投资管理者对这些政策和程序的执行情况。

表 3　　寻求预防和减轻负面影响：资产所有者和投资管理者建议做法

		形成业务关系之前	形成业务关系之后
寻求预防和减轻	资产所有者	主动和被动投资：确保投资管理者的政策和体系寻求预防/减轻 RBC 风险。与投资管理者的合同中可以包含适当的要求	主动投资和被动投资：监督投资管理者以确保已采取措施来预防/减轻 RBC 风险
	投资管理者	确保制定政策和体系以寻求预防/减轻持股公司的 RBC 风险	对于主动策略：与公司进行基于 RBC 风险的沟通，以寻求预防/减轻 RBC 风险。 对于被动策略：如果可行，重新构建投资工具，并参与有关 RBC 目标的计划

表 4　　寻求预防和减轻负面影响：不同资产类别和投资后策略的做法

	上市股票		固定收入		私募股权、房地产、基础设施	
	Active 主动	Passive 被动	Corporate 企业	Government 政府	Funds 基金	Direct 直接投资
与持股公司沟通	个人和/或通过协作进行沟通，适当时升级沟通措施，必要时延长沟通时长	个人和/或通过协作与持股公司沟通	个人和/或通过协作进行沟通，并考虑对公司的正式权力缺乏影响力的情况	个人和/或通过协作进行沟通，并考虑个人投资者缺乏对政府的影响力以及和影响政府的潜力有限的情况	作为普通合伙人进行沟通	接洽、沟通
撤资	如果沟通不成功，则考虑撤资	考虑在影响严重的情况下从指数中撤资是否可行，并重新投资于调整后的指数，以避免已确定的 RBC 风险	在影响严重的情况下，如果可行，则考虑撤资			
业务关系	如果接洽不成功且撤资不可行或被认为不适宜，在相关细节层面解释继续投资的原因					
影响公共政策	个人和/或通过协作积极主动参与各类倡议活动，以影响有关 RBC 问题的公共政策——例如公司披露、国际法规和标准					

(四) 实施尽职调查：通过跟踪进度和传达结果加以说明

投资者应通过（a）跟踪和（b）交流传达结果，说明其如何解决整个运营过程中以及与业务关系有关的负面影响。跟踪是"了解并展示"投资者如何管理影响中"了解"的部分。交流是"了解和展示"投资者如何管理影响中"展示"的部分。下面的方框提出了可能包括解释说明尽职调查的建议措施。

投资者行动	1. 在内部对尽职调查进行跟进，并向基金管理者报告。报告内容可能包括： • 根据投资者的 RBC 政策或其他对 RBC 的承诺（例如 PRI），跟进考察投资者自身的表现； • 风险识别方法和对整个投资组合负面影响的一般结论。 • 监督持股公司，为预防和减轻已发现的负面影响做出努力。 2. 公开与利益相关者开展沟通交流。公开报告可能包含以下信息： • 投资者的 RBC 政策，包括尽职调查方法； • 如何按不同资产类别实施投资者的 RBC 政策和尽职调查方法； • 投资者进行的沟通活动； • 投资者进行沟通的公司； • 与具体公司进行接洽沟通的结果； • 有关撤资的决定； • 投资者在持股公司股东大会上的投票记录以及和投资者的投票政策； • 投资者未来的 RBC 计划和目标

投资者的主要考虑因素

平衡透明度与保密性的关系

《经合组织准则》建议企业"说明如何解决实际和潜在的负面影响"。这可以通过与投资者的约定进行汇报和沟通的方式以及相应的尽职调查过程来完成。但在进行这项工作时，应该适当考虑商业机密性和其他竞争或安全问题。

例如，国内法律有时可能会阻止某些信息的披露，或对一些商业信息实施保护措施。投资管理者与其客户的合同也可能会规定禁止某些信息的泄露（例如客户身份）。此外，披露有关投资者持股的某些信息可能会招致其他投资者对这些投资价值加以损害。而对于规模较大的投资者来说，这将是一个需要特别关注的问题。

尽管如此，投资者应尽可能在重视保密性的前提下，努力说明其尽职调查过程。这些内容涉及：

- 将对敏感信息的获取权限控制在信息供应商所批准范围内。
- 对信息来源进行匿名处理。
- 在可能的情况下，提供有效的解释或理由说明为何没有共享信息。
- 使用第三方或创新技术，将披露信息中的商业敏感数据加以保护。例如，在保证不泄露投资者与持股公司间关系的同时对信息汇总披露。

平衡透明度与有效沟通的关系

投资者可能会考虑如何以及何时进行报告才能改善最终结果。例如，投资者可能会认为某些披露可能损害其行为的有效性（例如，披露有关沟通行为可能会使沟通本身的有效性面临风险）。

受益人与法律对非财务信息披露的要求

报告可能还须对受众方的优先关注内容以及监管机构规定的报告义务做出回应。例如，强制性的 RBC 报告变得越来越普遍（例如，《法国能源转型和绿色增长法》第 173 条，以及其他各国均要求投资者在"遵守或解释"的基础上披露相关政策和活动，如《英国尽责管理准则》）。除了报告规定以外，投资者还可能必须根据客户、受益人/成员（对养老基金而言）或他们自己的政策制定报告，如根据《负责任投资原则报告框架》对联合国 PRI 签署国的要求制定。

通过提高透明度降低风险

主动公开报告有关尽职调查程序、制定优先级决策的理由，以及在某些情况下投资者为何选择继续对造成或促成负面影响的公司投资的理由，这些报告将有助于说明投资者是如何实施或为何无法实施《经合组织准则》建议的。在这些问题上的透明度和明确的沟通，标志着投资者正在竭尽全力实施《经合组织准则》的建议，并有助于避免受到利益相关者团体的批评或免于介入国家联络点的调解机制中。

针对说明如何解决影响的具体方法

表 5 中提供了针对资产所有者和投资管理者解释说明尽职调查的高阶方法。这些方法并非特定于某些资产类别或投资策略。

表 5 对尽职调查解释说明：针对资产所有者和投资管理者的做法

解释说明	资产所有者	必要时公开披露为识别和预防/减轻受益人的 RBC 风险而采取的政策、程序和活动。 制定程序，从而对已开展的尽职调查流程进行核查，并查明和适当地应对 RBC 风险和负面影响
	投资管理者	必要时根据商定内容，向客户披露有关为识别和预防/减轻 RBC 风险而采取的政策、程序和活动。 建立程序以验证投资机构已实施尽职调查程序，以及已识别并适当地应对了 RBC 风险和负面影响

（五）进行补救的程序

进行尽职调查的核心目的是避免实际的负面影响。但是，如果确实发生了负面影响，且是由企业已经造成或促成的，则应该进行补救。尽管根据《经合组织准则》，补救不是尽职调查的正式组成部分，但它是实现和补充尽职调查所必需的支持要素。

如上所述，当投资者"造成"或"促成"《经合组织准则》中所涵盖的负面影响时，投资者应采取补救措施处理这些影响，并说明具体的处理方法。例如，如果投资机构歧视一名雇员，则应采取向其提供补偿、道歉、恢复职位等补救措施。在某些情况下，投资者可能对持股公司造成的影响负有责任，因此可能也要承担补救责任。这类情况可能出现在投资者在持股公司拥有重大管理控制权，例如在某些普通合伙企业中。但是，当持股公司出现了负面影响，投资者在大多数情况下只是会直接受到负面影响的牵连。因此，尽管投资者可能会尽力说服持股公司采取补救措施，但寻求预防和减轻负面影响作为企业责任的一部分，不应当由投资者承担。

此外，尽管在大多数情况下，不要求投资者对持股公司的影响提供补救措施，但这不应妨碍他们参与有关负面影响的对话或调解过程。例如，参与此类调解过程可帮助投资者了解如何加强 RBC 管理系统或尽职调查程序。下面的方框介绍了当投资者认为是他们造成或促成负面影响时可以采取的补救措施。

投资者行动	在相关情况下，应制定补救程序，这可能包括： • 与司法或国家非司法机构合作。 • 设立操作层面的申诉机制。

投资者的主要考虑因素

设立申诉机制

《经合组织准则》中"人权"章节规定，企业应"在确定他们已造成或促成负面影响时，通过合法程序或协作对造成的不良人权影响提供补救措施"，这其中可能涉及司法、国家级非司法机构和业务层面的申诉机制。设立申诉机制可以作为针对 RBC 风险的预警系统，也可以作为在投资者确实造成或促成负面影响或未充分执行尽职调查的情况下的补救平台。申诉机制应反映《经合组织准则》中"人权"章节所规定的准则，该准则与《联合国指导准则》第 31 条相一致，规定了申诉机制应满足以下核心标准：合法性、可利用性、可预见性、公平性、透明性，以及与《经合组织准则》的一致性，并基于对话和参与寻求商定的解决方案。

与国家联络点进行沟通

国家联络点（NCP）提供了一个论坛，以便在"特定情况下"帮助解决与实施《经合组织准则》有关的问题。国家联络点为调停或协调等协商一致和非对抗性争端解决手段提供了便利，其主要目的是在双方当事人之间达成共识，而非法律判决。《经合组织准则》介绍了国家联络点及其运作框架，但在如何设立国家联络点方面，成员国留有很大的自由裁量权。目前，各国的国家联络点在组织和运作上存在很大差异。

国家联络点不能实施制裁，不能直接提供赔偿，也不能强迫当事方参加调停或调解程序，但是，国家联络点系统会起到重要的作用。国家联络点必须在结案时发表最终声明，其中可能还包括一些建议。有些国家联络点还会确定公司的行为是否符合《经合组织准则》。国家联络点可能会跟进各方对这些建议的回应而采取后续措施。此外，一些国家政府还考虑让国家联络点发出关于经济决策的声明，例如，在公共采购决策中或以经济外交、出口信贷方式向公司提供国际援助时，国家联络点的声明内容也会被纳入考虑范围。

> **方框 10：NCP 具体实例流程：有何期望**
>
> 国家联络点提供了一个讨论论坛，以帮助工商界、工人组织、其他非政府组织和其他有关团体依据适用的法律，有效且及时地处理有关遵守《经合组织准则》时出现的问题。
>
> 通常，问题将由问题发生国的国家联络点处理。根据《经合组织准则》，如果一个企业的商业活动发生在多个参与国内，或一个企业集团在不同参与国内的商业活动出现了问题，相关国的国家联络点应进行协商，以商定最终由哪国的国家联络点牵头解决。国家联络点间进行协作时，如果牵头的国家联络点提出要求，其他国家联络点应提供适当的协助。
>
> 每项具体审理程序开始时，都会对所提交材料进行初步评估。作为此评估的一部分，国家联络点可以联系相关企业，征求他们对所提出问题的意见或反馈。此时，参与具体审理程序的投资者将首次了解并答复提交材料中提出的问题。
>
> 尽管有些国家联络点会发布初步评估声明指出并说明具体案件的事实和情况，但其他国家联络点却没有。如果提及材料在初步评估后被接受并进行进一步调查，国家联络点将通过保密程序向各方提供调解，以实现各方最终达成共识。通过这一程序，各方有机会交流和解释他们的观点。国家联络点为实现调解，可能会组织各方间的一次或多次会议。一些国家联络点还会雇用专业的调解员。
>
> 国家联络点在具体案件上的审理解释是发布最终声明或最终报告。
>
> 如果国家联络点认定所提交的问题不值得进一步审议，则声明中至少要对提出问题加以说明并对为何作出该决定作出解释。
>
> 当双方达成协议时，声明中至少应说明所提出的问题、国家联络点在协助双方时的审理程序以及双方何时达成最终共识。若当时双方另有约定的，则声明内容可根据约定内容只包含最终共识的信息。
>
> 当双方未达成最终共识或一方不愿参加审理程序，声明中至少应说明所提出的问题、国家联络点认定需要开展进一步审查的原因，以及国家联络点为实现调解而进行的最初程序。在适当的情况下，声明还可能说明无法达成协议的原因。
>
> 国家联络点可酌情就《经合组织准则》的实施情况提出建议，这些建议应纳入其最终声明中，并跟进当事方对这些建议的回应。
>
> 许多国家联络点允许特定情况下的当事方在发布最终声明之前对声明进行审查并提供反馈。

国家联络点机制中涉及投资者的具体案例数量正在迅速增长。2000—2010 年，涉及金融服务机构的具体案件仅占所有案件的 8%。从 2011 年起，这一数字增加到 17%，而在之后的 2014—2015 年内提交的具体案例中，涉及金融领域的仍是最多的。

投资者应在国家联络点的程序下开展合作。由于这些程序具有建设性，投资者参与进来是对自身有益的。而且，这些程序的目的是促进双方达成共识，进而改善商业行为。投资者通过参与国家联络点的审理程序，也可以为开展尽职调查贡献力量，并可借此讨论在管理 RBC 风险方面的潜在挑战。

不参与国家联络点的具体调解程序，投资者将失去在非对抗性环境中讨论这些问题的机会。如上所述，国家联络点的声明还可以为投资者提供有用的信息来源，帮助他们了解那些正在进行调解程序的持股公司。方框 15 提供了有关参与国家联络点程序的信息。

涉及投资者的具体案例可能会对跨境审查增添难度。如果具体案件中提出的问题涉及几个不同国家，则相关国家的国家联络点将根据具体案例进行磋商和协调。

使补救工作得以开展的具体方法

进行补救的良好做法并不针对资产所有者和管理者，也不针对特定的资产类别或投资策略。表 6 中展示了为资产所有者和管理者提供补救措施的一般方法，这些方法同样适用于各类投资策略和资产类别。

表 6		提供补救的过程：资产所有者和投资管理者的做法
补救措施	资产所有者	资产所有者和投资管理者都可以建立相应机制，提醒利益相关者能够关注其投资中涉及的实际或潜在负面影响。鼓励投资者通过操作层面或外部的申诉机制，与其他同样关注投资关系引发负面影响的投资者进行协同合作
	投资管理者	

结　语

根据《经合组织准则》，投资者应进行尽职调查，以识别、预防或减轻负面影响，并说明如何处理负面影响。《经合组织准则》所建议的尽职调查程序可以帮助投资者评估《经合组织准则》中所涵盖的事项产生的负面影响，并对其作出应对。尽职调查还可以帮助投资者避免财务和声誉风险，并满足客户和受益人的要求。机构投资者具有影响其尽职调查方法的特性。首先，投资者可能会在各行各业、不同地区的公司中进行投资，因此，他们可能与业务关系中的负面影响相关联。其次，投资者也受到严格的监管，他们必须根据所在司法管辖区的法律履行义务。最后，由于投资者的投资策略和其他因素，对持股公司的影响力也可能受到限制。

投资者及其各自投资组合的不同特征将影响到投资者如何按照《经合组织准则》开展尽职调查，但不会妨碍开展尽职调查。投资者在促进其投资公司的RBC方面发挥着重要作用。事实上，这正是《经合组织准则》的建议对企业提出的要求。在向持股公司推广RBC方面，投资者已经取得了重要成果。投资者通过适当地进行尽职调查，不仅可以加强RBC风险管理流程，还有助于将这一风险控制在全球范围内推广。

3.《欧洲基金和资产管理协会尽责管理准则》*

关于资产管理机构监督、参与投票,以及与持股上市公司沟通的准则

首次发布:2011 年 6 月 6 日
修订:2017—2018 年
欧洲基金与资产管理协会

---

* 原文链接:https://www.efama.org/newsroom/news/efama-stewardship-code-principles-asset-managers-monitoring-voting-engagement。

欧洲基金和资产管理协会尽责管理准则
关于资产管理机构监督、参与投票,以及与持股上市公司沟通的准则

(2011 年 6 月 6 日首次使用,2017—2018 年修订)

一、EFAMA 尽责管理准则的目标

2011 年,欧洲基金与资产管理协会(以下简称"EFAMA")制定了《外部治理准则》,该准则为资产管理机构与持股上市公司之间的沟通构建了一套高标准的原则性建议框架和最佳实践建议。

2017 年,当《股东权益指令(修订版)》施行后,EFAMA 更新了原《外部治理准则》,并将其重新命名为《EFAMA 尽责管理准则》。修订后的《EFAMA 尽责管理准则》是基于"遵守或解释"原则制定的,旨在成为欧洲范围内资产管理机构的指引性文件,尤其适用于那些希望遵从《股东权益指令(修订版)》的资产管理机构(特别是条款 3g 中与参与公司沟通政策相关的内容)。

实施该准则需要良好的判断力,而不是简单地照章办事。因此,准则也强调因事制宜,根据实际情况采取最佳实践。

本准则的制定不以取代现行法律法规与其他国内制定的治理准则或法条为目的。

二、定义

尽责管理:包括参与沟通,即监督持股公司,与持股公司进行互动,以及行使所持股份的投票权。沟通事项包括:公司业务战略的制定与执行;风险管理;环境与社会相关问题;公司治理问题,如董事会构成、选举独立董事以及高管薪酬;合规、企业文化和伦理;公司业绩和资本结构。客户将资金委托资产管理机构进行管理,资产管理机构应为实现客户最大利益负责。

资产管理机构:一种另类投资基金管理机构(AIFM),包括 UCITS(欧盟可转让证券集合投资计划)指令授权的投资公司,以及其他广义上以提供投资管理服务(如组合管理和/或独立账户管理)为主要业务的投资机构。

机构投资者:包括各类(法律)实体,例如,养老金、保险公司和其他资产所有机构。

客户:资产管理机构向其提供投资管理服务的任何自然人或法人,可以是个人或机构。

持股公司:指接受来自资产所有者、资产管理机构以及其他投资者投资的公司。

三、背景

资产管理机构严格遵循法律、法规的要求来管理客户委托给他们的资产。不论委

托专户的构成、规模及投资期限如何，资产管理机构始终代表客户（包括个人和机构投资者）进行投资，肩负着客户利益最大化的责任。资产管理机构通过在持股公司行使投票权、参与公司沟通等方式，推动持股公司保值增值，实现资产的良性发展。

客户应在委托专户中向资产管理机构明确其投资策略并设定期望值，这是资产管理机构职责的一部分，客户也可以选择合适的集合投资计划。资产管理机构在投资时，应与客户委托专户要求的投资策略或与集合投资计划中的投资政策保持一致，体现出为实现客户利益最大化而尽责。

当机构投资客户将专户委托给资产管理机构管理时，双方应讨论并明确开展尽责管理的具体方式。在这种情况下，资产管理机构应确保遵循委托专户的要求。

资产管理机构应对其所有权益投资组合中的上市公司开展尽责管理和沟通，无论该产品是指数基金、主动管理基金，还是环境、社会与公司治理（ESG）① 主题基金。由于采用主动投资策略，主动管理基金的基金经理一般对持股公司的理解更加深入，从而有能力与持股公司进行有意义的沟通讨论。指数基金的基金经理持有对应指数所覆盖的所有上市公司（只要公司不被指数剔除就会一直持有），所以他们有能力与持股公司构建长期建设性关系。

资产管理机构应与持股公司进行沟通，并行使相应的投票权，克服外部障碍，维持并提高资产长期价值，实现客户资产保值增值的目标。

资产管理机构应当直接联系持股公司管理层或董事会成员，就重要议题进行沟通。讨论事项包括：公司业务战略的制定与执行；风险管理；环境与社会相关问题；公司治理问题，如董事会构成、选举独立董事及高管薪酬；合规、企业伦理与文化；公司业绩和资本结构。当资产管理机构无法通过对话解决问题时，可以在股东大会上对相关议案投出反对票，而其中的主动管理者也可以出售所持股份。此外，环境和社会问题作为投资分析和投资决策中的重要环节，也会成为资产管理机构与公司沟通讨论的议题。

主动投资者和跟踪指数投资者的沟通方式与股东积极主义投资者不同，后者通常会大量购买单一上市公司的股票，试图获得公司董事会席位，从而影响公司重大决策。

四、承诺与审查

为提升信息透明度以及强化对尽责管理的承诺，通常鼓励资产管理机构公开承诺遵守 EFAMA 尽责管理准则，并依照准则 1 中的条款对其沟通参与政策进行公开披露。例如，资产管理机构可以将相关信息披露于网站或年度财务报告，或解释未披露的原因。

EFAMA 将每两年审核一次 EFAMA 管理准则。

---

① 有关 ESG 事项的更多信息，可参考 2016 年 EFAMA 尽责投资报告。

五、适用范围

以下准则为资产管理机构代表客户利益与所投资公司沟通时的最佳实践标准。

由于客户将股东权利和义务授予资产管理机构，因此，无论持股公司市值大小以及持股比例多少，下述原则都适用于资产管理机构与持股公司之间的沟通。当然，实际操作中资产管理机构可根据其持股比例等因素决定采用何种沟通方式。该准则涵盖的与持股公司沟通事项包括：

- 公司业务战略的制定与执行；
- 风险管理；
- 环境与社会相关问题；
- 公司治理问题，如董事会构成、选举独立董事以及高管薪酬；
- 合规、企业文化和伦理；
- 公司业绩和资本结构。

准则旨在提高资产管理机构与上市公司沟通的质量，并通过有效处理公司业绩的相关问题，帮助资产管理机构更好地为客户创造价值。准则不认为资产管理机构有义务对持股公司日常事务进行微观管理或干预，也不会阻止资产管理机构出售其所持股份，这也通常是资产管理机构回应对持股公司疑虑最有效的方式。

六、准则的具体内容与指引

> **准则 1**
> 资产管理机构应制定公开的沟通政策，并说明是否及如何履行尽责管理职责。若资产管理机构未制定沟通政策，应对此做出明确且合理的解释[②]。

指引

该政策应考虑到欧盟成员国之间在文化、法律制度及公司架构上的巨大差别，以及各个资产管理机构在投资策略上的差异。

资产管理机构履行尽责管理义务的政策应特别包含：

- 如何将沟通纳入其投资策略。
- 如何对持股公司进行持续跟踪，例如通过调查研究、建立双方关系、参加会议等方式。关注事项包括：
  ——公司业务战略的制定与执行；
  ——风险管理；
  ——环境与社会相关问题；
  ——公司治理问题，如董事会构成、选举独立董事以及高管薪酬；

---

② "股东权利指令（修订版）"的3g条款设定了公开披露沟通政策或合理解释无此政策的义务。

——合规、企业文化和伦理；

——公司业绩和资本结构。

- 如何与持股公司对话。
- 如何管理潜在和已有的利益冲突。
- 如何处理内幕信息。
- 借出和赎回股票的方法。
- 沟通措施升级（见准则3）。
- 因时制宜采取联合沟通的方法（见准则4）。
- 如何行使投票权以及使用代理投票机构或其他提供投票咨询机构（如有）的服务（见准则5）。

资产管理机构公开披露其沟通政策，也是履行与持股公司利益相关方沟通义务的体现。

准则2

资产管理机构应依据其沟通政策持续监督持股公司③。

指引

资产管理机构应当定期跟踪持股公司情况，在必要时主动与公司董事会或管理层沟通，从而确保持股公司的董事会及下属委员会、管理层能够有效履职，以及独立董事充分行使监督职能，以最大限度地满足资产管理机构在公司治理方面的要求。

如果资产管理机构对持股公司存在疑虑，应与公司沟通，确保持股公司董事会或管理层的相关人员了解这种担忧。

准则3

资产管理机构应当制定明确的指导方针，明确何时以及如何加强与持股公司的沟通，以实现客户资产的保值增值。

指引

资产管理机构应明确主动与持股公司沟通的情形，并定期评估沟通效果。当资产管理机构对如下事项存在疑虑时，可能需要就以下事项与公司沟通：公司业务战略的制定与执行；风险管理；环境与社会相关问题；公司治理问题——如董事会构成、选举独立董事以及高管薪酬；合规、企业文化和伦理；公司业绩和资本结构。对于主动管理者而言，在特定情况下出售所持股票也是保护客户利益的合适方法。

升级措施可能包括：

- 与公司管理层或董事会召开专门会议讨论关注的问题，参会人员包括首席执行

---

③ 基于在3g中"遵循或解释"的沟通政策，SRDII设立了监督持股公司的义务。

官、高级独立董事或董事长，或其他独立董事和董事会成员；
- 通过公司的咨询服务机构向公司转达担忧。

与持股公司单个或多个董事会成员的沟通，可以是单边沟通，即资产管理机构主动与董事会成员沟通（单向沟通），也可以是双边沟通（双向沟通）：
- 在单向沟通中，资产管理机构就特定问题向持股公司董事会成员阐述其观点，而持股公司不作任何反馈。
- 在双向沟通中，资产管理机构和持股公司董事会成员会互相交换信息。

如果董事会未进行有效反馈，资产管理机构可考虑是否采取进一步措施，例如：
- 就特定问题与其他投资者进行联合干预；
- 在股东大会上提交议案；
- 酌情投票反对相关议案；
- 召开临时股东大会以开展股东行动，比如更换董事会。

准则 4

资产管理机构可基于相关法律法规，酌情考虑与其他投资者共同采取行动。

指引

有时，与其他投资者合作可能是与公司沟通最有效的方式。当面临重大经济环境压力，或面临对公司的重要价值或持续经营能力产生威胁的特定风险时，集体沟通可能是最佳方式。股东合作应遵守包括所在国法律在内的适用规则。

资产管理机构在参与集体沟通时应充分考虑市场规则，以及机构内部关于利益冲突和内幕信息的相关政策。

除了与特定公司进行联合沟通外，资产管理机构之间也可以随时就政策问题进行集体沟通。

准则 5

资产管理机构应审慎行使投票权。

指引

为保证客户的独家利益，资产管理机构应制定投票政策，明确何时以及如何行使投票权。投票政策应规定相应的程序和措施，防范并管理因行使投票权引起的任何利益冲突。

作为股东，资产管理机构应努力克服外部技术障碍，对所持全部股份行使投票权。资产管理机构不应机械地赞成董事会或管理层提出的议案，而应仔细对每个议案进行评估后再作出决策。如果所在市场制度允许，为了最大化客户利益，资产管理机构也可以在必要时对议案投出弃权票或是反对票。

> **准则 6**
> 资产管理机构应披露尽责管理及投票活动的执行情况和结果。

指引

资产管理机构应披露他们是如何履行尽责管理及沟通职责的。

资产管理机构应公开披露其是如何落实其沟通政策的,包括总体投票情况概述、对最重要投票的解释和代理投票顾问的使用情况。他们应公开披露是如何对持股公司进行投票的,除非因投票事项或持股规模导致投票无关紧要的情况。

上述报告应包含定性和定量分析内容。

4. 美国:《关于投资顾问委托代理投票责任的指导意见》[*]

生效时间:2019 年 9 月 10 日
美国证券交易监督委员会

---

[*] 原文链接:https://www.sec.gov/rules/interp/2019/ia-5325.pdf。

美国证券交易监督委员会

《美国联邦法规》第 17 篇第 271 款和第 276 款

发布编号：IA－5325；IC－33605

证监会关于投资顾问委托代理投票责任的指导意见

发布机构：美国证券交易监督委员会

发布类别：指导意见

摘要：美国证券交易监督委员会（简称"SEC"或"证监会"）根据 1940 年《投资顾问法》第 206(4)-6 条，以及 1940 年《投资公司法》的 N－1A、N－2、N－3 和 N－CSR 表格，发布关于投资顾问代理投票责任的指导意见。

日期：2019 年 9 月 10 日起实施

详情咨询：证券交易监督委员会投资管理部首席律师办公室，高级法律顾问 Thankam A. Varghese，首席助理法律顾问 Holly Hunter-Ceci，电话：（202）551-6825，邮件：IMOCC@ sec. gov，地址：100 F Street, NE, 100 F Street, Washington, DC 邮编：20549-8549

补充资料：证监会发布关于《投资顾问法》[15 U. S. C. 80b]①、N－1A 表格②、N－2 表格③、N－3 表格④和《投资公司法》[15 U. S. C. 80a]⑤下的 N－CSR 表格⑥的投资顾问委托投票责任的指导意见。

---

① 除另作说明外，在提及《投资顾问法》或其中的任何段落时，其内容是指《美国法典》中 15 U. S. C. 80b 内容，即《投资顾问法》；在提及《投资顾问法》的规则或这些规则下的任何段落时，其内容是指《美国联邦法规》中的第 17 篇第 275 款，即 17 CFR 275。

② 参照《美国联邦法规》第 17 篇第 274 款 11A 条。

③ 参照《美国联邦法规》第 17 篇第 274 款 11a－1 条。

④ 参照《美国联邦法规》第 17 篇第 274 款 11b 条。

⑤ 除另作说明外，在提及《投资公司法》或其中的任何段落时，其内容是指《美国法典》中 15 U. S. C. 80a 内容，即《投资公司法》；在提及《投资公司法》的规则或这些规则下的任何段落时，其内容是指《美国联邦法规》中的第 17 篇第 270 款，即 17 CFR 270。

⑥ 参照《美国联邦法规》第 17 篇第 274 款 128 条。

证监会关于投资顾问委托代理投票责任的指导意见

（2019 年 9 月 10 日生效）

一、简介

投资顾问在代表客户（无论这些客户是个人投资者、基金还是其他机构投资者[7]）对权益证券进行投票时，经常需要做出一系列决定。在各种情况下，对于提交给股东投票的各类事项，已同意接受委托的投资顾问需要做出投票决定。

一般情况下，上市公司[8]或单一/多个股东会将这些事项提交至股东大会上进行投票。股东一般在股东大会上提交表决事项，包括年度股东大会和临时股东大会[9]。其中，部分事项会在年度股东大会上定期持续出现，如选聘外部审计机构[10]。其他事项，如股东对拟议的合并、收购或公司的经营活动，以及单个或多个股东对提议事项进行投票，其内容和提出时间则更有特殊性。

作为信托机构，投资顾问在代表客户提供包括代理投票[11]等服务方面，负有谨慎和忠诚的义务。就投票而言，投资顾问的信义义务取决于投资顾问所承担的投票权力范围[12]。投资顾问在做出任何投票决定时，为履行信托义务，必须以客户的最大利益作为出发点进行决策，不得将投资顾问自身的利益凌驾于客户的利益之上。

具体而言，投资顾问的勤勉义务，还包括向客户提供符合其最大利益的建议的义务[13]。投资顾问在代表客户进行投票时，必须对客户的目标有充分合理的认识，

---

[7] 根据《投资顾问法》，投资顾问对每个客户都负有信义义务，即"必须在顾问与客户之间商定的关系范围内看待这一责任"。证监会关于投资顾问行为标准的解释，发布号 IA-5248（2019 年 6 月 5 日），84 FR 33669 33671（2019 年 7 月 12 日）（即对"信托责任"的司法解释）。就注册投资公司（以下简称"基金公司"）而言，这种关系的范围由投资顾问与其客户（即基金公司）之间的顾问协议来确定，基金公司董事会有权根据其应承担的信义义务确定投票权的范围。就基金公司而言，投资公司研究所指出，基金公司董事会一般将其委托代理投票的职责委托给基金投资顾问。在 2017 年的代理投票季中，基金公司对委托代理提案投了 760 多万票，平均而言，基金公司对美国上市的投资组合公司的委托代理提案投了 1 504 票（数据不包括在美国境外注册的公司）。详见 2019 年 3 月 15 日投资公司协会总裁兼首席执行官 Paul Schott Stevens 的信（《国际投资委员会信函二》）第 3 页。除非另有说明，本文引用的信件是针对 2018 年 7 月 30 日美国证券交易委员会工作人员关于委托代理程序圆桌会议的声明而提交的，可从 https：//www.sec.gov/comments/4-725/4-725.htm 获取。

[8] 在本稿中使用的"公司"和"上市公司"是指被征求代表权委托的股票发行公司。

[9] 关于美国代理制度的概念发布，发布号 34-62495（2010 年 7 月 14 日），75 FR 42982（2010 年 7 月 22 日）（"概念发布"）。

[10] 由于联邦法律、州法律、交易所要求或公司治理文件的规定，其中许多事项必须提交给股东。例如，1934 年《证券交易法》第 14A（a）条（"付酬投票"）；8 Del. C. 1953，第 211 条（选举董事的年度会议）；《纽约证券交易所上市公司手册》第 312.03（b）条（涉及发行普通股的某些关联方交易的股东批准）；以及纳斯达克规则 5635（a）条（在某些情况下，在发行证券收购另一家公司的股票或资产之前，需要股东批准）。

[11] 参见信托解释，84 FR 33669 n.32。

[12] 参见信托解释，84 FR 33669 33671-72。

[13] 参见信托解释，84 FR 33669 33672。

从而做出符合客户最大利益的投票决定[14]。如下文所述，为了使投资顾问有充分理由相信其投票符合客户的最大利益，必须要对其投票决定进行合理审查，确保其投票决策不是在包含实质性的错误或基于不完整的信息的情况下而做出的[15]。此外，《投资顾问法》第206(4)–6条规定，对于在美国证监会注册或法定要求注册的投资顾问，除非采纳并执行了经过合理设计的书面制度和程序，确保以其客户的最大利益投票代理，否则投资顾问对客户的资产行使表决权将被视为具有欺诈性、欺骗性或恶意操控性的行为[16]。下文中，我们将对信义义务及《投资顾问法》第206(4)–6条有关内容与投资顾问代表客户行使投票权之间的关系作进一步讨论。

大多数投资顾问在为客户代理投票时，会聘请代理投票咨询机构，使用其提供的各种职能和服务。其中一些服务是偏管理性质的，例如为投资顾问提供电子平台，使投资顾问能够更有效地管理投票机制；而其他一些服务内容涉及投票的实质[17]，例如，提供投票事项的研究和分析服务，制定一般性投票指引供投资顾问使用，或就投票具体事项向投资顾问提出建议等。我们认为，这些投票建议可能是基于代理投票咨询机构的投票制度做出的，也可能是基于投资顾问自行制定的投票指引做出的[18]。我们也了解到，如果使用定制化投票指引，则可能会因投资顾问对代理投票咨询机构的指导水平不同，导致指引在内容上详略不同[19]。相比由投资顾问机构内部提供相关服务，投资顾问机构与代理投票咨询公司签订合同由其代为提供这些功能和服务，可以降低投资顾问的成本（并可能为客户降低成本）。

我们还了解到，当投资顾问代表客户进行投票出现利益冲突时，例如就持股上市公司或投票事项而言，投资顾问的利益与部分或全部客户的利益不同时，投资顾问可能会寻求代理投票咨询机构的投票建议。虽然第三方机构对投资顾问的投票决定提供的意见可能会减轻投资顾问的潜在利益冲突，但并不能免除投资顾问的以下责任：（1）为符合客户最佳利益做出投票决定的义务，及（2）向客户全面公正披露有关利

---

[14] 参见信托解释，84 FR 33669 33673（讨论顾问有义务对客户的财务状况、财务复杂程度、投资经验和财务目标进行合理的调查，并合理地相信其提供的咨询意见符合客户的目标，符合客户的最佳利益）。

[15] 参见信托解释，84 FR 33669, 33674。另请参见投资顾问的代理投票，编号IA–2106（2003年1月31日），68 FR 6585（2003年2月7日）（"代理投票公告"），6586（说明投资顾问在代理投票方面的勤勉义务尤其要求具有代理投票权的顾问来监督公司运营活动）。

[16] 参见《投资顾问法》第206(4)–6条。关于利益冲突，证监会对拥有投票权的投资顾问提起了有针对性的执法行动，若该顾问的制度和程序未包括该顾问如何解决其利益与客户利益之间可能出现的潜在冲突。另请参阅Intech Investment Management, LLC和David E. Hurley的判例，版本IA–2872（2009年5月7日）。

[17] 参见，例如，投资顾问协会总顾问Gail C. Bernstein于2018年12月31日写的信（"IAA Letter"）第2页；CtW Investment Group执行董事Dieter Waizenegger于2019年1月16日的信（《国际投资委员会信函二》）第8—9页；其中第2页（说明代理投票机构提供的增值分析在美国代理投票季特别重要）；请阅览 https://www.sec.gov/files/proxy–round–table–transcript–111518.pdf 的内容（2018年11月15日）。

[18] 参见，例如，IAA Letter，第2页；投资公司协会总裁兼首席执行官保罗·肖特·史蒂文斯（Paul Schott Stevens）于2018年11月14日的信（《国际投资委员会信函一》）第34页。

[19] 参见，例如，Glass Lewis首席执行官Katherine Rabin在2018年11月14日的信中，见第2页（请注意，委托代理投票机构的机构投资者正在选择此类公司执行越来越详细的制度）。

益冲突信息的义务，并取得客户的知情同意[20]。

我们已就投资顾问可用于履行代理投票责任的各种方式，包括聘请和使用代理投票咨询机构，征求了各方意见，我们的工作人员也曾就这些方式向投资顾问提供过指导。此外，我们还通过开展论坛和公开声明的方式与公众进行了沟通，并就后文要描述的问题展开了讨论。

举例而言，2010 年美国证监会对代理投票咨询公司在美国代理制度中的作用和法律地位等问题发布公告并征求公众意见[21]。2013 年，证监会工作人员就机构投资者和投资顾问使用代理投票咨询公司服务举行了圆桌会议[22]。2014 年，投资管理局和公司财务局的工作人员发布了《工作人员法律公告》（即"SLB20"），以提供（1）工作人员对投资顾问在代表客户进行投票和聘请代理投票咨询机构方面的相关责任的意见；以及提供（2）关于代理投票机构是否适用联邦代理规则的两项豁免以及要求的指导[23]。SEC 合规检查办公室和审查办公室还对投资顾问在代表投资者进行投票代理时是否履行信义义务的情况进行了审查，审查内容包括与利益冲突相关的风险领域、代理投票制度的制定和程序的履行以及对代理投票机构的监督等问题[24]。近期，工作人员在 2018 年 11 月举办了关于讨论委托代理程序的圆桌会议（"2018 年圆桌会议"），其中一个专题为委托代理投票机构的作用以及投资顾问对这类机构的使用情况[25]。在 2018 年圆桌会议上，我们还邀请了公众人士就有关使用代理投票机构及其活动的问题发表了意见[26]。证监会仔细考虑了就这些议题收到的反馈意见，得益于这些广泛的信息、历史经验和多方沟通，正式出台了这份针对代理投票责任的指导意见[27]。

在下文第二节中，我们将会讨论有关信义义务及《投资顾问法》第 206(4)-6 条内容与投资顾问代表客户行使投票权的关系，并着重为那些聘请委托代理投票机构协助其

---

[20] 参见信托解释，84 FR 33669、33675-76（"为履行其忠实义务，顾问必须向其客户充分公平地披露与咨询关系有关的所有重要事实……此外，顾问必须消除或至少要通过充分和公平的披露来揭露所有可能导致投资顾问有意或无意地提出并非无私的建议的利益冲突。"）（中间引用省略）。

[21] 请参阅概念发布，75 FR 42982。可以在 https://www.sec.gov/comments/s7-14-10/s71410.shtml 上获得有关概念发布的评论信。

[22] 请参阅 SEC 宣布的议程，代理咨询服务圆桌会议小组成员（2013 年 11 月 27 日），网址为 https://www.sec.gov/news/press-release/2013-253。可从 https://www.sec.gov/comments/4-670/4-670.shtml 获得针对该公告收到的信件。

[23] 请参阅 SEC 员工法律公报第 20 号，代理投票：投资顾问的代理投票责任以及对代理投票机构的代理规则的豁免权（2014 年 6 月 30 日），网址为 https://www.sec.gov/interps/legal/cfslb20.htm。SLB 20 代表投资管理和公司财务部门的工作人员观点。这不是委员会的规则、法规或声明。此外，委员会既未批准也未拒绝其内容。与所有员工指南一样，SLB 20 没有法律效力：它不会更改或修改适用的法律，并且不会对任何人造成任何新的或额外的义务。

[24] 参见，例如，SEC，合规检查与考试办公室，2015 年考试重点，网址为 https://www.sec.gov/about/offices/ocie/national-examination-program-priorities-2015.pdf。

[25] 请参阅主席 Jay Clayton，宣布 SEC 代理程序圆桌会议工作人员声明的声明，网址为 https://www.sec.gov/news/public-statement/statement-announcing-sec-staff-roundtable-proxy-process。

[26] 请参阅有关在代理程序中宣布 SEC 员工圆桌会议的声明的评论；档案编号 4-725，网址为 https://www.sec.gov/comments/4-725/4-725.htm。

[27] 欧洲委员会还发布了有关根据 1934 年《证券交易法》第 14 条颁布的有关代理投票建议的某些规则的解释和指导。版本号 34-86721（2019 年 8 月 21 日）。

履行代理投票责任的投资顾问提供指导[28]。具体而言，我们会采用工作人员在 SLB-20 中所使用的问答格式进行表述，我们认为这样的方式是被广大投资顾问认可的。

在本指导意见中，我们会提供案例，供投资顾问了解与借鉴如何更好地向客户履行代理投票的信托义务。这些案例仅供参考，不构成投资顾问履行《投资顾问法》原则性规定的信义义务的唯一方式。

我们鼓励投资顾问和代理投票机构在明年的代理投票季前，根据以下指导意见完成对自身制度和实践的审查工作。如果在审查过程中发现有关业务或其他问题，请与投资管理局的工作人员联系。

证监会将对有关投资顾问履行《投资顾问法》中规定的信义义务和其中第 206(4)-6 条以及 N-1A 表格、N-2 表格、N-3 表格和 N-CSR 表格方面的问题进行考虑，并根据收到的各项反馈意见进行评估，以确定将来是否会对本指导意见进行补充。证监会可以利用收到的任何反馈对该指南进行补充。

二、关于投资顾问的委托投票责任以及 N-1A、N-2、N-3 和 N-CSR 表格披露的指导意见

问题 1：投资顾问在与客户建立关系时，应当如何约定投资顾问代表客户投票的权限和责任范围？

回复：

正如我们近期所指出的："信义义务须遵循投资顾问与客户之间的整体关系，投资顾问可以通过与客户签订协议的方式来约定这种关系，但双方要进行充分公平的披露，并达成知情同意"[29]。因此，无论客户是否进行投票，投资顾问并不一定被要求接受客户的代理投票委托[30]。但如果投资顾问接受了客户的投票委托，则应在充分、公正的披露和知情同意的前提下，与客户就有关代理投票的范围进行约定，且约定内容应包括行使代理投票权的事项类型。虽然投资顾问在代理投票方面承担信义义务的适用范围会因所承担的投票权范围变化而有所不同，但无论如何，投资顾问与客户之间的关系仍是信托关系[31]。

投资顾问与其客户之间的合约因咨询关系所覆盖范围的不同，可能导致与客户达成的代理投票协议的内容安排不尽相同。虽然客户和投资顾问可以就客户将其所有投票权委托给投资顾问达成一致，但客户也可以与投资顾问（以上述方式）达成其他的委托投票协议。这类协议中投资顾问无须承担所有的委托投票权，或者只在有限的情

---

[28] 工作人员此前曾在 SLB 20 中对某些问题发表了意见。

[29] 有关知情同意书以及通常如何客观地考虑和推断知情同意书的详细讨论，请参见信托解释，84 FR 33677，n67-70。另请参见表格 ADV，第 2A 部分，第 17 项，以及代理投票公告，68 FR 6585，n19。

[30] 我们认为，在一定程度上，投资顾问具有管理客户投资组合的酌处权，并且未通过充分、公平的披露和知情同意而与客户就较窄的投票权范围达成共识，因此，顾问有责任做出投票决定。请参见代理投票公告，68 FR 6585 10。

[31] 正如我们最近所说的："虽然双方可以通过商定的方式确定信义义务的范围和方式，但不能将信托责任进行免除。"参见 84 FR 33669 33672 中对信托的司法解释。

况下代表客户投票，抑或完全不代投票㉜。以下是客户和投资顾问在充分、合理披露和知情同意的前提下可能达成投票协议安排的部分案例㉝。

- 客户和投资顾问可就以下内容达成一致：投资顾问根据符合客户最大利益的特定参数行使投票权。例如，当投资顾问未收到客户的相反指示，或投资顾问确定通过不同方式对某项特定议案进行投票是符合客户最大利益的（例如，通过这种方式进行投票会促使投资顾问更好地践行客户追求的投资策略）等情况。
  ——投资顾问可以根据上市公司管理层的建议进行投票。这种安排适用于一些特殊情况，例如，投票建议涉及的事项可能导致管理层利益冲突加剧，或涉及投资顾问的客户特别感兴趣的某种事项的情况下，投资顾问要进行额外的分析；
  ——投资顾问对特定股东提出的提议均投票赞成。这种安排同样具有一定的使用条件，例如，该方式要求议案的提出股东具备特定的专业知识或投资决策能力，能够增进投资顾问客户的利益。
- 客户可与投资顾问约定，当投票会导致客户成本增加时，投资顾问可以放弃行使投票权。例如，为保留投票权而限制借出有价证券，导致客户增加机会成本㉞。
- 客户可与投资顾问约定，投资顾问仅根据客户偏好，将投票资源集中在特定类型的议案上。这类议案包括：与企业活动相关（如合并和收购交易、解散、转型或整合等）或差额董事选举类提案。
- 客户可与投资顾问约定，在投票成本很高，或者投票为客户带来的利益很低等情况下，投资顾问可以就特定类型的事项放弃行使投票权㉟。这类约定包括以下情形：
  ——进行代理投票的成本超过预期可以带来的收益，例如，对境外上市股票进行投票时，可能涉及雇用翻译或亲自前往国外参与投票而产生的额外成本；
  ——经合理估计后发现投票对客户的投资价值不会产生重大影响。

虽然上文提到，投资顾问与客户可以通过充分、适当的披露和知情同意来达成有关投票权的协议，但我们重申，承担代理投票权的投资顾问必须承担信义义务并遵守第206(4)–6条所规定的要求㊱。

问题2：承担了代理投票责任的投资顾问，应当采取哪些措施以证明其投票决策

㉜ 一些信件要求委员会澄清可能采用的各种投票安排。参见，例如，美国企业协会的本（Benjamin Zycher）博士于2018年12月21日信函第5页（寻求有关何时投票代理的说明）。

㉝ 正如我们在《信托解释》中所述："披露内容是否完整和公平，将尤其取决于客户的性质、服务范围以及重大事实或冲突。在某些情况下，对机构客户的全面和公平披露（包括特殊性、详细程度和术语解释）可能与零售客户的全面和公平披露有所不同，因为机构客户通常比零售客户具有更大的能力和更多的资源来分析和理解复杂的冲突及其后果。"（省略内部引用）。参见信托解释，84 FR 33669 33677。

㉞ 然而我们注意到，投资顾问在代表客户行使投票权的同时仍然必须履行其忠实义务。例如，投资顾问必须确定是否保留证券并进行代理投票，或以客户的最大利益借出投票。

㉟ 请参见代理投票公告，68 FR 6585 第18页及随附文字。

㊱ 根据《投资顾问法》第206(4)–6条的规定，投资顾问应具有代理投票权，以采纳和实施合理设计的制度和程序，以确保其为客户的最佳利益而对客户证券进行投票。

符合客户的最佳利益,且符合投资顾问的代理投票制度和程序?

回复:

正如我们在上文第一节中所讨论的,投资顾问作为受委托方,对每个客户均负有信义义务,须代表客户提供包括投票等在内的服务。基于此,我们解释了投资顾问代表客户投票的信义义务的要求,包括投资顾问须对所投票事项进行合理调查,并根据客户的最大利益进行投票[37]。

投资顾问应考虑在为多个客户提供服务时,如何承担其信义义务和第206(4)–6条规定的义务。许多投资顾问都有多名客户,包括基金、其他集合型投资工具以及个人投资者,这些客户有着不同的投资目标和投资策略[38]。在评估投资顾问的代理投票制度和程序是否合理,是否遵守第206(4)–6条并履行了对客户的信义义务时,投资顾问应考虑对所有投票采用统一的投票制度和程序是否符合每个客户的最大利益[39]。特别是当投资顾问代表多个基金、集合型投资工具或其他客户承担代理投票责任时,投资顾问需考虑是否应当根据不同对象的投资策略和目标,制定不同的投票制度[40]。例如,投资具有高增长前景公司的成长型基金,与以分红或股息形式为股东创造收入流的收益或股息型基金,对提交股东审议的事项会有不同的看法。

基金在对拥有投票权的权益证券进行投资时,应在其提供的补充资料说明(SAI)[41]或N–CSR表格[42](如适用)中披露对投资组合内所持股份进行代理投票的制度和程序[43]。如上文所述,如果基金有不同的投票制度和程序,应反映在补充资料说明或N–CSR表格中。

投资顾问需考虑针对部分特定类型事项是否进行比一般性应用的投票制度更深入的分析,包括考虑上市公司的特定因素以及投票事项本身的情况。这些事项可能包括

---

[37] 证监会注意到,投资顾问除了参考代理投票机构的投票建议外,还使用各种手段确保代理投票符合客户的最佳利益,不受顾问利益冲突的影响。例如,委员会指出:"总的来说,顾问在投票前向客户披露利益冲突并征得客户同意的制度符合规则的要求,并且在实施后,可以履行《投资顾问法》规定的顾问的信托义务……还有其他制度和程序;它们的有效性(以及任何制度和程序的有效性)将取决于它们如何在代理投票时解决利益冲突问题。"见代理投票公告,68 FR 6585,6587—6588。

[38] 这种其他集合投资工具可包括《投资公司法》第3(c)(1)节或第3(c)(7)节排除在投资公司定义之外的私人基金等。

[39] 一些信函指出,代理投票准则使各基金能够有效地处理大多数经常性和无争议的投票。例如,见《国际投资委员会信函一》第9—10页;《国际投资委员会信函二》第4页。

[40] 正如我们在代理投票公告中指出,《投资顾问法》第206(4)–6条并没有阻止投资顾问对不同的客户或不同类别的客户制定不同的制度和程序,因此,基金的董事会可以采用并要求投资顾问采用与投资顾问对其他客户不同的制度和程序。详见代理投票公告,FR 6587 n13。

[41] 补充说明报告是基金注册说明的一部分,除招股说明书中所载的资料外,还载有关于基金的资料。招股说明书必须应要求向投资者提供,并可在委员会的电子数据收集、分析和检索系统(EDGAR)上查阅。

[42] 开放式基金和封闭式基金使用N–CSR表格向EDGAR委员会提交经认证的股东报告。

[43] 开放式基金必须在其法定代理人投票制度和程序中披露其代理投票制度和程序。由于封闭式基金并不连续发售股票,因此一般不需要保持最新的最高证券识别码以履行1933年《证券法》规定的义务,因此,它们必须在N–CSR表格的年度报告中披露其代理投票制度和程序。见《注册管理投资公司的代理投票制度和代理投票记录的披露》,发布号IC–25922(2003年1月31日),68 FR 6564(2003年2月7日),表格N–1A、表格N–2、表格N–3和表格N–CSR。

但不限于企业活动（如合并和收购交易、解散、转型或整合等）或竞争性董事选举。投资顾问在决定是否进行上市公司层面或待投票事项的特定分析时，应考虑该投票对客户投资价值产生的潜在影响。投资顾问应在其投票制度中明确在决定哪些事项需要进行公司层面的分析时要考虑的因素，以及如何对这类事项的投票决策进行评估。

此外，投资顾问应采取合理措施，确保其在代表客户投票时按照投票制度和程序执行。其中一个方式就是，投资顾问遵照第206(4)-6条规则的要求，对其代表客户进行投票的情况进行抽样审查，并作为合规制度和程序年度审查的一部分[44]。这类审查，应特别包括需要针对特定上市公司分析的提案（如合并和收购交易、解散、转型或整合等），对于这类委托代理投票的抽样审查，可以更好地评估投资顾问的投票决定是否符合其投票制度和程序，是否符合客户的最佳利益[45]。

投资顾问如果聘请代理投票机构提供投票建议或投票执行服务的，还应该采取其他额外的措施以评估相关投票的决定是否符合其投票制度和程序，以及客户的最佳利益。以下为投资顾问可用于评估其合规性的部分措施：

- 对待投票事项进行抽样审查。如果投资顾问使用代理投票机构的投票建议或代为执行投票服务（或两者兼而有之），则可在投票前对代理投票机构电子投票平台上显示的"待投票"内容进行评估，例如对代理投票机构进行定期抽查。
- 对补充资料进行审查。如果投资顾问使用代理投票机构的投票建议，则要制定相应制度和程序，来规定哪些议案需要额外提供补充资料。这些补充信息包括上市公司及股东提议者随后向投资顾问提交的其他材料，或上市公司及股东提议者向投资顾问转达的其他信息，这些信息将会对投资顾问的投票决定产生一定的影响。
- 进行更深入的分析。如果投资顾问使用代理投票机构的投票建议或代为执行投票服务（或两者兼而有之），若投资顾问的投票制度和程序中没有规定应如何就某一特定事项进行投票时，或该事项存在较大争议[46]，应当评估是否需要对此类事项进行更深程度的分析，以确保代理投票是符合客户最佳利益的。

最后，作为投资顾问持续进行的合规计划的一部分，投资顾问必须且至少每年审查和记录其投票制度和程序的适当性，以确保这些制度和程序得到合理制定和有效实施。投资顾问要对已适用的制度和程序进行持续改进，确保投资顾问的投票符合客户的最大利益[47]。

问题3：如果投资顾问聘请代理投票机构协助其履行代理投票职责，应该考虑哪

---

[44][45] 参见《投资顾问法》第206(4)-7(b)条。

[46] 例如涉及收购的重大收购或有争议的董事选举，股东提出了自己的董事名单。

[47] 参见代理投票公告；另见《投资顾问法》第204-2(a)(17)(二)条[要求投资顾问保留记录，记录投资顾问根据第206(4)-7(b)条对制度和程序进行的年度审查的记录副本]；《投资顾问法》第206(4)-7条[例如，要求投资顾问通过并执行书面制度和程序，以合理地防止顾问及受监督人员违反《投资顾问法》]。该规则还要求，投资顾问应至少每年审查其制度和程序的适当性及其执行的有效性）。另见《投资公司法》下的第38a-1条规则（例如，要求每个基金公司采用并实施书面的制度和程序，以合理地防止基金公司违反联邦证券法，包括规定基金公司的投资顾问监督基金公司合规性的制度和程序等。该规则还要求，除其他事项外，基金公司应至少每年审查基金公司和每个投资顾问、主承销商、管理人和过户代理的制度和程序是否充分，以及这些制度和程序的执行效果）。

些因素？

回复：

我们认为，投资顾问在考虑是否聘用或续聘代理投票机构，并根据其提供的研究服务或投票建议辅助其投票决策时，主要应考虑的因素包括：代理投票机构是否有能力和资质对投资顾问负责的投票事项进行充分的分析[48]。就此方面而言，投资顾问可以评估代理投票机构的人员配置、员工资质和/或技术能力等。

此类投资顾问还应考虑代理投票咨询机构是否有有效的程序以及时向上市公司获取信息，以及代理投票咨询机构的投票制度、方法论、同行业可比公司构建方法等（包括"薪酬建议权"投票分析）的合理性[49]。例如，如果将同行业比较作为实质性评估的一部分，投资顾问应明确代理投票机构是如何构建上市公司的可比同行业对象，并将合适信息纳入其分析方法的。在这类情况下，投资顾问还应当考虑代理投票机构在构建同行业对比时，是否尽可能地考虑到上市公司的独有特点，如上市公司的规模、治理结构、行业和该行业特有的惯例、公司历史以及财务表现等。

这类投资顾问还应当考虑，代理投票机构是否向投资顾问充分披露了其制定投票建议的方法，以便投资顾问能够充分了解其出具投票建议所依据的因素[50]。此外，投资顾问要对代理投票机构做出投票建议所依据的第三方信息的来源进行考察，同时还应考虑通过哪些步骤，去了解代理投票机构会在何时以何种方式与上市公司和第三方机构进行沟通。

更为常见的是，投资顾问在决定是否聘请代理投票机构时，还应对代理投票机构有关识别和处理利益冲突的制度和程序进行审查[51]。投资顾问在进行这类审查时，会对以下问题进行评估：

- 代理投票机构是否有适当的制度和程序来识别、披露和处理实际和潜在的利益冲突。这些利益冲突包括：（1）与提供代理投票建议和代理投票服务有关的利益冲突；（2）与除提供代理投票建议和代理投票服务之外的活动有关的利益冲突；（3）因某些关联关系引致的利益冲突。在第一种情况下，实际或潜在的冲突可能包括向上市公司以及股东提案的提议者，就待表决的事项提供建议和服务引起的冲突。在第三种情况下，因某些关联关系引致的实际或潜在冲突可能来源于对代理投票机构有

---

[48] 在问题4中，我们就投资顾问在评估代理投票机构在可能对代理投票机构的投票建议产生重大影响的潜在事实错误、潜在的不完整性或潜在的方法缺陷方面的谨慎性和能力方面的责任提供了指导。

[49] 《1934年证券交易法》第14a–21条规定，除其他事项外，公司为选举董事的年度会议或其他股东大会征求代表，应包括一项单独的决议，但须经股东咨询投票，以批准指定的执行人员的报酬。

[50] 如果投资顾问利用代理投票机构进行研究，而不是提出投票建议，则仍可评价代理投票机构的可比公司构建方法可能在多大程度上影响该公司如何确定"薪酬投票"。一些信件要求发行人和客户在制定代理顾问建议和指引方面提高透明度。例如，见2018年10月10日美国资本形成协会制度和总法律顾问副总裁Timothy M. Doyle的信的第2页；2019年7月26日埃克森美孚公司投资者关系副总裁、公司秘书Neil A. Hansen的信的第2页（指出代理顾问公司评估高管薪酬的方法可能会损害公司为管理层提供激励措施以追求长期股东价值创造的能力）。

[51] 一些信件指出了对代理投票机构利益冲突的担忧。参见，例如，Business Roundtable于2018年11月9日的信函；Suanne Estatico于2018年11月29日的信函；Group 1 Automotive, Inc. 及其总法律顾问办公室Darryl M. Burman于2019年1月11日的信函。

重大影响的第三方（例如，股东、贷款人或有重要的业务来源的关联方）是否对某一特定投票事项或更普遍类型的投票事项有明确的立场㊾。

- 代理投票机构的制度和程序是否向投资顾问充分披露了在向投资顾问提供服务过程中存在的实际和潜在利益冲突（如对特定情况的、非模板式的披露）。这类披露应包括以下具体内容：例如，上市公司是否接受过代理投票机构的咨询服务，如有，则应披露上市公司所支付的报酬金额；再如，有关股东提案的提议者或提议者的关联公司是否是或曾经是委托代理投票机构的客户等。
- 代理投票机构的制度和程序是否利用技术提供易于访问的利益冲突披露信息（例如，使用在线门户或其他工具使对利益冲突的披露透明化和更易于获取）。

投资顾问在评估是否聘请或续聘代理投票机构时，所考虑的步骤取决于以下因素：（1）投资顾问的投票权限范围；（2）所聘请代理投票机构提供的职能和服务类型。因此，投资顾问采取上述部分或全部步骤的程度可能因这些因素而异。例如，如果投资顾问聘请代理投票机构只要求其根据投资顾问的具体指示来执行投票操作，那么上述的一些考虑因素则可能不太适用，因为这种情况下代理投票机构对于投票建议的自由裁量权很小。尽管如此，仅为该目的而聘请代理投票咨询机构的投资顾问仍应了解代理投票机构本身的制度和程序，包括如何执行投资顾问给出的具体投票指示（如适用）。

问题4：在聘请代理投票机构提供研究或投票建议时，如投资顾问发现代理投票机构提供的分析中存在潜在的事实性错误、内容不完整或存在方法上的缺陷，并可能对投资顾问的某项或多项投票决策产生重大影响时，投资顾问应考虑采取哪些措施？

回复：

如上文第一节所述，如果投资顾问有充分理由相信其投票决定符合客户的最大利益，则应对相关事项进行充足的调查研究。如果代理投票机构的分析中存在潜在事实性错误、内容不完整或存在方法上的缺陷，投资顾问应有意识地制定其投票制度和程序，以确保其最终做出的投票决策并非以重大事实错误或不完整的信息为依据。例如，如果投资顾问聘请代理投票机构进行研究，或根据其投票建议以作出投票决定，那么投资顾问应在自身投票制度和程序中规定，对代理投票机构提供的研究或投票建议进行定期审查。这种审查可以包含对代理投票机构所提供分析或建议中可能存在的（投资顾问意识到并认为可信且与投票决定相关的）事实性错误、信息不完整或方法上的潜在缺陷，以及会在多大程度上对投资顾问产生重大影响的评估。

投资顾问在评估其对代理投票机构的使用情况时，还应考虑代理投票机构自身制度和程序的有效性，能否保证获取有关投票事项的最新且准确的信息，并以此作为投票建议的依据。在这项评估中，投资顾问应考虑以下方面，并在必要时与代理投票机构进行沟通：

- 代理投票机构与上市公司沟通情况，包括代理投票机构如何构建流程，以确保获得关于上市公司和特定事项的完整、准确的信息，并使得投资顾问能够及时

㊾ 参见，例如，美国政府问责办公室的《致国会提议者的报告，公司股东会议——关于为机构投资者提供代理投票建议的公司的问题》（2007年6月）。

有效地了解上市公司对代理投票机构投票建议的看法（如有）。
- 代理投票机构应努力对其在分析过程中发现的重大缺陷进行纠正。
- 代理投票机构应向投资顾问披露其在制定投票建议或执行投票时所使用的信息来源和具体方法[53]。
- 代理投票机构在评估股东投票表决事项时，如何考虑特定上市公司或提案的特有因素。

问题5：投资顾问如何评估所聘请代理投票机构的服务，以及如何评估代理投票机构出现服务或运营上的重大变化？

回复：

为履行第206（4）-6条的规定，投资顾问如聘请第三方机构（如代理投票机构）帮助其履行代理投票责任和信义义务，应当制定并执行合理的制度和程序，对第三方机构进行充分评估，确保投资顾问的投票符合客户的最大利益[54]。

例如，在投资顾问对代理投票机构进行初步评估后，代理投票机构的业务和/或其关于利益冲突的制度和程序可能进行了变动，而这些变动很大程度上可能会影响代理投票机构的制度和程序的有效性，从而需要投资顾问进行再次评估。对于这一问题，我们认为，聘请代理投票机构提供研究或投票建议（或两者兼而有之）的投资顾问应制定有关制度和程序，除了要求代理投票机构不断提高自身能力及水平，从而向投资顾问提供投票建议或根据投票顾问的要求执行投票外，还应持续识别和评估代理投票机构可能存在的利益冲突问题[55]。因此，投资顾问应考虑要求代理投票机构及时向投资顾问更新其认定的相关业务变化情况（即与代理投票机构提供独立投票建议或根据要求执行与投票能力相关的业务变动）。投资顾问还应评估代理投票机构是否适时对所采用的方法论、指引和投票建议进行持续更新，并对上市公司及其股东的反馈做出回应。

问题6：如果投资顾问为客户行使代理投票的责任，是否要求投资顾问在任何情况下都代表客户行使投票权？

回复：

以下两种情形不需要：其一，如果投资顾问与其客户事先约定了限制投资顾问行使投票权的条件（如上所述），则根据协议，投资顾问无须代表客户进行投票。

其二，正如证监会之前提到的，有时拥有投票权的投资机构会放弃代表客户进行投票，因其认为放弃投票更符合客户的最佳利益[56]。通常而言，这是因为投资顾问判断为客户代理投票而引致的成本支出超过了预期收益[57]。在作出这一判断时，投资顾

---

[53] 参见上述问题3内容。
[54][55] 参见注47。
[56] 详见代理投票公告，68 FR 6585，6587，其中我们还指出，"必须根据顾问为客户管理的投资组合和客户的目标来评估咨询意见是否符合客户的最佳利益"。参见信托解释 84 FR 33669，33673。
[57] 参见代理投票公告，68 FR 6585，6587，证监会在该公告中指出，"我们并不意味着放弃代理投票，就一定会违反其信托义务。甚至在某些时候，放弃投票是符合客户的最佳利益的，例如，当顾问确定对委托代理投票的成本超过了对客户的预期收益时"。同上，在第二种情况下，需要考虑的费用必然是客户的额外费用。

问不得轻视或忽视其所承担的为客户代理投票的义务，不能仅通过放弃投票这一举措来履行信托义务[58]。

因此，针对第二种情形，投资顾问在决定放弃投票之前，要根据其与客户约定的服务范围，确认是否对客户尽到勤勉义务。

三、其他事项

根据《国会审查法》[59]，信息监管事务办公室制定该指导意见不属于《美国联邦法规》第5篇第804（2）节所定义的"主要规则"。

---

[58] 参见 68 FR 6585，6587－6588。
[59] 5 U.S.C.C. § 801 及以下各条款。

5. 美国：《有关投资顾问代理投票的最终条款》*

生效时间：2003 年 3 月 10 日
美国证券交易监督委员会

---

* 原文链接：https：//www.sec.gov/rules/final/ia-2106.htm#ruletext。

美国证券交易监督委员会

《美国联邦法规》第 17 章第 275 节

发布编号：IA – 2106；归档编号：S7 – 38 – 02

有关投资顾问代理投票的最终条款

报告识别码：3235 – AI65

投资顾问代理投票

机构：证券交易监督委员会

法案类型：最终条款

摘要：美国证监会根据 1940 年《投资顾问法》（Investment Advisers Act）中关于投资顾问为客户进行代理投票的内容，通过了新的法规和法规修正案，从而完善投资顾问对客户履行信义义务的要求。新法规要求投资顾问制定并采取合理的制度和程序行使其代理投票权，以确保投资顾问基于客户的最大利益进行代理投票，投资顾问不仅要向客户披露这些制度和程序，还要告知客户如何获取这些信息，法规修正案还要求投资顾问保留代理投票的记录。法规和法规修正案旨在确保投资顾问基于客户的最大利益进行代理投票，并向客户提供关于如何进行投票的信息。

日期：生效日期：2003 年 3 月 10 日；合规日期：2003 年 8 月 6 日

更多信息请联系：高级法律顾问 Daniel S. Kahl 或助理总监 Jennifer L. Sawin，地址为第五街 450 号证券交易监督委员会投资管理部投资顾问法规办公室（202）942 – 0719，NW，华盛顿特区 20549 – 0506。

补充信息：证券交易监督委员会（以下简称"证监会"）现对 1940 年《投资顾问法》（《美国法典》第 15 编第 80b 节）做出修订，在《美国联防法规》第 17 章第 275 节下新增 206(4) – 6 条款，并对《美国联防法规》第 17 章第 275 节下的第 204 – 2 条款进行修改[①]。

[①] 除非另有说明，否则当我们提及法规 204 – 2 或该法规的任何段落时，我们所指的是发布的联邦法规（17 CFR 275.204 – 2）（经本发行版修订），以及当我们提及法规 206(4) – 6 或该法规的任何段落时，我们所引用的是《联邦法规法典》的 17 CFR 275.206(4) – 6。

有关投资顾问代理投票的最终条款

(2003 年 3 月 10 日生效)

一、背景

目前,在证监会注册的投资顾问代表客户直接管理着总计约 19 万亿美元的资产,其中包括大量权益资产。绝大多数情况下,客户会授权投资顾问进行代理投票,所以这种巨大的投票权使投资顾问具有集体影响力,可以在许多情况下单独影响股东投票结果和公司治理。因此,投资顾问可以给公司的未来带来极大的影响,进而影响其客户持有的公司证券的未来价值。

联邦证券法规并未就投资顾问应如何代理其客户行使投票权作出具体规定。但是,根据《投资顾问法》,投资顾问作为受托人,对代表客户提供的所有服务(包括代理投票)均应承担勤勉义务和忠实义务[2]。勤勉义务要求拥有代理投票权的投资顾问监督公司行为并履行代理投票权[3]。忠实义务则按要求,投资顾问以与客户最大利益相符的方式进行投票,并且不得将自身利益凌驾于客户利益之上。

投资顾问代理投票的方式可能会因各种利益冲突而受到影响。例如,投资顾问(或其附属机构)为上市公司管理养老金计划、员工福利计划,或向其提供经纪、承保、保险或银行服务,而该公司的管理层又向投资顾问游说投票[4]。如果投资顾问未投票支持管理层的决策,可能会损害其与公司的关系。投资顾问还可能与代理权争夺的参与者、上市公司董事或董事候选人有商业或个人关系。例如,投资顾问高管的配偶或其他近亲也可能在上市公司担任董事或高管[5]。

出于对这些冲突及其对投资顾问客户的影响的担忧,我们在 2002 年 9 月 20 日提出了新的规则 206(4) - 6 条和规则 204 - 2.6 条的修正案,旨在防止重大利益冲突影响投资顾问代理投票的方式[6]。我们建议,为了最大化客户利益,投资顾问应采纳并实施代理投票的制度和程序,并向客户描述代理投票的程序,告诉客户如何获得关于投资顾问为其代理投票的信息。

---

[2] 参考"证监会诉 Capital Gains Research Bureau, Inc. 案"(1963 年),《投资顾问法》第 375 节第 180 款条第 194 条(司法解释第 206 部分,15 U.S.C. 80b - 6)。

[3] 正如我们在本公告中所讨论的,并不是说投资顾问没有代表客户行使每一次代表客户投票的机会,就构成违反对客户承诺的信义义务。

[4] 投资顾问可能与公司没有业务关系,但与议案的提出者存在业务关系,而这也会影响投资顾问的投票。例如,投资顾问可能在为员工团体管理资金。

[5] 投资顾问与其他各方的关系是否构成重大冲突,将取决于事实和情况。但是,即使各方没有就投资顾问投票进行游说,这一关系的价值也会造成实质性冲突。最高法院已经明确表明,《投资顾问法》旨在消除或公开投资顾问的无意识或有意识的偏见。

[6] 投资顾问的代理投票,《投资顾问法》第 2059 号(2002 年 9 月 20 日)[67 FR 60841(2002 年 9 月 26 日)]("提议公告")。

我们收到了数千封评论信,几乎所有人都支持采用该法规[7]。包括许多投资顾问和代表投资顾问的团体都赞同投资顾问应有代理投票程序,并支持客户获得有关其代理投票权如何被行使的信息知情权。但是,有些人敦促我们修订法规 204-2 条关于记录保存的要求,以减轻投资顾问的负担。我们今天通过法规 206(4)-6 条,并通过对法规第 204-2 条的修正案,对评论者提出的问题做出回应。

二、讨论

(一) 法规 206(4)-6 条,代理投票

根据第 206(4)-6 条规则,如投资顾问未达到以下要求,其代表客户行使投票权将被认定为是具有欺诈性、欺骗性或操纵性的行为:(1) 投资顾问已采用并实施了合理设计的书面制度和程序,以确保在投票表决时符合客户的最大利益;(2) 投资顾问已向客户说明了有关其代理投票的程序,并应客户要求提供了材料副本;以及(3) 投资顾问已向客户告知如何获取投资顾问进行代理投票的相关信息[8]。

1. 适用规则的投资顾问(适用对象)

根据提议,该法规适用于对客户证券行使代理投票权的所有已注册投资顾问。尽管有部分评论者敦促我们设定例外情况,但其并未提供有力论据,对"接受投票权委托的顾问机构可以不制定适当程序以确保履行对客户的信义义务"的原因进行说明[9]。

直接或间接拥有投票权的顾问机构皆须遵守法规 206(4)-6 条,因此,该法规同样适用于以下情况:顾问合同无明确规定,但全权委托合同赋予了进行代理投票的自由裁量权[10]。但是,该法规不适用于向客户提供投票建议但无权投票的顾问机构[11]。

2. 代理投票的制度和程序

根据第 206(4)-6 条规定,为客户行使代理投票权的投资顾问必须制定相关的代理投票制度和程序[12]。这些制度和程序必须以书面形式合理制定,并符合客户的最大

---

[7] 提议公告与修订建议共同发布,该修订稿要求共同基金披露其用来对其组合内证券进行投票的制度和程序,并向股东公布投票情况。请参阅《投资公司法》第 25739 号(2002 年 9 月 20 日),《注册管理投资公司的代理投票制度和代理投票记录的披露》[67 FR 60827(2002 年 9 月 26 日)],评论员提交了 10 种不同类型的信函;其中有 5 种(大约 2 800 个信函)以及大量其他信函是为了响应提议公告与基金提议公告发行而提交的。对提议公告的回应也提出了与基金提议公告有关的观点,反之亦然。

[8] 本法规的任何规定均不得减少或改变适用于任何投资顾问(或与任何投资顾问有联系的人)的任何信义义务。

[9] 尽管我们并未像某些评论者所建议的那样为小型公司设置例外条件,但我们注意到,在金融行业内没有关联关系的小型公司可能没有与代理投票相关的潜在利益冲突,在这种情况下,它们的投票程序可能会更简单,遵守法规的负担也较轻。

[10] 一些评论者认为,该规则不适用于未获得明确投票代理权的顾问。认为对该法规应用不合适的顾问可以修改其顾问合同(或向客户进行其他披露),以明确他们对投票代理的责任(或不承担责任)。

[11] 但是,《投资顾问法》的一般反欺诈条款将继续要求此类顾问向接受建议的客户披露所有重大冲突。

[12] 法规 206(4)-6 (a)。

利益⑬。这些制度和程序还必须说明投资顾问如何处理其与客户之间因代理投票而产生的重大利益冲突⑭。绝大多数评论者支持这些要求，并且许多投资顾问告知我们，他们的书面制度已经制定就位。

我们没有制定和采纳针对顾问机构的特定制度和程序要求，也没有按照部分评论者的要求制定出一套批准程序清单。考虑到已注册投资顾问之间的巨大差别，"一刀切"的做法并不可行，因此我们不强制规定具体的制度和程序，而是给予投资顾问一定的灵活性，允许其制定适合自身业务和所面临的冲突性质的制度和程序。正如一些评论者指出的，部分投资顾问（包括一些小型机构）不太可能遇到重大利益冲突问题，他们所制定的相关制度和程序可以非常简单⑮。

投资顾问制定的代理投票制度和程序应当保证，能够在代表客户行使投票权之前解决与客户之间存在的重大利益冲突问题。如上文所述，投资顾问应履行的义务既包括代表客户行使投票权，也包括为实现客户最大利益进行投票⑯。

a. 为客户代理投票

勤勉义务要求拥有投票权的投资顾问对公司行为进行监督，从而更好地代表客户进行投票。因此，投资顾问要制定相关程序，以确保上述义务的履行⑰。但这并不意味着，投资顾问如果未对全部所持股票进行投票就是违背了信义义务，因为在某些时候，放弃投票反而符合客户的最大利益，例如，投资顾问认为进行代理投票的成本超过所能带来的收益时⑱。但是，这不代表投资顾问在代表客户行使投票权时可以忽视或疏忽他们的信义义务⑲。

b. 解决利益冲突

在这一规则下，投资顾问的制度和程序还必须处理和解决与其客户之间的重大利

---

⑬ 法规中的任何内容均不能阻止投资顾问针对不同客户制定不同的制度和程序。因此，投资公司的董事会可以采纳并要求投资顾问使用与其他客户不同的制度和程序。

⑭ 投资顾问的代理投票制度和程序应解决（尽管该规则不要求）在对特定类型的问题（例如公司治理结构的变更、通过或修改包括股票期权在内的薪酬计划、涉及社会问题或企业责任的事项）进行投票时，投资顾问将如何代理投票（或考虑哪些因素）。当然，投资顾问活动的制度和程序仅限于对投资公司的投资，这将解决不同的问题，例如，批准顾问合同，分配计划（"12b-1 计划"）和合并。

⑮ 但是，即使是最小的公司，也可能会不时与客户发生利益冲突。例如，如果一个投资顾问被要求对客户代理进行投票，以批准根据 12b-1 计划从共同基金资产中扣除的费用增加，如果该费用是投资顾问获得报酬的来源，则该投资顾问与其投资于该基金的客户有利益冲突。

⑯ 虽然该规则允许有一定的灵活性，但也不能仅仅为简单的模板。仅宣布将基于客户的最大利益进行代理投票不足以满足法规的要求。

⑰ 我们在建议稿中建议，有效的程序应确定负责监督公司行为的人员、负责做出投票决定的人员以及负责确保及时提交投票的人员。评论员认为可以简化流程，并询问是否有必要明确到负责人的姓名。根据法规，投资顾问可以制定适合其公司的程序。在员工人数很少的公司中，这些角色可能是不言而喻的，但是，大公司可能需要弄清楚哪个部门或雇员负有什么责任，以防止违规。

⑱ 例如，对外国证券进行投票可能会涉及其他费用，例如雇用翻译人员或前往国外亲自对证券进行投票。

⑲ 投资顾问在代理投票方面的职责范围通常取决于投资顾问与客户的合同、向客户所作的披露以及客户的投资制度和目标。投资顾问对客户的信义义务不一定要求投资顾问通过例如积极参与向股东征求代理投票、支持或反对事项而成为"股东积极主义者"。实际上，投资顾问将根据其成本和对客户的预期收益来确定是否进行这种积极行动。参见《劳工部关于投资制度书面声明的解释性公告》，包括代理投票指南，第 29 CFR 2509.94-2，第 3 节（2001）。

益冲突问题。部分评论者希望我们能够制定一些解决重大利益冲突的方法。很显然，如果投资顾问能在投票前向客户披露其存在的利益冲突并获得客户许可，即符合了规定要求，并且在实施后，这一行为也满足《投资顾问法》对投资顾问信义义务的要求[20]。如果未向客户披露或未经客户许可[21]，我们认为与客户之间存在重大利益冲突的投资顾问必须采取其他措施，以确保、并证明最终的投票是基于客户的最大利益，而不是利益冲突的产物[22]。

目前，投资顾问采取多种措施来确保其代理投票符合客户的最大利益，而不受到利益冲突的影响[23]。投资顾问可根据事先制定的投票制度进行投票，如果在应用制度时，提交给股东审议的事项涉及很小的自由裁量权，便可以证明投资顾问的投票不是利益冲突的产物[24]。同样地，如果投资顾问根据事先确定的制度，并依据独立第三方机构的投票建议进行代理投票的，也同样可以证明投资顾问的投票不是利益冲突的产物。此外，投资顾问还可以建议客户聘请其他机构进行代理投票，以免除自身的代理投票责任[25]。诸如此类方式还有很多，但最终这些制度和程序的有效性（以及其他任何制度和程序的有效性）都取决于如何在尽量不受利益冲突的影响下更好地为代理客户投票。

3. 披露如何获取投票信息

第 206(4)-6 条规定要求，投资顾问须向客户告知如何获得有关代理投票情况的信息[26]。我们收到很多支持投资顾问披露真实投票信息的评论[27]。很多投资顾问表示，他们的客户，特别是机构客户，确实有获取上述信息的需求，所以投资顾问也已设置

---

[20] 在这方面，我们认为，在对代理投票之前，如果投资公司的投资顾问向投资公司的董事会或董事会委员会充分披露其冲突，并获得董事会或委员会的同意或根据指示进行投票，则该投资顾问履行了《投资顾问法》规定的信义义务。

[21] 寻求客户同意的投资顾问必须向客户提供有关股东事项和投资顾问冲突本质的充分信息，以使客户能够作出知情的决定，并同意投资顾问的投票。客户手册中有关一般性冲突的模式化披露可能不够充分。

[22] 法院对公司董事提供的商业判决规则也采取了类似的方法。当公司董事采取行动时，尽管存在利益冲突，但他们失去了通常根据"商业判断规则"获得的尊重，所以必须证明其公司行为对公司及其股东是公平的。参见 Cede&Co. 诉 Technicolor, Inc., 634 A. 2d 345, 361 (Del. 1993)。"采用内在公平标准的理由是，当公司受信人由于冲突而无法维护他们应负义务的股东的利益时，法院将通过对受信人施加严格的赔偿，提供补偿性程序保障，建立其行为的最大优先性和公正性的责任。"参见 Van de Walle 诉 Unimation, Inc. 1991 Del. Ch. LEXIS 27, 第 30 页（1991 年 3 月 6 日）。

[23] 我们认为，承担了对客户代理投票责任的投资顾问无法只通过投票履行对客户的信义义务，这样的代理投票并不符合客户的最大利益。

[24] 当然，预先制定的制度必须旨在促进客户而非投资顾问的利益。因此，根据其职责，投资顾问不能根据事先制定的、旨在支持持股公司管理层的代理投票制度来进行代理投票。但是，我们认识到，在许多情况下，投票制度没有具体到可以决定如何进行投票。

[25] 参见，例如，Evergreen Investment Management Company, LLC, SEC 员工不采取行动的信函，见第 6 页（2002 年 2 月 13 日）（客户共同基金聘请第三方在涉及顾问母公司的合并竞争中投票代理）。

[26] 法规 206(4)-6(b)。我们希望大多数投资顾问将在其根据法规 204-3 [17 CFR 275.204-3] 书面手册中的要求进行披露。

[27] 该法规没有规定客户有权获取此信息，因为我们认为没有必要这样做。尽管一些评论者建议该法规应规定这项权利，但包括投资顾问在内的其他评论者是同意我们的观点的，即客户已经有权获得有关该客户的证券如何投票的信息。参见机构第 381 条。

相应程序以方便客户获取这些信息。

很多投资者希望第 206(4)-6 条规定能够要求投资顾问公开披露其代理投票的情况。在与之配套的公报中，我们要求所有投资机构公开披露其代理投票情况[28]。这一要求的目的是让"基金股东"知晓基金公司（或其投资顾问）是如何代表股东投票的。公开披露并不是要求投资顾问与每位客户进行沟通并披露是如何为客户进行代理投票的，对部分投资顾问而言，公开披露投票情况会泄露客户的持股情况，进而影响客户的信心。因此我们决定，不强制要求投资顾问对投票情况进行公开披露。

4. 描述制度和程序

第 206(4)-6 条规定同时要求，投资顾问须向客户说明其代理投票制度和程序，如客户要求，应向客户提供这些制度和程序的副本材料[29]。我们收到很多强烈支持这项要求的评论，故采纳了这一规定。要求中所提"说明"，应当是投资顾问代理投票程序的简明概述，而不是对制度和流程内容的重复，同时投资顾问应注明如客户提出要求，可提供制度和程序的副本材料。如果客户要求提供制度和程序的复印件，投资顾问必须提供。

（二）第 204-2 条规定，投票记录保存

很多投资顾问对投票记录保存要求引致的合规负担存在严重担忧，并提出了不少改进建议。对此，我们现对 204-2 条款进行修改，以最大限度地减轻这一合规负担。

根据修订的法规 204-2，投资顾问必须保留：（i）他们的代理投票制度和程序；（ii）收到的客户证券代理委托书；（iii）他们代表客户进行投票的记录；（iv）客户要求获得代理投票信息的记录[30]；以及（v）投资顾问所准备的、关于决定如何投票的任何重要文件，或记录了决定依据的文件[31]。作为对外部建议的反馈，我们允许投资顾问通过向 EDGAR 系统（Electronic Data Gathering, Analysis, and Retrieval System）提交代理委托书来取代保存实体文件的做法，同时也允许投资顾问利用第三方机构，如提供代理投票服务的机构，代为保存代理委托书和代理投票记录，前提是投资顾问已获得第三方机构的承诺，保证收到要求后及时提供这些材料。

三、生效日期

新制定的第 206(4)-6 条法规和第 204-2 条法规修正案将于本公告发布 30 天后生效。投资顾问必须在本公告发布后 180 天内完成对本法规和修正案的合规工作。在

---

[28] 注册投资管理公司披露代理投票制度和代理投票记录，投资公司法第 25922 号（2003 年 1 月 31 日）。
[29] 法规 206(4)-6 (b)。
[30] 通过的修正案仅要求投资顾问保留客户的所有书面请求和投资顾问（对书面或口头请求）的书面回应。
[31] 法规 204-2 (c)(2)。这些记录（由我们的 EDGAR 系统存档或由第三方维护的委托书和由第三方维护的代理投票除外）必须在易于访问的位置保存 5 年，前两年应在投资机构的合适的办公室中保存。法规 204-2 (e)(1)。这些是与法规 204-2 所适用的大多数其他账簿和记录相同的保留要求。

此之前，投资顾问必须依据新的法规制定并实施代理投票制度和程序，并就此向客户进行说明，同时投资顾问需告知客户获取所持证券代理投票信息的方式。

投资顾问可以选择以任何方式进行公开，只要公开信息清楚明晰，没有"淹没"在冗长的文件中，并使客户在发布后 180 天内收到。例如，投资顾问可以将披露信息与定期的账户对账单通过单独的邮件一同发送给客户，或将其附在手册中（或 ADV 表格第二部分）。

通过公司资料手册或 ADV 表格的第二部分内容进行披露的投资顾问，须在刊印后 180 天内将修订后的资料手册向现有客户进行交付（而不仅仅是提供），并在交付时附带一份对新披露内容的说明。

四、成本收益分析

（一）背景

证监会对法规所产生的成本和收益非常关注。作为管理客户证券自由裁量权的一部分，投资顾问通常会行使代理投票权，但联邦证券法并未明确规定投资顾问必须如何行使这种权利。新规 206(4)-6 条旨在确保拥有代理投票权的投资顾问基于客户的最大利益进行投票，并向客户提供其证券如何投票的具体信息。此外，投资顾问还必须保留记录，使证监会对其遵守法规 206(4)-6 条的情况进行确认。

在证监会注册的投资顾问代表客户直接管理着总计约 19 万亿美元的资产，其中包括大量权益资产。绝大多数情况下，客户会授权投资顾问进行代理投票。这种巨大的投票权使得投资顾问具有集体影响力，可以在许多情况下单独影响股东投票结果和公司治理。因此，投资顾问可以对公司的未来产生极大的影响，进而影响其客户持有公司证券的未来价值。

根据《投资顾问法》，投资顾问作为受托人，对代表客户提供的所有服务（包括代理投票）均应承担勤勉义务和忠实义务。勤勉义务要求拥有代理投票权的投资顾问监督公司行为并履行代理投票权。忠实义务则按要求，投资顾问以与客户最大利益相符的方式进行投票，并且不得将自身利益凌驾于客户利益之上。

投资顾问可能会面临各种利益冲突，从而影响其代理投票的方式。例如，投资顾问（或其附属机构）为上市公司管理养老金计划、员工福利计划，或向其提供经纪、承保、保险或银行服务，而该公司的管理层又向投资顾问游说投票。如果投资顾问不能投票支持管理层的决策，可能会损害其与公司的关系。投资顾问还可能与代理权争夺的参与者、上市公司董事或董事候选人有商业或个人关系。例如，投资顾问为员工组织管理资金，或投资顾问的高管可能有配偶或其他近亲担任上市公司的董事或高管。由此产生的利益冲突及其对投资顾问客户的影响，推动我们于 2002 年 9 月 20 日提出新规 206(4)-6 条，并对法规 204-2 条进行修订㉒。

㉒ 见上文注②。

新规 206(4)-6 条旨在防止重大利益冲突影响投资顾问代理客户行使投票权的方式。该规要求在 SEC 注册的投资顾问，如有权为客户行使代理投票权，必须采用合理制定的书面制度和程序，确保投资顾问基于客户的最大利益进行投票，同时也要制定程序解决投资顾问与客户之间可能发生的任何重大利益冲突。投资顾问必须向客户介绍这些制度和程序，应客户要求向其提供这些制度和程序的副本材料，并告知客户如何获取投资顾问进行代理投票的相关信息。

《投资顾问法》第 204-2 条规则修正案要求，在 SEC 注册的投资顾问应保留为客户进行代理投票的记录。这些记录可以使得我们的审查员确定投资顾问对新法规 206(4)-6 条的遵守情况。

根据投资顾问提交的文件，我们估计大部分已注册的投资顾问将受新规约束。目前，在 SEC 注册的投资顾问无须提交材料说明其代理投票的信息。然而，根据我们截至 2002 年 9 月 9 日的记录，在已注册的 7 687 家投资顾问中，有 6 203 家顾问机构在管理客户资产时采用自由裁量的方式[33]。在绝大多数情况下，具有自由裁量权的投资顾问也被授权对所管理的证券进行代表投票。因此，这 6 203 家投资顾问中，很可能有相当数量的顾问机构在为一名或多名客户提供自由裁量的资产管理服务时，会进行代理投票[34]。

证监会已考虑了新规 206(4)-6 条和法规 204-2 条修正案的成本以及收益情况。在提议公告中，我们要求机构提供有关成本和收益的反馈以及特定数据。目前我们收到的多为一般概述性评论，下文将对此进行讨论。我们也收到了一条包含数据的评论，其估计新规引致的成本略高于我们所提供的数据。鉴于我们对已通过法规的修改，我们认为原始数据可以准确地估算新规和法规修正案的成本。

(二) 收益

我们认为，法规 206(4)-6 条将为顾问机构的客户带来一些重大好处。新规要求投资顾问制定书面的代理投票制度和程序来解决重大利益冲突，这可以确保投资顾问基于客户的最大利益来解决利益冲突。新规要求投资顾问向客户披露其代理投票制度和程序，并向客户提供副本材料，这将使客户了解其投资顾问是如何代理投票的。客户还可以更好地评估其投资顾问的制度和程序是否符合自己的目标和期望。许多人评论说，他们确实希望了解投资顾问的投票制度和程序。不赞成其采用投资顾问代理投票方式的客户可以决定收回投资顾问投票的权利，或者向该投资顾问提供如何投票的指示，或直接更换成符合其投票要求的其他投资顾问。最后，新规要求投资顾问向客户披露如何获得投资顾问进行代理投票的信息，这将使得客户充分了解其所持股票是如何投票的，并确认其投资顾问是遵循其投票制度和程序的。

---

[33] 此估算基于 SEC 注册顾问以 ADV 表格［17 CFR 279.1］提交的信息。6 203 个 SEC 注册的投资顾问在其 ADV 表格 1A 部分中报告说，他们基于自由裁量权为客户证券投资组合提供连续和定期的监督或管理服务。

[34] 表格 ADV 的第 1A 部分不要求投资顾问描述其拥有自由裁量投资授权的证券类型。部分投资顾问拥有投资自由裁量权的资产并不产生代理投票问题，例如政府债券或其他债券。

以下两个原因使得通过法规以修正实践的好处难以量化。首先，评论者证实，在实践中部分顾问机构的客户实际上已经获得了这些好处。许多投资顾问反馈，他们已经制定了代理投票制度和程序，并且已向客户提供了大量此类信息。其次，投资顾问是客户的代理人和受托人。投资顾问已负有信义义务，须基于客户的最大利益代理投票，并且必须向客户提供有关代理投票的信息。

（三）成本

证监会预计，新规206(4)-6条和法规204-2条修正案将给对客户所持证券拥有代理投票权的投资顾问带来部分成本[35]。尚未制定代理投票制度和程序的投资顾问需要制定相关制度，这会产生部分成本。法规并没有制定必需的制度和程序，而是允许投资顾问灵活地制定适合其业务和利益冲突情形的制度和程序，因此我们认为，不同投资顾问所产生的成本会因其规模大小、投资理念以及客户的情况而不同。此外，许多大型投资顾问机构（那些需要非常详细和复杂的制度和程序的机构）反馈，他们已经制定了代理投票制度和程序。已经制定制度和程序的投资顾问仅需要基于法规要求略作修改，所产生的成本是非常有限的。

对投票制度和程序的描述说明，向客户提供说明（并应客户要求提供制度和程序的副本材料），响应客户对实际代理投票的要求以及根据法规修正案要求保存投票记录，上述事项也会增加投资顾问的成本。

尽管，有许多投资顾问表示按照规则要求对投票记录进行保存会产生巨大的成本，但这些机构并没有提供具体数据。员工人数较少的投资顾问机构表示，遵守记录保存的要求使得他们需要额外雇用一名员工，而大型投资顾问机构则建议希望能够在记录中仅保留那些对投票决定至关重要的记录。对此，我们采纳了部分建议，对记录保存的要求作了一定削减。根据通过的法规修正案，投资顾问可以不再保留代理委托书的副本材料，而是直接从证监会的 EDGAR 系统中检索获得，并且可以依靠第三方机构来制作和保留代理委托书和投票记录的副本。此外，最终通过的法规削减了对投票决定至关重要的相关材料保存的要求。我们相信，这些调整会大大减少所涉及的成本。

五、《文书削减法案》

如提议公告所述，新法规206(4)-6条和法规204-2条修正案包含了1995年《文书削减法案》（Paperwork Reduction Act of 1995）中的"信息收集"要求。信息收集的标题是"投资顾问的代理投票"和"投资顾问要维护的账簿和记录"[36]。证监会根据《美国法典》第44条的规定，将新的信息收集规定，即投资顾问的委托投票，

㉟ 关于为《文书削减法案》估计法规和修正案的年度总负担，证监会工作人员估计，受该法规约束的咨询公司将为准备提案要求的文件和记录的工作人员支付总计约 5 775 000 美元薪金和福利费用。这是一个总的估算值，每家公司在这方面的个人成本将根据公司咨询业务和客户的性质而有所不同。请参阅 n. 45.。

㊱ 36.44U. S. C. 3501 至 3520。

提交给管理和预算办公室（OMB）进行审核，并与3507（d）条和5 CFR 1320.11条保持一致。OMB已批准法规206(4)-6条的信息收集，OMB控件号为3235-0571（于2005年11月30日到期）。法规204-2条的信息收集先前已通过OMB控件编号3235-0278（于2005年11月30日到期）批准。除非显示当前有效的控制编号，否则代理机构可以不进行或不支持信息收集活动，个人也无须对信息收集活动做出回应。

（一）法规206(4)-6条

根据法规206(4)-6条，为客户行使代理投票权的投资顾问必须采用书面代理投票制度和程序，向客户描述该程序，应客户要求将制度和程序相关材料提供给客户，并告知客户如何获得关于其证券是如何投票的信息。我们就法规206(4)-6条的记录保存所产生的负担征求反馈意见，但未收到任何回复。

在提议公告中，我们估计，平均而言，一个投资顾问每年将花费10个小时来记录其代理投票制度和程序[37]。为了估算可能受新规影响的投资顾问数量，我们假设所有有权管理客户资产的投资顾问也都有权对客户的证券进行投票，进而将受到该法规的约束[38]。我们并没有收到针对这一假设的评论意见。根据我们的记录，在证监会注册的7 687名投资顾问中，有6 203名对所管理的客户资产有自由裁量权[39]。因此，我们估计投资顾问制定代理投票制度和程序累计耗时62 030个小时[40]。

该法规还要求这些投资顾问向客户描述其代理投票制度和程序。随之而来的文书工作负担已经合并到名为"Form ADV"的信息收集中，该信息收集目前已由OMB批准，控制编号为3235-0049[41]。此外，该法规还要求这些投资顾问根据要求向客户提供其代理投票制度和程序的副本。根据我们的记录，每个在SEC注册的投资顾问平均拥有670个客户；我们估计，每家投资顾问至少有90%的客户会认为投资顾问对其代理投票制度已作出详细说明，所以最多剩余10%（即平均每位顾问有67个客户）会要求投资顾问提供完整的制度和程序的副本材料[42]。我们也估计，投资顾问向每位客

---

[37] 在估算时，我们考虑到以下事实：受制于ERISA的许多投资顾问已经建立了代理投票程序，可以作为新法规下投资顾问程序的基础。

[38] 该估算可能夸大了将要遵守该法规的顾问人数。ADV第1A部分不要求投资顾问描述他们是否代表客户进行投票代理。第1A部分也没有要求顾问描述他们管理的证券是否是有表决权的证券，而不是政府或其他没有发生代理投票问题的债务义务。

[39] 根据投资顾问在ADV表格1A部分向我们提交的信息记录，有6 203个在SEC注册的投资顾问报告说，他们基于自由裁量权为客户证券投资组合提供连续和定期的监督或管理服务。

[40] 6 203×10＝62 030。

[41] 2000年4月，我们提出了对ADV表格第2部分的修订，其中要求对客户代理进行投票的投资顾问在其手册中描述其代理投票制度和程序。投资顾问的电子备案；ADV表的提议修正案，《投资顾问法》第1862号（2000年4月5日）[65 FR 20524（2000年4月17日）]。投资顾问可以通过在其小册子中描述其制度和程序来满足新法规206(4)-6（b）条和（c）条的披露要求。参见上文注释26。关于2000年4月的提案，当我们获得OMB批准，因为对第2部分的提议更改将导致对ADV表格集合的修订，我们包括了描述任何代理投票制度和程序的文书工作负担在公司的小册子中。

[42] 670×10%＝67。

户提供制度和程序副本材料大约需要 0.1 个小时，累计耗时为 41 560 个小时[43]。投资顾问反馈，目前很少有客户要求获得代理投票制度和程序的副本。因为投资顾问的客户要求可能会随着本法规的出台而逐渐增加，所以我们不会更改我们的原始估算。

我们采用了提议的法规 206(4)-6 条。因此，法规 206(4)-6 条预计全年信息收集总耗时仍为 103 590 个小时[44]。此信息收集是强制性的，根据披露要求做出的反馈也无须保密。

（二）法规 204-2 条

法规 204-2 条规定了投资顾问维护和保存特定账簿和记录的要求。对证监会的工作人员而言，基于法规 204-2 条收集的信息对其审查和监督计划是必要的。此信息收集是强制性的。在证监会审查和监督计划中向证监会提供的反馈通常是保密的[45]。根据法规 204-2 条要求，通常投资顾问必须将记录保留不少于 5 年[46]。

修订后的法规 204-2 条要求已注册的投资顾问必须就其为客户进行代理投票的记录进行保存。记录必须按照法规 204-2（c）条规定的其他账簿和记录的保存方式，在一定时间内进行保留。受法规 206(4)-6 条代理投票规定约束的投资顾问，必须保留其代理投票制度和程序的副本，以及投资顾问为客户所持证券进行代理投票而收到的每位客户的代理委托书。这些投资顾问还必须保留每次投票的记录，以及与投资顾问投票决定相关的记录。此外，投资顾问必须保存每个客户要求获取代理投票信息的书面材料以及投资顾问就客户书面或口头要求而做出的所有书面答复的材料。

我们收到了许多关于如何最大限度降低此类信息收集负担的评论。针对这些评论，我们对法规修正案进行了实质性修改。根据法规 204-2 条的修正案，如果服务提供机构承诺可以应要求立即提供相关记录的副本，则投资顾问可以使用第三方服务提供商来维护代理委托书和代理投票的材料。许多投资顾问，特别是那些需要对成百上千家上市公司进行代理投票的投资顾问，已经使用了代理投票服务，这也符合所通过的法规修正案的要求。此外，投资顾问可以依靠证监会的 EDGAR 系统来满足他们维护代理委托书的要求。我们还修改了关于投资顾问保存客户要求获取代理投票信息的请求材料以及投资顾问所做出的反馈材料的保存要求，仅要求保留客户的书面请求材料和投资顾问对客户书面及口头请求的书面反馈材料[47]。最后，我们缩减了关于投资顾问保存对其如何进行投票有重大影响的材料的保存要求。修订后的法规仅要求投

---

[43] 在向 OMB 提交此信息收集的过程中，证监会还准备了该年度总工时负担对受影响公司的年度总成本的估算。我们预计投资顾问可能会使用合规专业人士来记录其公司的代理投票制度和程序。我们估计合规专业人员的小时工资为 60 美元（包括福利）。我们预计投资顾问可能会使用文书人员来响应客户的要求提供代理投票制度的副本。我们估计文书人员的小时工资为 10 美元（包括福利）。因此，我们估计每年的总收集成本为 4 137 400 美元（62 030 小时 × 每小时 60 美元 + 41 560 小时 × 每小时 10 美元 = 4 137 400 美元）。

[44] 62 030 + 41 560 = 103 590。

[45] 参见《投资顾问法》15 U.S.C. 80b-10（b）。

[46] 参见法规 204-2（e）条。

[47] "书面"制度和程序应当包括电子格式的文件。参见经纪交易商、过户代理人和投资顾问对电子媒体的使用，《投资顾问法》第 1562 号（1996 年 5 月 9 日）[61 FR 24643（1996 年 5 月 15 日）]。

资顾问保留其内部创建的、对作出投票决定至关重要的文件[48]。

在提议公告中，我们估计，拟议的修正案将使受修正案影响的投资顾问的年平均收集信息耗时增加 20 个小时，至 215.34 个小时[49]。根据收到的评论，我们估计每个投资顾问的年平均收集信息耗时将增加 20 个小时。许多评论者指出，提议的记录保存负担很重，我们理解为耗时会超出我们最初估计的 20 个小时。但是，鉴于对记录保存规定所进行的更改，我们认为 20 个小时是对耗时的准确估算。如上文有关法规 206(4)–6 条的讨论，我们估计有 6 203 家投资顾问机构因为客户行使代理投票权而受此法规的约束，需要承受额外工作，使得每年总耗时增加 124 060 个小时[50]。根据法规 204–2 条，所有在 SEC 注册的投资顾问的平均耗时将从 195.34 个小时增加到 211.48 个小时[51]。

六、《最终法规灵活性分析报告》摘要

《初步法规灵活性分析报告》（以下简称"IRFA"）已发表在提议公告中，我们没有收到关于此报告的意见。由此，证监会现根据《美国法典》第 5 编第 604 节规定，对关于新增法规 206(4)–6 条和修改第 204–2 条作出《最终法规灵活性分析报告》（以下简称"FRFA"），内容总结如下。

FRFA 讨论了制定新法规和法规修正案的需求和目标，即要求指定的投资顾问采用代理投票制度和程序并保存其代理投票记录。该法规旨在确保投资顾问基于客户的最大利益进行代理投票，并就如何解决重大利益冲突的问题进行说明。

FRFA 还讨论了法规和法规修订案对小型实体的影响。基于《投资顾问法》和《法规灵活性法》（Regulatory Flexibility Act）而言，如果投资顾问满足以下条件，则可被视为小型实体：(i) 资产管理规模小于 2 500 万美元；(ii) 在最近一个会计年度的最后一天资产规模不超过 500 万美元；(iii) 在最近一个会计年度的最后一天，既不控制任何资产管理规模超过 2 500 万美元的投资顾问和资产超过 500 万美元的任何机构，也不受前述两类机构控制，也未同前述两类机构一起被其他人控制[52]。在证监会估计将受到新法规影响的 6 203 个投资顾问中，FRFA 估计有 138 名投资顾问可能属于小型实体。

正如 FRFA 中所讨论，法规和法规修订案并未施加新的报告要求，但确实对代表

---

[48] 提议修正案要求投资顾问提供所有对如何进行投票产生重大影响的口头记录和收到的书面材料的副本，以及投资顾问创建的备忘录或类似文件。

[49] 195.34 + 20 = 215.34。

[50] 20×6 203 = 124 060。在向 OMB 提交此信息收集的过程中，证监会还针对该年度总工时负担，对受影响企业的年度总成本进行了估算。我们预计投资顾问可能会使用合规文书人员来维护拟议修正案所要求的记录。我们估计合规文书人员的小时工资为 13.20 美元，包括福利。因此，我们估计每年的总收集成本为 1 637 592 美元（124 060 小时 × 每小时 13.20 美元 = 1 637 592 美元）。

[51] （1 501 578.5 当前小时 + 124 060 额外小时 = 1 625 638.5 总负担小时）/7 687 在 SEC 注册的投资顾问 = 211.48。

[52] 17 CFR 275.0–7 (a)。

客户行使投票权的投资顾问（包括小型投资顾问）增加了记录保存要求。FRFA 指出，通常投资顾问仅在对客户委托的资产拥有自由裁量权时才进行代理投票。小型投资顾问管理资产规模有限，因此不必花费大量资源来满足代理投票合规和记录保存的要求。

FRFA 讨论了证监会在采用新法规和法规修正案时考虑的替代方案，以下法规或法规修订可能会使对小型投资顾问的不利影响达到最小，包括：（i）考虑到小型实体的可用资源，制定不同的合规要求、报告要求或时间表；（ii）对此类小型实体的法规所作的合规和报告要求进行了明确、合并或简化；（iii）考虑效果而非制定标准；（iv）豁免此类小型实体的部分或全部的法规要求。

我们相信，法规的灵活性为小型实体提供了不同的合规要求。我们并不认为再进一步明确、合并或简化对小型实体的合规和报告要求，或豁免小型实体法规的适用范围，是与保护投资者及投资顾问向客户履行信义义务相符的。新法规和法规修正案考虑效果而非制定标准，旨在通过制度和程序来确保投票是符合客户的最大利益的，而不是仅规定制度和程序中的特定要素。

FRFA 可通过文件 S7-38-02 进行公开查阅，还可以通过与位于华盛顿特区第五街 450 号、华盛顿特区 20549-0506 的证监会高级顾问 Daniel S. Kahl 联系获得 FRFA 的副本。

七、对提升效率、竞争和资本形成的考量

《投资顾问法》第 202（c）条要求证监会在制定法规时考虑或确定出于公众利益或为保护投资者所采取的必要或合适的行动，该行为是否将促进效率、竞争和资本形成[53]。

如上所述，法规和法规修正案将要求有权对客户的证券进行代理投票的投资顾问采用并实施旨在确保投票符合客户最大利益的书面制度和程序。尽管我们认识到合规计划（包括代理投票计划）可能需要投资顾问花费他们原本可以用在其主要业务中的资源，但我们希望法规和法规修正案可以通过多种方式间接提高效率。投资顾问将被要求有组织有条理地代理投票，这可能比当前的方法更为有效。法规和法规修正案要求所有拥有投票权的投资顾问采取代理投票制度和程序，并满足记录保存要求，同时鼓励第三方机构创建新的资源和指南来进一步提高效率，行业参与者可以参考这些新资源和指南以建立、改进和实施其代理投票程序。此外，代理投票的制度和程序可以将投资顾问的信义义务重点放在对客户证券的投票上，通过阻止违反证券法和普通法的欺诈行为来提高效率。

由于法规和法规修正案适用于所有对客户的证券行使代理投票权的投资顾问，因

---

[53] 53.15 U.S.C. 80b-2（c）。《投资顾问法》第 204 条是我们根据法规 204-2 条对投资顾问提出的提议记录保存修正案的法定权力的一部分，它使我们能够规定出于公共利益或保护投资者而必要或适当的记录保存规则。同样在本公报中，我们根据其他法定条款采用了新的法规 206(4)-6 条，这些法规没有表达相同的公共利益标准，并且不受第 202（c）条的约束。为了全面起见，我们在第 202（c）条的分析中加入了规则 206(4)-6 条。

此我们预计不会影响公平竞争。相反,法规和法规修正案可以通过提高客户对投资顾问的代理投票的关注意识,促进各种投资顾问提供差异化的服务,从而鼓励公平竞争。

我们预计,该法规和法规修正案可能会对资本形成产生有限的间接影响。法规和法规修正案可能会通过使代理投票更加透明并鼓励投资顾问更多地强调其代理投票的方式来增加投资者对投资顾问的信心。由于资本形成受到投资者对市场信心的影响,我们认为该法规可能对资本市场产生积极影响。

6. 英国：《英国尽责管理准则（2020年修订）》[*]

发布时间：2020年
英国财务报告理事会

为提高金融市场的透明度与可信度，英国财务报告理事会（以下简称"FRC"）制定了《英国公司治理与管理准则》《英国尽责管理准则》《英国财务标准》等相关制度，采取了一系列措施推动提升公司报告的质量，为会计师和精算师单独制定了相关规范。作为英国审计的主管机构，FRC制定了审计和道德标准，以监督、确保审计质量。

---

[*] 原文链接：https：//www.frc.org.uk/investors/uk-stewardship-code。

英国尽责管理准则（2020）

（2020 年公布）

一、简介

尽责管理，指的是通过对资产进行负责任地配置、管理与监督，从而为客户及投资受益人创造长期价值，进而为经济、环境和社会带来可持续性利益。

《英国尽责管理准则》（2020 年修订）（以下简称《准则》）为资产所有者、资产管理机构以及为他们提供服务的供应商设定了高标准的管理准则。

《准则》包括两部分：一是针对资产所有者与资产管理机构，基于"适用并解释"所作出的原则要求；二是单独针对服务供应商所作出的原则要求。《准则》对实现有效尽责管理的方式并未作出统一规定，而是允许各机构根据自身的运营模式与发展策略，制定各自相应的方法，以满足《准则》的规定。

自 2006 年第一部《英国尽责管理准则》颁布以来，投资市场发生了巨大的变化。除对上市公司的投资有所增加外，对固定收益类债券、房地产以及基础设施等资产的投资也有明显的增加。这些不同的投资标的有不同的投资期限、权利与义务，签署机构应当充分考虑在这种情况下如何有效开展尽责管理。

除公司治理外，环境（尤其是气候变化方面）和社会，也已经成为投资者在作出投资决策和开展尽责管理工作时需考虑的重要因素。《准则》倡导资产所有者和资产管理机构有所作为，在管理投资组合时更好地履行尽责管理义务，在维护市场诚信、降低系统性风险方面发挥重要作用。

二、如何进行报告

每条原则都有对应的报告要求，机构在撰写尽责管理报告时应当根据原则要求来提供信息。相应地，这些原则也是评估报告质量的重要基础。

在履行这些原则时，签署机构应考虑以下事项：

- 是否有效实施了《英国公司治理准则》和其他治理准则；
- 董事的职责，特别是《英国公司法》（2006）第 172 条中提及的事项；
- 资本结构、风险、战略与绩效；多元化、薪酬与员工权益；
- 审计质量；
- 环境（包括气候变化）与社会问题；
- 契约与合同的遵守情况。

每项原则在"举措（Activity）"和"结果（Outcome）"标题下都有针对报告的具体解释和要求，部分准则对报告的"内容"也作了规定，要求机构对必要的背景信息或政策进行披露，以便了解和评估机构所采取的尽责管理方法。

其中，部分报告要求与资产管理机构或直接进行投资的机构更相关，而其他报告要求则与资产所有者或需通过中间机构进行投资的机构更相关。所以机构必须明确哪些报告要求与自身更相关、适用于自身业务以及其在投资界的角色。

以原则 6 为例，该原则规定："签署机构应披露以下情况：机构人员的规模和概况，包括人员数量和平均年龄；或机构的客户群体情况，例如是机构投资者还是个人投资者，以及他们的地域分布。"

《准则》针对投资上市公司股票的报告作出了更为详细的要求，这也反映出在权益投资领域，尽责管理的应用更加成熟。但是，无论采取何种投资方式，签署机构仍应利用相应的资源、权利和影响力，在投资过程中履行尽责管理义务。

报告的语言应该生动有趣、简明扼要且通俗易懂，同时要在不影响有效尽责管理的前提下，内容尽可能地具体化和透明化。

报告应清晰描述机构贯彻《准则》要求的方式。报告中应恰当使用相关数据、图表、示例和案例研究等，并重点关注《准则》中"措施"和"结果"标题下的相应要求，提供充足的信息，以便读者仅通过阅读本报告，就能够充分理解机构是如何按照《准则》要求履行尽责管理义务的。因为报告还可能与其他更加详细的政策或信息披露相关联，包括其他的报告要求等，所以附加信息必须清晰易得。

报告内容应当客观、平衡且易于理解。除了成功的案例与经验，还应披露在践行《准则》过程中遭遇的挫折以及相应的经验教训。对投资机构而言，实现尽责管理的预期目标，往往需要一年以上的时间，在一个报告期内可能难以完全实现。在这种情况下，投资机构应当对该情况进行说明，并报告相应进度。

各签署机构间因规模、类型、业务模式和投资方式的不同，践行尽责管理的方式也会有所区别，所以《准则》对此作了充分考虑。各机构可以不按照资金来源或每项投资策略进行尽责管理披露，但需详细披露是否因资金来源、资产类别和投资地域的区别，导致在践行尽责管理时产生差异。

报告必须经申请机构的管理层审核批准，并由董事会主席、首席执行官或首席投资官签字确认。

在申请机构被确定为《准则》的签署机构且其报告获得了 FRC 的批准后，该报告即成为公开报告。报告必须在签署机构的官方网站上进行公开披露；如果没有网站，必须提供其他可访问的方式。

有关提交报告以及相关评估程序的更多信息，请访问 FRC 官方网站。

三、针对资产所有者和资产管理机构的准则

资产所有者和资产管理机构有履行尽责管理的责任，且该责任不可委托于他人。尽责管理的措施包括：制定投资决策，监督资产管理机构和服务机构，与持股上市公司沟通并要求他们对重大问题负责，与其他投资机构联合行动，以及行使投资人的权利和责任等。

因投资资产的类别颇多，所以各类资产的投资期限、所附权利以及投资机构所拥有的影响力也有所不同。签署机构应当充分利用所拥有的资源、权利和影响力，开展

对各类资产的尽责管理。

1. 宗旨与治理

原则 1

　　签署机构的宗旨、投资理念、投资策略及文化，应能够让尽责管理为客户和投资受益者创造长期价值，并为经济、环境及社会带来可持续的利益。

报告要求

内容

签署机构应当说明：

- 机构设立的目的，并概述其机构文化、价值观、商业模式和基本战略；
- 机构的投资理念，即机构认为哪些因素对实现理想的投资结果很重要，并解释相应理由。

举措

签署机构应当充分说明他们采取了哪些行动来确保他们的投资理念、战略以及文化得到贯彻落实，以实现有效的尽责管理。

呈现结果

签署机构应当披露：

- 机构的宗旨和投资理念是如何指导其开展尽责管理、制定投资策略并作出投资决策的；
- 评估签署机构维护客户及投资受益人利益最大化的有效性。

原则 2

　　签署机构的内部治理、资源运用和激励计划应配合尽责管理的开展。

报告要求

举措

签署机构应当披露：

- 机构治理结构与管理流程是如何对机构内部的尽责管理进行有效监督和管理的，并说明背后的逻辑。
- 机构如何为尽责管理提供适当的资源，包括：
  ——机构所选定的组织架构与员工结构；
  ——机构员工的资历、经验、资格、培训和多样性情况；
  ——机构在系统、流程、研究和分析领域的投入情况；
  ——机构接受服务供应商提供服务的程度及具体服务的内容。
- 机构的绩效管理或激励方案是如何激励员工将尽责管理和投资决策进行有效结合的。

呈现结果

签署机构应披露：

- 其选择的治理结构和管理流程是如何帮助尽责管理有效开展的；
- 该治理结构和管理流程有何改善空间。

原则 3

　　签署机构在处理利益冲突时应将客户和投资受益人的利益放在首位。

报告要求

内容

　　签署机构应披露其有关利益冲突的政策，并对如何将这一政策应用于尽责管理进行说明。

举措

　　签署机构应解释说明是如何识别并管理与尽责管理相关的利益冲突情况，包括实际存在或潜在存在的利益冲突。

呈现结果

签署机构应披露他们处理已发生或潜在冲突的案例。

利益冲突的产生原因包括：

- 股权结构；
- 资产所有者和资产管理机构之间的业务关系，以及/或他们所管理的资产；
- 资产管理机构与客户在尽责管理政策方面的差异；
- 董事交叉任职；
- 债券和股票经理人的不同目标；
- 客户或投资受益人的利益相互背离。

原则 4

　　签署机构应识别市场风险和系统性风险并做出应对，以推动金融体系良好运作。

报告要求

举措

签署机构应解释：

- 如何识别并应对市场风险和系统性风险（如适用；若该条目不适用，则应另行解释）；
- 如何与其他利益关联方共同合作，持续推动金融市场的完善；
- 举例说明其在参与行业计划时所扮演的角色和贡献程度，并对成效加以评估；
- 如何对投资进行相应调整。

呈现结果

签署机构应评估在识别和应对市场风险和系统性风险、促进金融市场良好运作方面的效果，并进行披露。

市场风险指的是导致财务损失或影响市场整体表现的风险，包括但不限于：

- 利率变化；
- 地缘政治问题；
- 汇率。

系统性风险指的是可能导致行业、金融市场或经济崩溃的风险，包括但不限于：

- 气候变化；
- 企业或商业集团的倒闭。

利益相关方包括投资者、发行人、服务提供商、政策制定者、审计机构、非营利组织、监管机构、协会和学术机构。

原则 5

签署机构应对所制定的尽责管理政策进行审阅，确保尽责管理流程的完整性，并评估相关措施的有效性。

报告要求

举措

签署机构应解释：

- 如何审查政策，以确保该政策能够有效落实尽责管理；
- 签署机构获得了哪些内部和外部的鉴证措施来保证尽职责任的履行（直接履行或由外部机构代为行使），以及他们选择该种鉴证方式的原因；
- 如何确保其尽责管理报告是公平、公正且易于理解的。

呈现结果

签署机构应解释其审核和鉴证工作是如何持续推动尽责管理政策和相关流程的改进的。

内部鉴证工作可由高级管理人员、指定机构、董事会、专门委员会或内部审计机构提供，而外部鉴证则由第三方独立机构提供。

2. 投资模式

原则 6

签署机构应当充分考虑客户和投资受益人的需求，并将尽责管理与投资活动方面的措施与成果与之充分沟通。

报告要求

内容

签署机构应披露：

- 下述内容的比例构成情况：
  - ——投资计划的结构，例如，是否为集合信托、企业年金、养老金固定收益计划或养老金固定缴款计划等；
  - ——投资计划参与人的规模和概况，包括参与人数和平均年龄；
    或者
  - ——客户的基础情况，例如，是机构投资者还是个人投资者，以及其地域分布情况；
  - ——不同资产类别和投资地域的资产管理规模；
- 机构认为满足客户及/或投资受益人的需求的投资周期，并说明理由。

举措

签署机构应解释：

- 对于已经向投资受益人征求过意见的，机构应当解释征求投资受益人意见的方式，并说明选择这种方式的原因；

或者

- 机构是如何寻求和收到客户意见的，以及选择这种方法的原因；
- 机构是如何在尽责管理和投资中反映出投资受益人的需求，并确定合适的投资周期的；

或者

- 机构是如何管理资产以使其符合客户在尽责管理和投资政策方面的要求的；
- 为满足投资受益人的要求，机构在尽责管理、投资活动和投资结果方面，向投资受益人提供了哪些信息，并对这些信息的类型、双方沟通方法和频率进行说明；

或者

- 为满足客户需求，基于自身的尽责管理和投资活动的措施与成果，机构向客户传达了哪些信息，包括信息类型、沟通方式及频率；从而使机构达到尽责管理报告的要求。

呈现结果

签署机构应解释：

- 为理解客户及/或投资受益人的需求，机构如何评估其选择沟通方式的有效性；
- 机构如何考虑所收集的投资受益人的意见，且最终基于这些考虑采取了哪些行动；

或者

- 机构如何考虑客户提出的意见，且最终基于这些考虑采取了哪些行动；
- 基金经理没有遵守其尽责管理和投资政策的地方，并解释其原因；

或者

- 基金经理没有按照客户所要求的尽责管理和投资政策而进行操作的情况，并解释其原因。

> **原则 7**
>
> 签署机构应披露其在持有前对投资进行评估、在持有及退出时进行跟踪的优先关注事项，这些事项应当包括重要的 ESG 事项。

报告要求

内容

签署机构应披露其在持有前对投资进行评估、在持有及退出时进行跟踪的优先关注事项，这些事项应当包括重要的 ESG 事项。

举措

签署机构应解释：

- 机构因资金来源、投资资产种类和投资地域的不同，在将尽责管理与投资相结合时有何区别；
- 机构如何确保：
  ——招标计划包含了投资与尽责管理进行结合的要求，并且考虑了重大的 ESG 事项；
  ——委托账户的设计和奖励机制包含了投资与尽责管理进行结合的要求，并且与客户和投资受益人的投资期限保持一致；

或者

- 机构采取了哪些流程：
  ——将尽责管理与投资进行整合，整合内容应包括重要的 ESG 事项，并使之能够与客户及/或投资受益人的投资期限保持一致；
  ——确保服务机构收到准确且可执行的标准，从而为尽责管理与投资的整合提供服务，整合内容应包括重要的 ESG 问题。

呈现结果

签署机构应当充分说明如何通过尽责管理所收集到的信息（无论是签署机构直接收集还是委托第三方进行的），来指导其做出购买、持续监控以及卖出决策的，并说明他们这些做法是如何保证客户/受益人的利益最大化的。

> **原则 8**
>
> 签署机构应对资产管理机构及/或服务提供商进行监督，并对其行为负责。

报告要求

举措

签署机构应说明如何对服务提供商进行监督，以确保他们提供的服务满足机构需求。

呈现结果

签署机构应说明：

- 服务供应商是如何提供服务以满足机构需求的；

或者

- 在资产管理机构及/或服务提供商提供的服务未能达标时，机构采取的举措。

例如：

- 资产所有者对资产管理机构和投资顾问进行监督，确保资产的管理符合其投资战略和尽责管理政策；
- 资产管理机构对第三方代理投票机构进行监督，尽可能确保投票是按照资产管理机构所制定的政策执行的；
- 资产管理机构对数据及研究提供商进行监督，确保数据及研究服务的质量和准确性。

3. 作为与行动

> 原则 9
>
> 签署机构应与上市公司进行沟通，推动资产保值增值。

报告要求

举措

签署机构应说明：

- 如由其他机构代表其与上市公司沟通，签署机构采取的具体沟通方式及实现效果的预期；

或者

- 如何选择需要进行沟通的议题并对其优先级进行排序（例如关键问题、持股规模等）；
- 举例说明如何构建合理且准确的沟通目标；
- 采用过哪些沟通方式及其使用程度；
- 根据原则 1 和原则 6 中对披露内容的要求，机构采取上述方法的原因；
- 因资金来源、资产类别和投资地域差异，沟通方式有何不同。

与公司沟通的方式包括但不限于：

- 与董事长或其他董事会成员会面；
- 与管理层举行会议；
- 致函公司，提出关注的问题；
- 通过公司的咨询机构提出重要问题。

呈现结果

签署机构应披露过去 12 个月正在进行或已经完成的公司沟通结果，包括机构直接参与的或由其他第三方代为参与的。

例如：

- 采取何种沟通方式对公司进行监督；
- 上市公司在沟通后采取了哪些措施或发生了什么变化；

- 沟通结果是如何影响投资决策的（例如决定买入、卖出、继续持有）；
- 沟通结果是否导致后续措施升级。

签署机构提供的案例应当全面，应包含未达到沟通预期情况的案例，以及仍需沟通以推动预期实现的案例。

原则 10

在必要时，签署机构可与其他机构合作，共同开展沟通以对上市公司施加的影响。

报告要求

举措

签署机构应披露其参与联合沟通的具体情况（包括直接参与或授权第三方代为参与），并解释原因。

例如：

- 与其他投资者共同与上市公司沟通，推动公司作出某一特定改变；
- 参与到利益相关方群体中，就某一主题议题与公司进行沟通。

签署机构应提供参与联合沟通的案例，并包括以下内容：

- 联合沟通涉及的议题；
- 沟通方式或讨论场合；
- 机构在联合沟通中担任的角色及贡献。

呈现结果

签署机构应披露联合沟通的成果。

例如：

- 上市公司根据联合沟通采取了哪些措施与变化；
- 联合沟通结果是如何影响投资决策的（例如决定买入、卖出、继续持有）；
- 既定目标是否实现。

签署机构提供的案例应当全面，应包含未达到沟通预期情况的案例，以及仍需沟通以推动预期实现的案例。

原则 11

签署机构在必要时可以采取更激进的措施，以对上市公司施加影响。

报告要求

举措

签署机构应解释：

- 在资产管理机构代表其采取更加激进的尽责管理措施时，所设定的预期目标；

或者解释：
- 如何选择重大议题并明确其优先级程度，同时针对更激进的措施制定合适的目标；
- 举例说明在何种情况下会选择采取更激进的措施，包括针对的议题、采取的措施等；
- 因资金来源、资产类别和投资地域的不同，采取的激进措施有何不同。

呈现结果

签署机构应披露采取更激进措施产生的效果（包括直接采取措施或由其他机构代为采取措施）。

例如：
- 上市公司采取了哪些措施与变化；
- 激进措施是如何影响投资决策的（例如决定买入、卖出、继续持有）；
- 既定目标是否实现；
- 沟通方式是否发生改变。

签署机构提供的案例应当全面，应包含未达到沟通预期情况的案例，以及仍需沟通以推动预期实现的案例。

4. 行使权利与履行义务

原则 12

签署机构应当积极地行使权利和履行责任。

报告要求

本条原则是针对上市股票和固定收益投资的报告要求。此外，在条件允许的情况下，签署机构应报告他们是如何在不同的资产类别中行使权利和履行责任的，报告要求参照原则 6 中的要求。

内容

签署机构应做到：
- 说明对代表其行使权利和履行责任的资产管理机构设定了哪些要求；

或者
- 解释其是如何行使权利和履行责任的，包括在资金来源、资产类别和投资地域存在差别情况下的行使和履行情况。

此外，对于持有的上市公司股票资产，签署机构应当做到：
- 披露其投票政策，包括机构内部的投票政策和针对不同基金本身单独制定的政策情况；
- 说明他们在多大程度上使用了第三方投票代理顾问的常规建议；
- 说明客户在多大程度上会推翻机构的内部政策；
- 披露关于允许客户通过独立账户和合并账户直接进行投票的政策；

- 针对借出证券和赎回借出证券情况如何进行投票，以及如何处理"空洞投票"① 的情况。

举措

针对持有的上市公司股票，签署机构应：
- 披露过去一年中行使投票权的股权比例并说明原因。
- 提供投票记录的网络链接，包括持保留意见投票的情况（如有）。
- 对部分或全部投票决定作出解释，特别是在下列情况下：
  ——投票反对董事会提出议案的；
  ——投票反对其他股东提案的；
  ——持保留意见的；
  ——与其投票政策冲突的。
- 说明由其他机构代为执行投票的情况，并解释如何对该类机构进行监督。
- 说明如何监控持有的股份及投票权情况。

针对持有的固定收益类资产，签署机构应说明：
- 如何对契约或合同的条款和内容进行修改；
- 如何获得信托契约信息；
- 计提减值的权限；
- 审查招股书和相关交易文件。

呈现结果

对于上市的权益类资产，签署机构应提供过去 12 个月内参与投票的表决决议结果的例子。

四、针对服务供应商的准则

服务供应商在投资中扮演的角色至关重要，他们提供的服务可以帮助客户更好地履行尽责管理义务。适用《准则》的服务供应商包括但不限于：投资咨询机构、代理投票顾问以及数据和研究提供商等。

服务供应商为帮助客户履行尽责管理而提供的服务，包括但不限于：与持股公司进行沟通，提供投票建议与执行，提供数据与研究建议，提供报告框架和标准等支持服务。

---

① 译者注：Empty Voting 指的是股份投票权与股份收益权分离的情形，如对冲基金通过股份出借市场借入股份，进而拥有比所对应股份更多但不享有经济利益的投票权。Empty voting is the term used to describe a number of circumstances that, whether intentionally or not, decouple the economic interest in a share from the voting rights attached to it. Empty voting can occur in various ways, including when an investor sells shares between the record date and the meeting date so that she no longer has an economic interest in the outcome of the shareholder vote but retains the ability to affect the outcome of the meeting. https：//www. lexology. com/library/detail. aspx？g＝04c33199－c033－4a41－861f－dbacb07951b2。

原则 1
　　签署机构的宗旨、策略和文化应能有效促进尽责管理。

报告要求
内容
签署机构应说明设立的目的、提供的服务内容以及组织文化、价值观、业务模式和战略的基本情况。
举措
签署机构应说明采取了哪些举措来确保其制定的战略和文化能够有效地促进尽责管理。
呈现结果
签署机构应披露其在为客户的最大利益服务方面有效性的评估报告。

原则 2
　　签署机构本身的公司治理、员工、资源及激励措施应能促进有效的尽责管理。

报告要求
举措
签署机构应说明：

- 为推动实现有效的尽责管理，其治理结构和流程是如何实现监督和管理的，并解释做出这样选择的原因。
  - 其服务质量和准确性是如何促进有效尽责管理的。
  - 尽责管理资源分配的有效性，内容应包括：
    ——其选定的组织结构和员工结构；
    ——员工资历、经验、资格、培训和多样性情况；
    ——在系统、流程、研究和分析方面的投资；
    ——如何恰当激励员工使之提供更好的服务。
  - 其服务费用与所提供的服务是相匹配的。

呈现结果
签署机构应当披露：

- 其选定的治理结构和流程是如何有效支持客户开展尽责管理的；
- 如何进一步改善治理结构和流程。

原则 3
　　签署机构应识别并有效管理利益冲突，同时将客户利益放在首位。

报告要求
内容
签署机构应当披露有关利益冲突的政策，该政策应将客户利益放在首位，且在不同客户利益有冲突的情况下,应能尽量最小化或避免利益冲突。

举措

签署机构应当披露如何识别及处理因客户利益而产生利益冲突的情况。

呈现结果

签署机构应当举例说明如何处理实际存在或潜在的利益冲突。

利益冲突的产生原因,包括但不限于:
- 股权结构;
- 业务关系;
- 交叉任职;
- 客户利益彼此不同。

原则 4

签署机构应识别并应对市场风险和系统性风险,以推动金融体系良好运转。

报告要求

举措

签署机构应当解释:
- 如何识别并恰当应对市场风险和系统性风险(如适用则说明;如该条目不适用,则应另行解释);
- 如何与其他利益相关方合作来共同推动金融市场的良好运转;
- 在参与的任何相关行业计划中所扮演的角色。

呈现结果

签署机构应当评估并披露其在识别和应对系统性风险、推动金融市场良好运转方面的贡献程度。

市场风险是指能够导致财务损失或影响市场整体表现的风险,包括但不限于:
- 利率变化;
- 地缘政治问题;
- 汇率。

系统性风险是指可能导致行业、金融市场或经济崩溃的风险,例如气候变化。

利益相关方包括投资者、发行人、服务提供商、政策制定者、审计机构、非营利组织、监管机构、协会和学术机构。

原则 5

签署机构应支持客户将尽责管理与投资进行结合,将 ESG 议题纳入考虑,并向客户沟通其已采取的行动。

报告要求

内容

签署机构应当披露客户构成情况，例如机构投资者和个人投资者的占比、客户地域分布。

举措

签署机构应当解释：

- 就其业务本质而言，其提供的服务是如何帮助客户开展尽责管理的；
- 是否征求了客户的意见和反馈，并解释所选择征求方式的原因；
- 与客户沟通的方式和频率。

呈现结果

签署机构应当解释：

- 在其提供的服务中，如何纳入客户的意见和反馈；
- 其选择与客户沟通、理解客户需求的方式的有效程度，以及是如何评估这种有效程度的。

原则 6

签署机构应对其制定的政策进行审查并确保其有效实施。

报告要求

举措

签署机构应当解释：

- 如何审查其政策和措施，从而确保为客户的尽责管理提供了有效的服务；
- 采取了哪些内部或外部的鉴证以保证有效支持客户开展尽责管理（由客户直接进行或由其代为进行），并说明其选择的理由；
- 如何确保其尽责管理报告公平、全面、易于理解。

呈现结果

签署机构应解释从审查及鉴证中获得的反馈如何持续推动其尽责管理活动的改善。

五、附录

1. 法规要求

本《准则》自愿签署，制定的标准高于英国最低监管要求。签署机构可以选择使用各自不同的报告形式来满足本《准则》的要求，并公开披露相关信息来达到其他与尽责管理相关的英国法规要求或国际管理规范要求。需注意，FRC 在评估依据《准则》完成的报告时，不能保证该报告满足其他各种法规要求。

2. 对资产所有者的额外要求

根据养老金法规，职业养老金计划应解释说明其如何贯彻有关行使投票权和公司参与的政策，包括如何监控持股公司及其投票行为。职业养老金计划还需解释其权益投资策略如何与其负债保持一致，并提供其与资产管理机构约定/协议的相关信息。

根据金融行为监管局（FCA）制定的《高级管理安排、系统和控制》（SYSC）资料手册，保险公司和再保险公司须制定并解释其对上市权益投资的参与沟通政策，包括如何监控持股公司，以及他们的投票行为和对代理投票机构的使用情况。

此外，还要求资产所有者提供其与资产管理机构约定/协议的相关信息，说明其权益投资策略如何与其负债保持一致。养老金监管机构也会鼓励养老金固定收益计划和养老金固定缴款计划的受托人遵守《准则》的有关指导。

3. 对资产管理机构的额外要求

根据 FCA《业务行为准则手册》（COBS）的规定，资产管理机构必须制定和解释其如何对上市权益投资实施参与政策，包括如何监督持股公司、投票行为和使用代理投票顾问。

根据《金融监管局监管制度》的规定，公司必须披露其对《准则》的承诺性质，如不承诺遵守《准则》，则必须披露其另类投资策略（《金融监管局监管制度》第2.2.3条）。

4. 对第三方投票机构的额外要求

根据 FCA 制定的《2019 年代理顾问（股东权利）条例》（PA 条例），代理投票机构需要公开披露其行为准则并解释执行该准则的方式；代理投票机构也可以将《准则》中内容作为其行为的准则。

此外，代理投票机构还必须披露并实施利益冲突政策，并确保其所提供建议的准确性和可靠性。

7. 荷兰：《尽责管理准则》[*]

通过时间：2018 年 6 月 2 日
生效时间：2019 年 1 月 1 日
荷兰养老基金协会

---

[*] 原文链接：https://en.eumedion.nl/Publications/F/Dutch-Stewardship-Code-/I/6408_6410。

荷兰尽责管理准则

（2018 年 6 月 2 日通过）

一、前序

1. 自成立以来，荷兰养老基金协会（Eumedion）在荷兰的上市公司[①]中一直极力倡导良好的公司治理，是推动制定荷兰公司治理准则的七个支持机构之一。该准则旨在促进荷兰上市公司[②]创造长期价值，其内容包含有效的公司治理模式原则和最佳实践。近期通过的《股东权利指令（修订版）[③]》指出，"有效且持续性的股东参与是公司治理的重要基石"。资产所有者[④]和资产管理机构[⑤]持有大量荷兰上市公司的股份，并管理着个人投资者和机构投资者的资金。因此，整个社会都期望荷兰本土和非荷兰本土的资产所有者和资产管理机构能承担起这份责任和义务，为推动荷兰上市公司的良好治理与可持续发展发挥积极的作用。正是出于这个原因，荷兰养老基金协会起草了《荷兰尽责管理准则》（以下简称《准则》），解释了资产所有者和资产管理机构应该如何履行其尽责管理责任，以促进荷兰的上市公司创造长期价值，从而使机构投资者获得更高的长期风险调整后收益。《准则》要求资产所有者和资产管理机构对其投资受益人和客户更加尽责。同时，《准则》为上市公司明确了哪些投资者会致力于进行审慎的投票、与公司开展富有建设性的沟通提供了便利。本《准则》需结合现行的法律和条例对照阅读。

2. 虽然资产所有者和资产管理机构并不直接参与持股公司的管理，但他们可以对这些公司的董事会进行监督，所以他们需要了解董事会履行其责任义务的情况。资产所有者和资产管理机构开展尽责管理，可以通过以下方式进行：在股东大会上进行审慎投票[⑥]；就公司的战略、业绩、机遇与风险、资本结构、社会与环境影响以及公司治理等问题与上市公司进行沟通并监督。前述"开展沟通"是指机构就上述议题以及股东大会审议的提案与上市公司开展深入对话，这将有助于双方建立信任和增进理解，为公司创造长期价值提供有力支持。同时，为了实现更有效的沟通，资产所有者和资产管理机构应根据实际情况酌情与其他股东进行合作，并与公司其他利益关联方

[①] 文中"荷兰上市公司"指公司注册地设在荷兰本土的，或公司股份、股份存托凭证已获准在荷兰本土受监管市场或类似系统中交易的公司。

[②] 参见《荷兰公司治理准则》中"准则一"内容。

[③] 欧洲议会和欧盟理事会于 2017 年 5 月 17 日发布 2017/828 号（欧盟）指令，修订了关于鼓励股东长期参与公司治理的 2007/36/EC 号指令（OJ 2017, L 132）内容，网址：http://eur-lex.europa.eu/legal-content/EN/TXT/PDF/?uri=CELEX:32017L0828&from=EN。

[④] 参见修订后的《股东权利指令》第二章第（e）款内容（有关"养老金和人寿保险公司"内容）。

[⑤] 参见修订后的《股东权利指令》第二章第（f）款内容（有关"向投资者、欧盟可转让证券集合投资计划和另类投资基金的管理人提供投资组合管理服务的投资公司"的内容）。

[⑥] 知情投票是指按照资产所有者或资产管理者的投票政策行使投票权。如果投资者使用第三方机构的投票建议，应当对投资顾问提供的投票建议独立形成自己的意见。

进行沟通。

3.《准则》以《荷兰养老基金协会参股实施细则（2011年）》为基础制定，并取代了该实施细则。《准则》采纳了《股东权利守则》[7] 中针对资产所有者和资产管理机构的新的尽责管理义务。自2019年6月10日起，所有荷兰资产所有者和资产管理机构均需依法遵守上述新义务，或公开披露说明他们无法遵守其中某项或某些项义务的原因，并作出充分合理的解释。《准则》也采纳了《荷兰公司治理守则》中适用于资产所有者和资产管理机构的最佳实施细则，这些新增原则可以帮助完善尽责管理的要求。《准则》为资产所有者和资产管理机构参与所持股荷兰上市公司尽责管理提供了一套明确的、先进的规则，并鼓励他们承诺遵守准则中的要求。另外，他们还必须了解荷兰上市公司股东的法律义务，例如，法律要求其以合理和公平的方式对待公司及其利益相关者[8]。

4. 从2019年起，资产所有者和资产管理机构应报告《准则》的实施情况，并按照要求披露相关信息。虽然《准则》的内容主要侧重于荷兰上市公司的尽责管理，但这些准则也可根据实际情况酌情适用于非荷兰的上市公司。

5.《准则》内容建立于现有股东责任基础之上，并就作为荷兰上市公司的股东的资产所有者和资产管理机构应采取的行为提供了进一步的指导。《准则》应与《荷兰公司治理准则》一并阅读，后者规定了有关荷兰上市公司执行董事和监事行为的标准。这些标准与国际上的尽责管理原则相一致，可被视为责任投资及股东参与的一般性原则。资产所有者和资产管理机构应遵守这些原则。当然，在某些特定情况下，可能会有一项或多项原则不能适用，考虑到不同资产所有者和资产管理机构的情况存在差异，这些规则的适用程度可能会有所不同，这取决于资产所有者或资产管理机构自身的规模、历史、投资政策（例如，倾向于主动投资还是被动投资，是倾向于量化衍生投资还是基于基本面分析的投资等）、投资理念、投资信念以及受益人和客户的偏好等因素。因此，资产所有者和资产管理机构应在认为符合受益人或客户最佳利益的情况下合理应用《准则》。当出现无法适用一项或多项原则的情况时，资产所有者或资产管理机构应公开披露其决定不适用这些原则的原因，并作出明确和合理的解释。但要注意的是，《准则》所包含的原则不应限制资产所有者和资产管理机构选择、采取更明确或更有力的尽责管理实践。

6. 部分资产所有者会聘请资产管理机构或外部服务供应商代为开展尽责管理活动。在这种情况下，资产所有者应向其资产管理机构或服务供应商明确传达其尽责管理政策，包括应如何适用《准则》内的原则，同时还应要求其聘请的资产管理机构或服务供应商汇报并阐释他们代为开展的尽责管理活动的具体情况，毕竟资产所有者始终肩负着尽责管理的责任。对于全部或部分（通过共同基金或投资基金）间接投资于荷兰上市公司的资产所有者，有义务对资产管理机构开展的尽责管理活动进行有效监督，内容包括资产管理者对《准则》和其他（国际的）有类似目标的准则或指南的

---

[7] 参见修订后的《股东权利指令》第三章第（g）款内容。
[8] 在这种情况下，股东应该准备好与在荷兰上市的被投资公司开展对话。

适用情况。

7. 资产所有者和资产管理机构应根据情况酌情考虑与其他股东合作，共同对持股的荷兰上市公司开展尽责管理。合作时，资产所有者和资产管理机构应遵守相关法律、法规和准则，如《市场滥用条例》[⑨]，同时也要留意荷兰与欧盟在一致行动方面的指导性规则。例如，荷兰金融市场管理局（AFM）有关大额持股[⑩]的指导性规定与欧洲证券及市场管理局（ESMA）有关公开竞投的法律声明。

8. 荷兰养老基金协会秘书办公室每年对以下机构遵守《准则》的情况进行监督：（a）已加入荷兰养老基金协会的资产所有者和资产管理机构；（b）未加入荷兰养老基金协会但要求秘书办公室对其开展监管的资产所有者和资产管理机构。秘书办公室将对上述各方在其网站和年度报告中所提的有关遵守《准则》的情况进行监督，监督结果将报告给荷兰养老基金协会的总理事会和其他参与监督的资产所有者和资产管理机构。上述内容的摘要将公开披露。

9. 《准则》于 2019 年 1 月 1 日生效。自生效之日起，资产所有者和资产管理机构应当遵守《准则》中规定的条款，并报告有关执行情况。

二、原则内容

1. 资产所有者和资产管理机构应制定尽责管理政策，说明如何开展对持股荷兰上市公司的尽责管理。尽责管理政策的目的应是为其受益人和/或客户保值和增值，推动荷兰上市公司创造长期价值。尽责管理政策至少应包括《准则》中各项原则中所述事项，并应在资产所有者和资产管理机构的网站公开披露。资产所有者和资产管理机构应至少每年在其网站上公开披露一次他们是如何执行其尽责管理政策的，资产所有者还应报告他们是否已将该政策纳入其与资产管理机构签订的协议之中，以及是如何执行的。

2. 资产所有者和资产管理机构应对其持股荷兰上市公司的实质性问题进行监督，监督内容包括但不限于该上市公司创造长期价值的商业模式，公司战略，业绩和风险、机会，资本结构，社会和环境影响，公司治理和公司行动（如合并和收购）等重大问题。这些重大问题是指可能对上市公司创造长期价值的能力产生重大影响的事项。

3. 资产所有者和资产管理机构应做好与持股荷兰上市公司的执行董事和/或监事开展对话的准备，如果问题难以解决，应做好酌情采取更加激进的尽责管理活动的准备。当资产所有者或资产管理机构就股东大会议题以外的某些问题与持股公司进行沟通时，如果上市公司要求资产所有者或资产管理机构披露其完整的持股情况（长期持有和短期持有），资产所有者或资产管理机构需进行披露。

---

⑨ 欧盟议会与欧盟理事会于 2014 年 4 月 16 日发布有关市场滥用的第 596/2014 号（欧盟）条例，废止第 2003/6/EC 号指令以及第 2003/124/EC、2003/125/EC 和 2004/72/EC 号指令（OJ 2014，L 173）。

⑩ 参见网址：https://www.afm.nl/~/profmedia/files/wet-regelgeving/marktmisbruik/guideline-shareholders.ashx?la=en。

4. 资产所有者和资产管理机构应根据实际情况酌情与其他股东进行合作，共同参与被投资上市公司的尽责管理活动中。

5. 资产所有者和资产管理机构应根据实际情况酌情与持股上市公司的利益关联方进行沟通。

6. 资产所有者和资产管理机构应该对持股公司开展尽责管理活动时产生的实际和潜在利益冲突进行识别、管理和补救。资产所有者和资产管理机构应公开披露有关尽责管理活动的利益冲突政策。

7. 资产所有者和资产管理机构应审慎行使其在持股上市公司中的投票权和其他权利，并做到：(a) 至少每季度在其网站上公开披露一次他们对荷兰持股上市公司的投票情况，包括对单个公司和每个投票事项的投票情况；(b) 至少每年在其网站上公开披露其在荷兰持股上市公司股东大会上的投票行为，并对最重要的投票进行解释。如果资产所有者或资产管理机构对公司管理层的提案投出反对票或暂缓表决的，应主动或按公司要求向公司董事会解释这一表决行为的原因。

8. 资产所有者和资产管理机构需公开披露其投票规则，并至少每年公开披露是否及如何使用代理投票研究机构和/或代理投票服务机构的服务。使用这些代理机构服务的资产所有者和资产管理机构要确保其投票符合相应的投票规则。

9. 资产所有者和资产管理机构如果考虑行使股东权利，要求其持股的荷兰上市公司召开临时股东大会，或向上市公司提交股东提案时，应在行使权利前与公司董事会沟通。

10. 如果资产所有者或资产管理机构的提案被列入荷兰上市公司股东大会议程，则资产所有者或资产管理机构应出席或委派代表出席股东大会，对提案进行解释，并在必要时回答有关问题。

11. 若资产所有者和资产管理机构在持股的荷兰上市公司的空头头寸大于多头头寸时，资产所有者和资产管理机构应投弃权票。如果上市公司股东大会议程上有一个或多个重大事项，资产所有者和资产管理机构应在该股东大会投票记录日之前赎回借出的股份。

三、指导意见

原则 1　制定尽责管理政策

指导意见

优先使用"尽责管理政策"，而不是修订后的《股东权利指令》中使用的"参与沟通政策"。如序言第二节所述，"开展沟通"属于更宽泛意义上的尽责管理的一部分。

资产所有者和资产管理机构的信义义务要求，其为受益人和客户的最佳利益提供服务，并以保证他们的利益为唯一服务宗旨。因此，尽责管理政策的目的应是为其受益人和客户进行保值和增值。考虑到资产所有者和资产管理机构的投资周期通常较长，这一尽责管理政策的目标与持股上市公司要创造长期价值的目的是一致。正因如此，尽责管理政策的履行可以帮助上市公司获取长期的成功。

如果资产所有者无法直接开展尽责管理活动，应安排并确保其聘请的资产管理机构或外部服务供应商代为开展。根据修订后的《股东权利指令》第 3（h）条的规定，资产所有者必须基于"适用或解释"的原则，公开披露相关安排的关键要素。因为部分资产所有者仅投资共同基金或投资基金，而没有直接投资荷兰上市公司的股票，所以他们无法自行开展尽责管理活动，这些资产所有者应确保其投资的共同基金或投资基金的尽责管理政策与原则 1 或其他具有相同目的的（国际）准则或指导性规定一致。

原则 2　监督持股公司

指导意见

每项公司行为都应根据其自身情况进行判断，并要考虑持股荷兰上市公司其他利益关联方的利益。

在评估荷兰上市公司有关长期价值创造机会、风险、战略和业绩时，除财务信息外，环境（包括气候变化风险和机会）、社会和公司治理信息（包括董事会组成和多样性）也是需要考虑的重要因素。

重大问题应包含短期、中期、长期的发展。

原则 3　开展尽责管理活动

指导意见

根据荷兰公司法，荷兰上市公司股东应按照合理性和公平性原则行事。基于这一规定，股东要为与荷兰上市公司开展对话做好准备。

当需要与公司讨论具有挑战性的问题，特别是急需开会讨论的问题时，资产所有者和资产管理机构与荷兰上市公司之间所建立的良好关系有益于双方沟通。

资产所有者和资产管理机构的升级措施包括：

- 致函执行董事和/或监事，说明关注的事项；
- 与执行董事和/或监事举行单独会议，专门讨论关注的事项；
- 与其他利益关联方，如银行、债权人、客户、客户、供应商、劳资联合委员会和非政府组织等组织会议；
- 出席股东大会并在会上表达关注的问题，包括投票反对管理层提案；
- 发表公开声明；
- 与其他机构投资者和股东共同就特定事项进行介入、干预；
- 要求将某些议题列入股东大会议程或要求召开临时股东大会；
- 酌情提名一位或多位执行董事和/或监事人选；
- 酌情采取法律行动，如在阿姆斯特丹上诉法院企业分庭启动调查程序；
- 出售股票。

尽责管理活动的升级应以维护和提高受益人和/或客户的价值为目的，并应按照本《准则》原则 1 的规定，以推动荷兰上市公司创造长期价值为目的。

原则 3 最后一句中的"完全持股"是指资产所有者或资产管理机构根据荷兰金融

监督法第 5：25kbis 条所指的在荷兰上市公司中的全部经济利益。

原则 4　与其他股东合作

指导意见

投资者群体可能希望能够讨论他们共同感兴趣的问题，也希望针对一家或多家上市公司采取联合行动。联合沟通可能对公司和投资者都有好处。例如，如果董事会和投资者都熟悉彼此的意见和观点，那么将降低沟通成本。

较之一对一的会议沟通，集体讨论可能会产生更为广泛和深入的分析。但也应意识到，有些问题更适合进行一对一的讨论，集体会议反而不利于产生富有建设性的讨论。

原则 5　与利益关联方沟通

指导意见

资产所有者和资产管理机构可以通过了解上市公司其他利益关联方，例如银行、债权人、客户、供应商、劳资联合委员会和非政府组织等的目标与动机，推动实现与荷兰被投资上市公司沟通的目的和/或对重大问题进行投票。对相关利益关联方的响应，应根据资产所有者或资产管理机构所处理问题的实际情况来决定。

原则 6　制定利益冲突政策

指导意见

资产所有者和资产管理机构应注意，除了股东利益外，可能还存在涉及自身与荷兰上市公司的其他利益。例如，当资产所有者或资产管理机构正在向荷兰上市公司提供金融产品（如保险合同）时，或者当资产所有者或资产管理机构的执行董事和/或监事会成员也是有关荷兰上市公司的执行董事和/或监事会成员时，就可能出现上述的利益冲突问题。还有一种情况是，为养老基金进行投资管理的资产管理机构所持股的荷兰上市公司，同时也是该养老基金的赞助商，或者资产所有者或资产管理机构与持股的荷兰上市公司有着某种关系，而这类公司的股份正在进行公开竞价。

原则 7　审慎行使投票权

指导意见

资产所有者和资产管理机构应公开披露其投票政策的执行情况，包括对投票行为的一般说明和对重大投票事项的解释。投票事项是否重大取决于投票事项以及持股规模。这里所指的"重大投票事项"包括关于原则[11]指导意见中提及的重大事项投票，以及在荷兰上市公司股东大会上的投票——当资产所有者或资产管理机构在该公司的持股量大于在其他上市公司的持股量时，该投票事项可被视为重大投票事项。

原则 8　披露投票政策

指导意见

资产所有者和资产管理机构应在充分知情的情况下，按照投票政策行使其投票权。使用代理投票机构服务的资产所有者或资产管理机构应披露他们在多大程度上可

---

[11] 可参见 PDF 文件，https://www.esma.europa.eu/sites/default/files/library/2015/11/2014 – 677. pdf。

直接采用代理投票机构的投票建议，特别是在使用标准投票政策的情况下。资产所有者和资产管理机构应定期评估其代理投票机构是否拥有完善的程序、政策和足够的能力，以确保投票建议的质量。

原则 9　头寸与投票权行使[12]

指导意见

资产所有者和资产管理机构不得以行使表决权为主要目的进行股票的借入和借出。资产所有者或资产管理机构借出股份的，应采取合理措施劝阻出借对象以行使投票权为主要目的从而借入股份。

在持有荷兰上市公司的空头仓位大于多头仓位的情况下，资产所有者或资产管理机构的利益可能会与持股公司创造长期价值的目标不一致。因此，在这种情况下，资产所有者和资产管理机构应放弃投票。资产所有者和资产管理机构应对其持有的荷兰上市公司的净空头头寸情况进行实时监督，以符合《卖空监管条例》[13]的有关要求。

在实践中，许多市场参与者利用特殊法人实体的形式持有空头头寸。在这种情况下，对于集团层面而言，在特定荷兰上市公司的空头头寸大于多头头寸的情况下，要求集团放弃投票的原则并不适用，同时也不能要求集团内对同一家上市公司持有多头头寸的特殊法人实体放弃投票。此时，管理持有空头头寸的特殊法人实体的基金经理不应对集团整体的投票政策和投票行为施加影响。

资产所有者或资产管理机构确定的重大事项，至少包括在股东大会上列为议题的事项：

- 该议案具有经济或战略意义；
- 该议案的投票表决结果预计非常接近或可能引起争议；
- 资产所有者或资产管理机构不同意公司董事会的提案。

---

　　[12]　译者注：原文即缺少原则 9 与原则 10 的指导意见。
　　[13]　欧盟会议与欧盟理事会于 2012 年 3 月 14 日发布有关卖空和信用违约相关方面的第 236/2012 号（欧盟）条例（PbEU 2012 L86）。

8. 韩国:《机构投资者尽责管理准则》*

发布时间:2016 年 12 月 16 日
韩国尽责管理准则委员会

---

* 原文链接:http://www.cgs.or.kr/eng/news/notice_view.jsp?no=7&skey=all&svalue=Principles%20on%20the%20Stewardship%20Responsibilities%20of%20Institutional%20Investors。

韩国尽责管理准则委员会主席和组成人员

截止日期：2016 年 11 月 1 日（排序按人名字母顺序）

职位	姓名	职位
主席	赵明贤	高丽大学商学院教授，韩国公司治理服务机构（KCGS）总裁
成员	安秀云	韩国国立外国语大学法学院，教授
	钟允陌	韩国资本市场研究所，研究员
	洪成基	未来资产全球投资，合规官
	金亨锡	韩国公司治理服务机构（KCGS），副研究员
	金振宇	韩国金融投资协会法务部部长
	李小惠	斑马投资管理，CEO
	朴瑜昆	APG 资产管理公司，总监
	申振英	延世大学商学院，教授
	申成克	三星资产管理公司，首席合规官
	宋敏坤	韩国公司治理服务机构（KCGS），研究员

机构投资者尽责管理准则

（韩国尽责管理准则委员会于 2016 年 11 月 18 日公布）

一、目的及含义

1. 机构投资者在管理他人委托资产时所承担的责任（即尽责管理责任，以下简称"尽责管理"），是指通过追求持股公司中长期价值提升和可持续发展来提高其客户和最终受益人的中长期利益。

2. 尽责管理责任的成功履行，不仅可以促进持股公司的中长期发展，帮助提高投资收益，还可以为资本市场和整体经济的健康增长和可持续发展提供支持。

3. 机构投资者应负责监督董事会是否忠实地履行了其被赋予的职责，并在必要时进行建设性沟通，例如与董事会进行积极对话。董事通过代表公司和股东监督管理层以履行其职责。

4. 制定《机构投资者尽责管理准则》（以下简称《准则》），旨在提出针对机构投资者有效行使尽责管理的关键原则，以及相关具体要求。

5. 履行尽责管理职责的具体操作（以下简称"尽责管理活动"）范围很广泛，包括但不限于行使表决权。尽责管理活动包括监督公司的重要管理事项（例如持股公司的业务战略和成果、风险管理和公司治理）、董事会沟通，以及发起股东提案、提起股东诉讼等更积极的举措。旨在通过与持股公司对话实现"明确和建设性的目标"的股东活动，都属于机构投资者参与持股公司沟通的范畴。

6. 机构投资者大致可分为资产所有者和资产管理者。资产管理者即资产管理机构，通过投资管理和与持股公司沟通履行其日常管理职责。资产所有者主要为养老金和保险公司，可以提出关键准则，采取包括指导、评估等方式开展尽责管理，进一步确保资产管理者对持股公司实施有效监督和沟通。

7. 投资者、资产所有者、资产管理机构和监管机构等应就以下内容达成共识：承担责任与义务、提供合适的薪水以履行管理职责，这对持股公司的健康成长、维持和提高中长期投资收益，以及资本市场的持续发展和进步至关重要。

8. 尽责管理活动并不意味着过度干预持股公司的日常运营。此外，为了维护客户和受益人的最大利益，机构投资者可以考虑出售所持股票。

9. 为了将机构投资者在尽责管理活动中所面临的法律风险最小化，机构投资者、相关监管机构等需共同努力将股东参加的各种活动进行分类，以确保尽责管理活动在相应的法律法规框架下进行。

二、《准则》的适用

1. 《准则》适用于持有韩国上市公司股份的境内外机构投资者，即持有韩国上市公司股份的资产所有者和资产管理机构。

2. 即使机构投资者将全部或部分尽责管理工作委托给外部投资机构或其他（咨询）服务提供商，其仍需承担最终的尽责管理责任。机构投资者应予以监督，确保委托给外部投资机构或其他（咨询）服务提供商的尽责管理活动符合其尽责管理政策。因此，该《准则》亦适用于提供与《准则》具体内容相关（咨询）服务的代理投票机构、投资咨询机构等。

3. 《准则》不具有法律约束力，因此，《准则》仅适用于认同上述目的和内容，并自愿接受和执行《准则》的签署机构投资者（以下称为"签署机构"）。

4. 签署机构应遵守《准则》，因特殊情况不能遵守时，应说明理由（遵循或解释）。当签署机构因商业模式、投资政策等原因无法遵守《准则》规定的某些细节时，应说明理由，并向其客户和受益人充分说明采取尽责管理活动的备选方案，并公开披露内容。

5. 签署机构应在其官方网站上公开披露下述内容，并在必要时定期进行审阅和更新。当机构决定签署《准则》或在其网站上进行任何更新或修订时，应立即将更新日期和网站地址的信息通知韩国公司治理服务机构（KCGS）。

- 计划接受和执行《准则》；
- 详细说明如何执行《准则》和指导方针；
- 《准则》和指导方针要求公开披露的细节；
- 如有未实施的《准则》和指导方针，或任何《准则》和指导方针要求披露却未披露的事项，则须说明未能遵守《准则》的原因以及尽责管理的替代方式；
- 机构投资者是否在其所管理的基金中全面采用《准则》，以及采用《准则》时是否在应用、执行和标准方面存在差异，应说明具体内容。

6. 签署机构可将其针对其他海外尽责管理准则（或"负责任投资准则"，即PRI）所制定的公开政策和执行报告，用于满足《准则》的披露与报告要求。但是，需对《准则》与海外尽责管理准则在差异的地方予以反映。

7. 韩国公司治理服务机构（KCGS）应定期评估《准则》的签署和实施情况，以把握资本市场尽责管理活动的总体水平，也需在 KCGS 网站上公开披露其签署机构的列表，以及每家签署机构的官方网站。这样，资本市场参与者可以很容易地了解到机构投资者的信息，从而选择符合自身投资偏好的机构投资者，并监督该机构是如何实施尽责管理职责的。此外，韩国公司治理服务机构应充分考虑包括韩国和海外的尽责管理活动、资本市场发展阶段、海外尽责管理准则以及国内外尽责管理趋势等在内的最佳实践和文化，定期监测和完善《准则》的详细内容。

8. 签署机构应指定尽责管理政策、程序和披露负责人，并公开披露其姓名和联系方式。

三、《准则》的具体内容与指导方针

1. 《准则》具体内容

为了提高持股公司的中长期价值，推动可持续发展，并进一步提升客户和最终受益人的中长期利益，机构投资者应遵守以下准则。

（1）机构投资者受客户、受益人等委托，代为管理资产，应制定并公开披露明确的政策，以忠实履行其责任。

（2）机构投资者应制定并公开披露有效、明确的政策，以解决在其尽责管理活动过程中因利益冲突而引起现有或潜在问题。

（3）机构投资者应定期监督持股公司，以提高持股公司的中长期价值，从而保护和提高其投资价值。

（4）机构投资者的目标应该是与支持股公司达成共识，并在必要时，就尽责管理活动的时间表、程序、方法制定内部指引。

（5）机构投资者应制定并公开披露投票政策，包括尽责行使投票权的指导方针、程序和详细标准，并公开披露投票记录和每次投票的理由，以便核实其投票的适当性。

（6）机构投资者应定期向客户或受益人报告其投票和尽责管理活动的情况。

（7）机构投资者应具备积极有效履行尽责管理职责所需的能力和专业知识。

2. 《准则》具体条文的指导方针解读

> 准则 1
>
> 　　机构投资者受客户、受益人等委托，代为管理资产，应制定并公开披露明确的政策，以忠诚履行其责任。

指导方针

机构投资者应凭借其对持股公司以及经济、社会和商业环境等的深刻理解，为客户和受益人的中长期利益、有效的沟通和股东活动负责，同时追求持股公司的价值提

升和成长。

作为受托管理资产的机构投资者，为履行责任，应积极与公司沟通，可以采取监督持股公司潜在问题、开展建设性对话、在必要时提出有效解决问题的提案等方式。

机构投资者应制定并公开披露政策，说明他们如何理解尽责管理职责、有效行使职责的具体方法等。该政策应包括原则和指引、投资管理理念、权利和义务，以及与尽责管理活动有关的组织程序。

尽责管理责任政策应考虑机构投资者在整个投资链（从客户、受益人到持股公司等）中所处的位置。尤其应注意资产管理者（如资产管理公司等）与资产所有者（如养老基金、保险公司等）的尽责管理活动有所不同，后者在绝大多数情况下都是管理外部资产的管理机构。资产所有者不仅可以直接参与股东活动，还可以通过选择合格的资产管理机构、提供指示、评估和反馈等间接方式参与股东活动。资产管理机构的股东行为要符合其客户，即资产所有者的标准和要求。在这一方面，资产所有者与资产管理机构之间的密切沟通亦非常重要，相关事项也应纳入"政策"中。

当机构投资者委托外部服务提供商代为开展尽责管理时，机构投资者的"政策"应能反映如下相关事项：投资经理或顾问的选择、监督、评估和管理，授权股东的活动范围等。

不同类别和类型的资产在投资期限、投资理念等方面均存在差异，当机构投资者管理投资组合时，应在"政策"中相应反映准则、指导方针、程序等方面的差异。

准则 2

机构投资者应制定并公开披露有效、明确的政策，以解决其在尽责管理活动过程中因利益冲突而引起现有或潜在问题。

指导方针

机构投资者有义务以最大化客户和受益人的利益为目标而行事。

尽责管理过程中，机构投资者可能会遇到利益冲突，即因存在与持股公司相关的自身利益而无法忠诚地维护客户或受益人的最大利益的情况。例如，因机构投资者的股权结构或治理结构、交易关系或合同关系，机构投资者在持股公司股东大会上难以投出反对票。

为有效解决在尽责管理活动过程中已经出现或可能出现的实际利益冲突问题，机构投资者应仔细审查这些问题，然后制定并公开披露其书面政策。这项政策应对利益冲突的监管规定准则和指导方针、具体方法、权利和义务以及程序等事项作出明确规定。机构投资者通常可以采取多种方式解决利益冲突问题，包括公开披露相关政策和详细的指导方针、与第三方组织合作，以及采取《韩国金融投资服务和资本市场法案》所规定的方法及相关法规。机构投资者应适当使用这些方法，以确保有效增强其客户和受益人的信心。

> **准则 3**
>
> 机构投资者应定期监督持股公司，以提高持股公司的中长期价值，从而保护和提高其投资价值。

指导方针

机构投资者应定期监督持股公司，并审查该监督活动是否有效开展，以促进持股公司的价值提升和持续增长。机构投资者需要监督所有可能影响持股公司价值和可持续增长的因素，例如资本结构、业务绩效等财务因素以及公司治理、业务战略等非财务因素。

机构投资者应在考虑其投资政策和内部能力的基础上，确定上述财务和非财务因素的适用范围，进而确保尽责管理活动的有效开展。机构投资者应尽一切努力提前发现任何可能对持股公司价值造成重大损害的风险因素。如果机构投资者识别出任何风险因素或其他值得关注的问题，其应通过建设性沟通寻求适当的解决方案，例如在股东大会召开之前与公司进行沟通等。

由于上述原因，对持股公司进行定期监督是尽责管理的核心要素之一，有利于提高持股公司的价值并提升其客户和受益人的利益。

> **准则 4**
>
> 机构投资者的目标应该是与支持股公司达成共识，并在必要时，就尽责管理活动的时间表、程序、方法制定内部指引。

指导方针

基于自身投资和尽责管理政策，以及提高持股公司中长期价值的目标，机构投资者应努力就核心财务和非财务管理事宜与持股公司达成共识。

如果与持股公司充分协商后仍未解决问题，机构投资者应考虑是否在其内部政策规定范围内加强与公司的沟通深度。机构投资者应考虑持股公司的基本情况、投资政策和内部能力等，并制定内部准则，规定其参与沟通的范围、程序和标准。

在积极参与沟通过程中，机构投资者应注意其有可能违反《金融投资服务和资本市场法案》中关于禁止使用内幕信息的规定。特别要注意的是，机构投资者不应利用可能对持股公司价值造成重大影响的内幕信息进行交易，以获得收益。

> **准则 5**
>
> 机构投资者应制定并公开披露投票政策，包括尽责行使投票权的指导方针、程序和详细标准，并公开披露投票记录和每次投票的理由，以便核实其投票的适当性。

指导方针

机构投资者应尽力对其所持的全部股份均行使表决权，但机械地赞成所有管理层提案是不合适的。机构投资者应在对持股公司相关数据进行充分收集和分析、深入评估以及开展对话与沟通等的基础上，投出赞成票或反对票。如有必要，也可与持股公司就其投票决定进行沟通。

机构投资者应组织内部资源、组织结构和专业力量，以确保其投票权的行使有利于提高持股公司的中长期价值，提升客户和受益人的利益。同时，相关准则和信息应包含在下文的投票政策中。

机构投资者应制定并公开披露其投票政策，内容包括披露投票活动和记录的指导方针、程序和详细标准。投票的详细标准不应为简单机械的清单式对照表，而应为旨在提升持股公司中长期价值的标准。

投票政策应包括准则2规定的有关避免机构投资者行使投票权时产生利益冲突的内容。

机构投资者可针对有不同管理目标和投资理念的集合投资计划，另行制定包含详细标准与指引的投票政策。

机构投资者应通过适当方法公开披露其投票结果，以及赞成、反对、中立、弃权的具体原因，以便客户和受益人等审查投票活动的适当性。

机构投资者应公开披露是否使用代理投票咨询服务，如有，则应披露其服务范围、所用方法、机构名称以及其对服务机构建议的依赖程度。

即使在使用代理投票服务的情况下，机构投资者仍应本着管理者的责任和判断，承担行使投票权的最终责任。

如果股票借出和股票购回的相关信息对行使表决权产生影响，机构投资者应在投票政策中对该内容有所体现。

准则6

机构投资者应定期向客户或受益人报告其投票和尽责管理活动的情况。

指导方针

机构投资者应保留开展尽责管理活动的记录，包括行使表决权的记录，并将其保留一定的时间。

资产管理机构原则上应定期向客户和受益人（例如资产所有者等）报告其尽责管理政策以及该政策的执行情况。

资产所有者应至少每年向其客户和受益人定期报告其尽责管理政策以及与该政策相关的实际执行情况。

机构投资者应努力确保其尽责管理政策及实际执行情况被如实地写入报告，若他们与客户和受益人就报告范围和形式达成一致，应遵循双方达成的一致意见。在适当的情况下，并经过客户和受益人的同意，机构投资者可以在网站或年度报告中披露其股东活动情况，以提高此类报告的透明度和责任性。

机构投资者应就如何履行尽责管理职责等制定具体的披露范围和标准，以便得到客户和受益人的监管和信任。在这种情况下，对资产价值产生整体影响的每一项具体披露事项均可以纳入考虑范围。

> **准则 7**
> 机构投资者应具备积极有效履行尽责管理职责所需的能力和专业知识。

指导方针

机构投资者需要增强能力和专业知识，帮助加深对持股公司的了解和开展建设性的股东活动，以便在积极沟通和股东活动的基础上促进持股公司的中长期可持续发展。

为此，机构投资者应设计适当的组织结构，注入内部资源，并不断努力发展和提高专业能力。

将资产管理活动委托给资产管理机构的资产所有者应设法对资产管理机构进行监督并支付适当的报酬，使资产管理机构通过沟通和股东活动，不断积累和提高与持股公司有效沟通的能力。

根据现有内部资源和财务状况，机构投资者可利用外部机构的专业建议，帮助自己履行尽责管理职责。

机构投资者可以举办论坛等活动，旨在推动辩论和讨论，追求共同利益，分享和学习有关股东沟通成功的案例的相关经验和意见，以提高自身的专业知识和股东活动的质量。

四、建议

1. 作为审查和监督《韩国尽责管理准则》执行情况的组织，建议韩国公司治理服务（KCGS）每两年审查一次《准则》详细内容的适当性。

2. 当《韩国尽责管理准则》的签署机构要求、市场有旺盛需求或必要时，建议韩国公司治理服务机构准备并公开发布解释性文件，引入海外案例，以协助签署机构和市场理解并执行《准则》的详细内容。

3. 根据《韩国尽责管理准则》，韩国公司治理服务机构负责审查和监督市场趋势。除此项工作外，建议在未来的讨论中加入是否由签署机构负责检查《准则》的执行情况、负责的机构以及工作范围等内容。

9. 日本:《尽责管理准则》*

关于负责任机构投资者的准则
通过投资与沟通促进企业可持续发展

发布时间：2020 年 3 月 24 日
尽责管理准则专家委员会

---

* 原文链接：https://www.fsa.go.jp/en/refer/councils/stewardship/20200324.html。

> **尽责管理职责以及日本尽责管理准则的职能**
>
> 　　《日本尽责管理准则》（以下简称《准则》）中的尽责管理责任是指机构投资者有责任基于对公司及其商业环境的深入了解，以及与投资管理策略一致的可持续发展（包括 ESG 因素的中长期可持续发展）的考虑，通过建设性的参与或有目的的对话，提高持股公司的价值，促进可持续发展，进而提高客户和投资受益人（包括最终受益人，此后同样适用）的中长期投资收益。
>
> 　　《准则》所规定的原则将有助于负责任的机构投资者明确其对客户、投资受益人及持股公司的尽责管理责任。机构投资者按照《准则》正确履行尽责管理职责，也可以对整个经济的增长作出贡献。

一、《准则》制定背景

　　2012 年 12 月，日本政府在内阁设立了日本经济振兴总部，旨在通过制定必要的经济政策和增长战略，振兴日本经济，摆脱日元长期升值和通货紧缩的局面。2013 年 1 月，政府在日本经济振兴总部下设产业竞争力委员会，其任务是审议发展战略及相关措施的实施工作，以加强日本的产业竞争力和海外商业活动。在总部会议上，根据上述委员会的讨论内容，日本首相以总部负责人的身份，指示财务大臣与其他相关大臣共同以促进公司可持续发展为目的，对有关广大投资机构者应适当履行尽责管理责任方面的问题进行了商议和讨论[①]。

　　2013 年 6 月，内阁批准《日本振兴战略》并确定了经济增长战略，即当届日本政府经济政策的"第三支箭"。该战略指出，日本应在年底前讨论并起草"关于机构投资者履行受托责任的准则（即日文版《尽责管理准则》）"。例如，原则之一"投资机构通过参与公司治理促进企业中长期增长的原则"，即为"通过与广大机构投资者进行建设性对话，以促进持股公司可持续增长为目的，适当履行尽责管理义务的原则"。

　　为落实首相指示并实施相关战略部署，金融厅于 2013 年 8 月成立了日本尽责管理准则专家委员会。此后，专家委员会共召开了 6 次会议，并于 2014 年 2 月 26 日制定了负责任的机构投资者准则——日本《尽责管理准则》。在最终定稿前，专家委员会发表了《准则》的日文和英文的征求意见稿，并收到了对日文稿的 26 份个人/组织的建议以及对英文译本的 19 份个人/组织建议。在考虑这些建议之后，专家委员会对《准则》进行了审阅并定稿。

二、《准则》修订背景与要点

1. 修订背景

　　日本尽责管理准则专家委员会于 2014 年 2 月 26 日制定了《准则》，并于 3 年后

[①] 日本经济振兴总部第六次会议（2013 年 4 月 2 日）。

的 2017 年 5 月 29 日对其进行了第一次修订。《准则》制定以来，已有超过 280 家机构投资者签署了该《准则》。《公司治理准则》也于 2018 年 6 月被修订。尽管上述准则的实施在一定程度上推动了日本公司治理改革，但也有人指出，这些准则的有效性仍有进一步提升的空间。

基于此，2019 年 4 月 24 日，由日本金融厅和东京证券交易所共同召集组建的负责有关《准则》和《公司治理准则》后续工作的专家委员会发表了题为"进一步推进公司治理改革的建议方向"的意见书（以下简称《意见书》）。《意见书》建议，为了提高公司治理改革的有效性，应当进一步修订《准则》，强调增强投资者与公司沟通质量的重要性，鼓励投票咨询机构和为养老金服务的投资顾问向机构投资者提供支持和建议，以使整个投资链能更加良好地运转。

根据《意见书》内容，2019 年 10 月后，日本金融厅（与"日本管理权专家委员会"和"管理权专家委员会"共同）召集组建的尽责管理准则专家委员会（以下简称"专委会"）召开了 3 次会议，讨论《准则（第二版）》的相关修订问题。基于这些讨论，专委会制作并发布了《准则》的修订草案，以征询公众意见。

在考虑公众意见后，专委会修订并发布了第二版《准则》（以下称为《修订准则》）。

2.《修订准则》要点和底层考虑

《意见书》就以下方面提出了建议：

- 资产管理机构应进一步改进信息披露，包括进行投票决策的理由、就公司进行的尽责管理活动，以及该活动的结果和自我评估的相关内容；
- 有意识地参与包括 ESG 因素的有关可持续发展的议题；
- 支持企业养老金的尽责管理活动；
- 投票咨询机构应披露提供投票咨询服务的程序（包括组织结构），并与公司进行直接主动的沟通；
- 进一步完善为养老金服务的投资顾问解决利益冲突的办法与架构，并披露相关举措等。

专委会对上述问题进行了讨论，并将讨论内容写入《修订准则》中。

除《意见书》中提到的相关问题外，下列问题也在专委会的讨论范畴内：

- 在进行尽责管理时有意识地提高公司中长期价值和公司可持续增长的行为是否重要。
- 考虑 ESG 因素不仅可以降低业务风险，也可以带来获利机会。但目前世界范围内有关 ESG 问题的快速变化趋势本身也可能影响到风险和机会，所以在投资过程中考虑包括 ESG 因素在内的可持续性是否不再有益处。
- 该《修订准则》的目的是提高公司中长期价值，而在某些情况下股东与债券持有人间可能会发生利益冲突。那么在某些情况下，当《修订准则》应用于非上市股份的资产（例如债券）时，是否有利于持有该类资产的机构投资者。

- 除了向养老金提供服务的投资顾问，其他向机构投资者提供服务的第三方机构，是否都应管理自身的利益冲突风险。

专委会对上述问题进行了讨论，并决定将上述问题的回复写入《修订准则》中。

一位专委会成员还评论了一项由私人组织所提出的措施，即资产管理机构采用通用格式向资产所有者提供关于其尽责管理活动的报告。专委会希望该项举措能够在未来得到发展和普及，为资产所有者施行有效的尽责管理活动提供进一步支持。但是要注意提高监管质量，不能让此类监管流于形式。

此外，下列问题也在专委会讨论时提了出来。对于这些问题，除了可预见的未来金融厅会进行的评估，专委会也将在必要时根据实际情况进行进一步的审查。

- 随着被动投资的扩张，是否仍有必要讨论如何加强机构投资者与公司的沟通。
- 一些人指出《对与制定日本尽责管理相关的法律问题的澄清》并没有充分说明机构投资者参与上市公司治理的范围，是否仍有必要重新评估该项措施。

3. 考虑公众意见的措施

在《修订准则》定稿前，专委会公布了《修订准则》日文版和英文版的征求意见稿，其中，日文版收到 44 份个人/组织的建议，英文版收到 23 份个人/组织的建议。在考虑这些意见后，专委会对《修订准则》进行了审阅并定稿。

特别要注意的是，在将下述有关公众意见的建议纳入考虑范围后，《修订准则》对脚注第 139 条和第 145 条，以及指引 8—3 作出了修订。

- 关于脚注第 139 条，《修订准则》可能被误解为仅适用于企业养老金等。
- 关于脚注第 145 条，机构投资者拥有/持有多少股份时，其参与活动的重要性可能会被夸大。
- 关于指引 8—3，有意见指出，仅基于公开披露的信息作出的建议是不充分的，而与公司交流意见则被视为强制性的。

下述议题也在公众意见中有所提及，预计包括金融厅和专委会在内的相关机构将会对此进行进一步讨论。

- 为了保证投票咨询机构可以在与指引 8—2 和 8—3 的思想保持一致的情况下采取措施，公司应分散安排股东大会的时间，更早披露股东大会的资料并加强披露等。
- 由于内部审计是确保公司治理有效运作的一项基本职能，机构投资者在监督持股公司治理情况时，应关注内部审计部门的发展和运转情况。
- 公司应进一步减少交叉持股的情况。
- 为保证企业养老金开展的尽责管理活动的有效性，解决其与发起企业之间的利益冲突管理问题十分重要。

专委会要求，已签署《准则》的机构投资者和其他机构应在《修订准则》公布后 6 个月内（2020 年 9 月底前），对其原公布遵守条款进行修订（并公开披露及告知金融厅有关更新修订内容的情况）。

三、《准则》的目标

如前文所述,《准则》中的尽责管理责任是指机构投资者有责任基于对公司及其商业环境的深入了解,以及与投资管理策略一致的可持续发展(包括ESG因素的中长期可持续发展)的考虑,通过建设性的参与或有目的的对话,提高持股公司的价值,促进可持续发展,进而提高客户和投资受益人的中长期投资收益。《准则》所规定的原则将有助于负责任的机构投资者明确其对客户、投资受益人及持股公司的尽责管理责任。

根据日本《公司治理准则》(2015年6月1日生效实施)规定,公司董事会有责任对管理层进行充分治理和适当监督,就公司关键的政策制定和业务事项作出决策,从而提高公司价值。《准则》中对于机构投资者责任的要求与上述《公司治理准则》规定的董事会责任是相辅相成的,二者共同构成了高质量公司治理的基本要素,这对于确保公司的可持续发展以及客户和投资受益人的中长期投资收益是不可或缺的。考虑到董事会和机构投资者的作用,《准则》提倡机构投资者与持股公司开展建设性沟通,或有目的的对话。《准则》不提倡机构投资者干预持股公司的具体管理事务[②]。

虽然投票是尽责管理工作的一个重要组成部分,但机构投资者为履行尽责管理责任而开展的工作(以下简称"尽责管理工作")不应局限于投票。尽责管理还包括对持股公司进行适当监督,与它们开展具有建设性的沟通,以促进公司可持续发展[③]。

《准则》定义了两类机构投资者:一类是"作为资产管理人的机构投资者"(以下简称"资产管理机构"),它们受托管理资金并投资于企业;另一类是"作为资产所有人的机构投资者"(以下简称"资产所有者"),包括资金的出资方等。

资产管理机构应与持股公司开展日常建设性沟通,以提高持股公司的企业价值。

资产所有者应披露其履行尽责管理责任的政策,并通过自己和/或资产管理机构(如果资产所有者委托资产管理机构管理资产)的行动,提高持股公司价值。

资产管理机构应充分了解资产所有者的目的,从而提供符合其预期的服务,同时资产所有者应当按照《准则》要求对资产管理机构进行评估,而非过分强调短期业绩。

机构投资者开展的有效和适当的尽责管理措施,最终是为了提高客户和投资受益人的中长期投资收益。机构投资者及其客户和投资受益人都应认识到,在资产管理中,与尽责管理工作相关的成本是不可避免的。应机构投资者要求,为帮助其有效进行尽责管理活动提供服务的机构(以下简称"机构投资者服务商"),例如投票咨询

[②] 《准则》规定,如果为了客户和受益人的利益,也可以做出出售股份的决定。
[③] 为方便机构投资者与持股公司间的有效对话,日本金融厅在2014年2月发布《对制定日本尽责管理准则相关的法律问题的澄清》,对大额持股汇报和要约收购规则(TOB规则)相关的法律问题作出进一步阐释。http://www.fsa.go.jp/en/refer/councils/stewardship/20140226.pdf。

机构和为养老金服务的投资顾问等，应在优化投资链（从客户和受益人到持股公司）运行的过程中发挥重要作用。《准则》中的原则8专门适用于机构投资者服务商。《准则》中包括指引在内的其他原则，在不与原则8发生冲突时也适用于机构投资者服务商。

《准则》主要针对投资日本上市公司的机构投资者，只要有利于履行《准则》开头提到的"尽责管理责任"，《准则》也可适用于其他资产类别。

四、"基于原则的方法"与"遵守或解释"

机构投资者应根据自身具体条件和情况应用《准则》的原则（此处的机构投资者包含全部机构投资者服务商，此定义适用于《准则》序言的后续内容）。例如，实施《准则》的方式可能会因投资机构规模和投资政策等差异而有所不同（如投资政策以长期收益还是短期收益为导向，投资策略是主动还是被动等）。

为保证灵活性，《准则》采用了基于原则的方法，而不是基于规则的方法。相比之下，基于原则的方法要求机构投资者在履行尽责管理责任时，重点遵循条款的实质内容与核心思想，而基于规则的方法则要求机构投资者完全按规则的表述采取具体行动。

采用基于原则的方法的意义在于：即使原则表面上看起来很抽象、宽泛，但只要签署方或相关方明确或认同了原则的实质目的和精神，并根据这些目的和精神而非文字内容来进行行为评估，这些原则便能有效地发挥作用。机构投资者在实施《准则》时，应当尊重基于原则的方法的这一层用意。

《准则》不构成法律条文，也不作为具有法律效力的条例。专委会期待并支持准备接受《准则》约束的机构投资者公开披露其意向。

《准则》采用"遵守或解释"（遵守该原则或解释无法遵守原则的原因）的方法，即如果机构投资者认为《准则》的某些原则不适用于自身情况，可以选择不遵守原则，但需要对无法遵守该原则的原因进行详细说明。换言之，机构投资者在公开表示接受《准则》的意向后，不一定要一致地遵守所有原则。机构投资者在作出上述解释时，应力求向客户和投资受益人阐明其没有遵守原则的原因，以及其选择的替代做法。

《准则》鼓励机构投资者和客户及投资受益人熟悉"遵守或解释"的方法。尤其是应当充分考虑公开表示接受《准则》的机构投资者的具体情况，不能仅因为机构投资者没有字字遵守《准则》内容，就判断机构投资者未履行尽责管理责任。

为了赢得客户和投资受益人的充分理解，机构投资者应当在遵守原则的过程中，积极主动地对其具体实施的活动进行解释。

为使机构投资者对《准则》接受情况透明化，专委会希望所有接受《准则》的机构投资者做到以下几点：

1. 将相关信息在公司官网上予以公示，内容包括：

（1）公司接受《准则》的目的。

（2）公司应根据《准则》中的原则（包括指引）披露以下内容：
- 《准则》中的原则（包括指引）所要求披露的具体信息，例如关于如何履行尽责管理责任的政策；
- 如果无法遵从《准则》中的部分原则（包括指引④），应披露理由。

2. 每年对所公开披露的信息进行审查和更新，并将这一结果进行披露。
3. 将公司用于披露信息的网站（网址）告知金融厅。

专委会还期待金融厅对机构投资者所披露公开信息的格式作出统一规定。

专委会期待，《准则》要根据其实施进展情况（包括接受程度和具体信息披露情况），并结合全球发展情况不断改进。专委会还要求金融厅采取必要的措施，对《准则》进行定期（约每3年一次）的审查。定期审查的目的是使机构投资者及其客户和投资受益人能够更好地了解尽责管理责任，推动《准则》在日本境内得到更广泛的认可。

五、《准则》内容与指导

1. 《准则》的具体内容

为了促进持股公司的可持续成长，并提高客户及投资受益人的中长期回报，机构投资者应遵循如下准则：

（1）机构投资者应当制定明确的政策，说明其如何履行尽责管理责任，并将该政策公开披露。

（2）机构投资者应当制定明确的政策，说明如何在履行尽责管理的过程中处理利益冲突，并将该政策公开披露。

（3）机构投资者应适当监督持股公司，以推动持股公司可持续发展为目的履行尽责管理责任。

（4）机构投资者应寻求与持股公司达成共识，并通过与持股公司开展建设性沟通解决问题。

（5）机构投资者应制定明确的投票政策，并对投票活动予以公开披露。投票政策不应是流于表面的清单对照表，而应以利于持股公司可持续发展为目标进行设计。

（6）原则上，机构投资者应定期向客户和投资受益人报告其履行尽责管理的情况，包括行使投票权的情况。

（7）为了积极促进持股公司可持续发展，机构投资者应在深入了解持股公司的情况及经营环境，并将与投资管理策略相一致的可持续发展纳入考量的基础上，掌握必要的专业技能和资源，以便与公司进行恰当的沟通，并在履行尽责管理时作出正确判断。

（8）机构投资者服务商应通过向机构投资者提供服务以帮助他们履行尽责管理责任的方式，对优化整个投资链的运行作出贡献。

---

④ 指引并不一定明确规定可以采取或不能采取的行为，也不要求对未按照指引行动作出解释。

2.《准则》具体条文的指导方针解读

> **原则 1**
> 机构投资者应当制定明确的政策,说明其如何履行尽责管理责任,并将该政策公开披露。

指导方针

机构投资者应基于对公司情况及其商业环境的深入了解,以及与投资管理策略一致的可持续发展(包括 ESG 因素⑤的中长期可持续发展)⑥的考虑,开展建设性沟通或有目的的对话⑦,推动提升持股公司价值,促进可持续发展,提高客户和投资受益人的中长期投资收益。

机构投资者应当制定明确的政策,说明其如何履行尽责管理责任(以下简称"尽责管理政策"),并将其公开披露。鉴于机构投资者在投资链(从客户和投资受益人到持股公司)⑧中的作用,尽责管理政策应包含如何界定责任和如何履行责任这两方面内容。

机构投资者应明确如何将可持续发展因素加入政策考虑中,并与自身投资管理策略保持一致。资产所有者⑨⑩应根据其规模和能力,鼓励资产管理者参与尽责管理活动,以保护受益人的利益并吸纳他们的观点⑪。如果资产所有者根据其规模和能力等直接管理基金并履行投票权,他们应参与尽责管理活动,比如与持股公司进行对话。

资产所有者在向资产管理机构选择或发出授权委托时,应根据他们的规模和能力明确开展尽责管理活动(包括行使表决权)时的原则和事宜,确保尽责管理活动的有效性。特别要注意的是,对大型资产所有者而言,不仅应主动考虑并明确说明开展尽责管理活动(包括行使表决权)的原则和事宜,还要牢记自身在投资链中的地位和作用,不能机械地接受资产管理机构制定的政策而不加以审阅。

资产所有者应根据其规模和能力,通过诸如资产管理机构的自我评价报告⑫等方

---

⑤ 指环境保护,社会责任与公司治理。
⑥ 17 个可持续发展目标在 2015 年 9 月的联合国峰会上被采纳。
⑦《准则》中"有目的的对话"指的是以提升公司中长期价值、资本效率以及推动可持续增长为目标所开展的有建设性的对话。
⑧ 该政策因投资者角色不同而有所不同。例如,在该项政策施行时,该项政策对于充当资产管理者和充当资产所有人的机构投资者来说是不同的。
⑨《准则》本质上适用于定额给付企业养老金(基金型企业养老金和合同型企业养老金)和作为资产所有者的雇员养老金。在合同型企业养老金的情况下,企业养老金和发起企业是同一实体,其应被视作企业养老金而非发起企业而接受《准则》。
⑩ 在 2018 年 6 月 1 日修订的《公司治理准则》原则 2.6 中,企业养老金的发起企业应支持企业养老金,以改善人力资源和业务资源,确保企业养老金发挥资产所有者的作用。
⑪ 当企业养老金作为资产所有者,且不直接管理基金或履行投票权时,企业养老金应根据其规模和能力采取相应措施,例如确认资产管理机构对《准则》的回应。企业养老金不一定参与到对话中(原则 4)或履行投票权并公布其投票记录(原则 5)。
⑫ 对于资产所有者而言,确认资产管理机构是否有效参与尽责管理活动,例如与持股公司开展建设性对话就已经足够。资产所有者并不一定要提供独立和确切的指导。

式，监督资产管理机构是否按照资产所有者制定的政策开展尽责管理活动。在进行监督时，资产所有者应重点关注资产管理机构尽责管理活动（如与公司沟通）的质量，而不能只记录它们举行的会议次数、会议时长以及代理投票的赞成和反对率等。

> **原则 2**
>
> 　　机构投资者应当制定明确的政策，说明如何在履行尽责管理责任的过程中处理利益冲突，并将该政策公开披露。

指导方针

　　在开展尽责管理活动时，虽然机构投资者应将客户和投资受益人的利益放在首位，但机构投资者仍不可避免地面临利益冲突问题。例如，对可能同时影响机构投资者所属集团以及客户或投资受益人的事项进行投票时，难免会出现利益冲突问题。对机构投资者来说，恰当处理这些冲突至关重要。

　　机构投资者应制定并公开披露明确的政策，以说明如何有效地管理可能存在的几类关键利益冲突。资产管理机构应特别明确一些可能导致利益冲突的具体情形，这些情形可能会对行使投票权和/或建立与公司的对话产生重大影响。资产管理机构应制定并披露如何有效消除此类冲突影响的具体政策，包括如何避免此类冲突，从而保障客户和投资受益人的利益。

　　资产管理机构应建立公司治理结构，如独立的董事会或第三方委员会负责决策或监督投票表决，确保客户和投资受益人的利益，防止利益冲突。

　　资产管理机构的管理层应该认识到，他们自身在有关加强资产管理机构治理和管理利益冲突方面发挥的重要作用，并就这些问题采取行动。

> **原则 3**
>
> 　　机构投资者应适当监督持股公司，以推动持股公司可持续发展为目的履行尽责管理责任。

指导方针

　　机构投资者应当监督持股公司以履行尽责管理责任，从而提高企业的中长期价值和资本效率，推动企业可持续发展。

　　机构投资者应持续监督持股公司，并酌情审查监督工作是否有效开展。

　　投资者在对持股公司进行监督时，应考虑包括非财务因素在内的各类相关因素。这些因素包括持股公司的公司治理、发展战略、业绩、资本结构、商业风险与机遇（包括来自社会和环境的风险与机遇[13]），以及公司是如何应对这些风险和机遇的。具体该关注哪些因素，取决于每个投资者的投资策略，且所关注的因素可能因持股公司自

---

[13] 17 个可持续发展目标在 2015 年 9 月的联合国峰会上被采纳。

身情况不同而有所差异。机构投资者应在负起尽责管理责任的前提下，自行判断选择关注哪些因素，并争取在初期就能够找出可能导致持股公司价值出现重大损失的问题。

原则 4

　　机构投资者应寻求与持股公司达成共识，并通过与持股公司开展建设性沟通解决问题。

指导方针

　　机构投资者应争取通过与持股公司开展建设性的对话⑭⑮⑯以达成共识⑰⑱，从而提高企业中长期价值和资本效率，并促进其可持续发展。在监督企业和与其对话的过程中，若机构投资者发现企业价值存在损失风险，应要求企业对风险作出进一步解释以达成更深入的共识，并努力解决问题⑲。

　　当机构投资者参与可持续发展相关议题时，他们应有意识地参与到与他们的投资管理策略一致，可以提高公司中长期价值并推动可持续增长的对话中。

　　由于被动管理限制了投资机构出售持股公司股票的权力，为实现促进企业中长期价值提升的目的，机构投资者需从中长期的角度出发，积极参与沟通，行使投票权。

　　机构投资者应事先制定明确政策，说明其如何在各类可能的情况⑳下与持股公司进行对话。

　　机构投资者除单独与持股公司进行沟通外，可在必要时与其他机构投资者合作，共同与持股公司进行沟通（合作沟通）㉑，这对双方都是有益的。

　　原则上，机构投资者可以不采用未披露的重要事实，只根据持股公司的公开信息与之开展建设性对话。二十国集团/经济合作与发展组织制定的《公司治理原则》和东京证券交易所制定的《日本公司治理准则》，共同规定了针对股东的公平性原则，这适用于处理上述未披露的重要事实。机构投资者在与持股公司开展对话时应意识到要遵守这一原则，应谨慎接收与未披露的重要事实相关的信息㉒。

---

⑭　机构投资者拥有专门与持股公司对话的参与团队时，也要注重其和其他团队的内部沟通。

⑮　虽然机构投资者和持股公司间的建设性谈话不应仅靠持股规模推动，但是在某些情况下，机构投资者向持股公司说明拥有/持有多少股份也是合适的。

⑯　机构投资者切忌形式主义，例如只把进行对话这一活动本身视为目标。

⑰　在努力达成共识的过程中，可能双方最终同意保留彼此的不同意见，但这有助于更好地理解双方产生分歧的原因。

⑱　为与持股公司就管理政策的主要议题达成共识，包括治理结构（比如使用独立办公人员等）和审查业务组合，机构投资者与非管理层（独立外部董事、审计和监事等）开展对话是十分有益的。

⑲　机构投资者可以根据之前对话的结果选择公司来进行更深度的对话。

⑳　该政策对于资产管理机构和资产所有者在施行起来有所不同。

㉑　日本金融厅在 2014 年 2 月发布了《对制定日本尽责管理准则相关的法律问题的澄清》，并对在大额持股汇报（以及要约收购规则中"有特殊关系的人"）时"共同持有人"这一原则何时适用作出了阐释。http：//www.fsa.go.jp/en/refer/councils/stewardship/20140226.pdf。

㉒　当机构投资者因与持股公司有特殊关系而需获取未披露的重大事实时，在与公司对话前应当首先采取必要措施（例如暂停公司股票的交易），以确保该行为遵守内幕交易法规。

原则 5

　　机构投资者应制定明确的投票政策，并对投票活动予以公开披露。投票政策不应是流于表面的清单对照表，而应以有利于持股公司的可持续发展为目标进行设计。

指导方针

　　机构投资者应尽力对全部所持股份行使投票权。他们应根据对持股公司的监督和沟通情况决定如何投票。

　　机构投资者应制定明确的投票政策，并予以公开披露[23]。机构投资者应尽可能地对投票政策进行说明。投票政策不应设计成流于表面的清单对照表，其应以有利于持股公司的可持续发展为目标进行设计。

　　机构投资者应至少按照主要议案类别汇总投票记录，并将其公开披露。此外，为使投票活动与尽责管理政策的一致性更显著，机构投资者应针对每个持股公司的单独议案披露投票表决结果[24]。如因某些投资者的特殊情况而不宜披露针对每个持股公司的单独议案的投票表决结果，投资者应主动说明原因。在披露投票记录时，机构投资者应说明赞成或反对某议案的原因，以助于提升机构投资者的透明度。特别要注意的是，机构投资者应披露赞成或反对的理由，这对与持股公司开展建设性对话很重要，包括那些被认为存在利益冲突的持股公司，以及需要关于投票政策的进一步解释的持股公司。

　　使用投票咨询机构的服务时，机构投资者应在理解投票建议流程的基础上（包括对投票咨询机构的人力资源和业务资源的了解）使用其服务。机构投资者不应机械地依赖投票咨询机构的建议，而应根据其对持股公司监督的结果和与之对话的情况，基于自身判断负责任地进行投票。在披露其投票活动时，机构投资者应公开披露使用投票咨询机构的情况及投票咨询机构的名称，并说明是如何利用其服务作出投票决定的。

原则 6

　　原则上，机构投资者应定期向客户和投资受益人报告其履行尽责管理的情况，包括行使投票权的情况。

指导方针

　　原则上，机构投资者应定期向客户报告其是如何开展尽责管理活动以履行其尽责

---

[23] 当他们在表决权的确定日内有借出股份的操作时，投票政策应包含相关借出股份的政策解释。

[24] 有些人对披露特定公司的单项议案的投票结果有所担忧，他们认为这会引起对"赞成"或"反对"结果的过度关注，同时这也有可能使机构投资者在作出投票选择时过于机械化。然而，对于资产管理者来说，增强他们对最终受益人的资产管理行为的透明度是较为重要的。另外，对于属于金融集团的资产管理者来说，披露特定公司的单项议案的投票结果，以减少他人对机构管理者可能会在面对利益冲突时采取不当措施的担忧，也是较为重要的。

管理责任的㉕。

原则上，资产所有者应至少每年向其投资受益人报告其尽责管理政策和该政策的执行情况。

机构投资者在向其客户和投资受益人报告时，应根据相关协议，并综合考虑便利性以及报告相关的费用，来选择报告的格式和内容，力求提供有效、精炼的报告㉖。

为履行其尽责管理责任，机构投资者应明确记录其所开展的包括投票活动在内的各项尽责管理活动。

原则 7

为了积极促进持股公司可持续发展，机构投资者应在深入了解持股公司的情况及经营环境，并将与投资管理策略相一致的可持续发展纳入考量的基础上，掌握必要的专业技能和资源，以便与公司进行恰当沟通，在履行尽责管理责任时作出正确判断。

指导方针

为了与持股公司开展有建设性且有益的对话，并为公司可持续发展作出贡献，机构投资者应在深入了解持股公司的情况及经营环境，并将与投资管理策略相一致的可持续发展纳入考量的基础上，掌握必要的专业技能和资源，以便与公司进行恰当沟通，在履行尽责管理责任时作出正确判断。机构投资者应建立必要的内部组织结构以开展恰当的沟通，并作出合理的判断。

机构投资者的管理层应特别具备适当的工作能力与经验，以有效地履行其尽责管理责任。管理层的组建应独立公允，尤其不应受到所属金融集团的影响。机构投资者的管理层还应认识到其在开展尽责管理活动（例如加强与持股公司沟通）、建立组织架构、开发人力资源，并就这些问题采取的行动中的重要作用以及肩负的重要责任。

与其他投资者交换意见并组织交流论坛有助于机构投资者与持股公司进行更好的沟通，作出更好的判断。

机构投资者应根据《准则》改进其尽责管理政策，并适时审查每项原则（包括指引）的执行情况，以提高其尽责管理活动的质量。需要特别指出的是，资产管理机构应定期对每项原则（包括指引）的执行情况进行自我评估，并披露自身在改善治理结构、管理利益冲突、进行尽责管理方面的进步，同时披露尽责管理活动（如与公司对话）的成果㉗。机构管理者应注意到，这些活动是与其投资管理策略相一致的，可以增加公司中长期价值，并推动公司可持续发展。

㉕ 在个别项目上，若接收人明确表示不需要时，那么该原则并不适用。另外，如果单独向客户和受益人发布报告是不切实际的，机构投资者应选择公开发布信息而非单独发送。

㉖ 资产管理中的机密信息可以不必披露在报告中。

㉗ 自我评估和尽责管理活动的披露可以帮助资产所有者选择和评估资产管理者。

> **原则 8**
> 　　机构投资者服务商应通过向机构投资者提供服务以帮助他们履行尽责管理责任的方式，对优化整个投资链的运行作出贡献。

指导方针

机构投资者服务商[28]，包括投票咨询机构和为养老金服务的投资顾问，应当明确可能产生利益冲突的情形，制定如何高效解决此类问题的政策，建立利益冲突管理的框架，并公开披露这些措施。

投票咨询机构应掌握合适且充足的人力和业务资源，包括在日本建立分支机构，以保证提供给资管机构的投票建议是基于对应公司的准确信息。和前述措施一起，投票咨询机构还应当披露其投票建议产生过程[29]，以保证透明度[30]。

在提供投票建议时，投票咨询机构应基于公司披露的信息，并在必要时与公司沟通意见和观点。当投票建议中所涉及的公司有所请求时，应给予相关公司确认信息准确性的机会，并将相关意见与投票建议一起提交给公司及客户，这可以确保信息准确性（这是给出投票建议并保证透明度的基础）。

---

[28] 此处机构投资者服务商指投票咨询机构和为养老金服务的投资顾问。但是，当某一机构（包括机构投资者）在机构投资者要求下提供服务并帮助机构投资者执行尽责管理活动时，也被视作机构投资者服务商。

[29] 例如，就总体披露流程而言，投票咨询机构应披露主要信息来源、其是否参与和公司的对话以及相关对话的性质。此处并未预设应披露关于单个议案的具体对话内容。

[30] 当投票咨询机构制定其投票政策时，他们应尽力将该政策阐释清楚。该政策不应只包含一个机械的清单，而应以促进目标公司可持续发展为目标进行设计。

10. 印度：《尽责管理准则》*

生效时间：2020 年 4 月 1 日
印度证监会

---

* 原文链接：https://www.sebi.gov.in/legal/circulars/dec-2019/stewardship-code-for-all-mutual-funds-and-all-categories-of-aifs-in-relation-to-their-investment-in-listed-equities_45451.html。

通　知

2019 年 12 月 24 日

所有共同基金（MF）、资产管理公司（AMC）、受托公司、共同基金受托人董事会、所有另类投资基金：

主题：针对共同基金和另类投资基金上市股票投资部分的尽责管理准则

1. 在全球范围内，机构投资者在资本市场中的重要性日益被提高，人们期待机构投资者通过加强对持股公司的监督和参与，为客户/受益人承担更大的责任。这些活动通常被称为机构投资者的"尽责管理职责"，旨在保护客户的财富。机构股东参与度的提高，是推动持股公司改善公司治理的重要一步，也是上市公司投资者利益的重要保障。

2. 印度证监会（以下简称"SEBI"）已于 2010 年 3 月 15 日和 2014 年 3 月 24 日以通知的方式落实关于共同基金投票的原则，对印度共同基金披露其投票制度以及共同基金对持股公司不同决议的实际投票情况提出了详细的强制性要求。

3. SEBI、印度保险监管与发展局（IRDAI）和养老基金监管与发展局（PFRDA）共同研究了在印度引入尽责管理准则的提案。该提案已由金融稳定与发展委员会的小组委员会（FSDC–SC）批准。

4. 现已决定，针对上市公司股票投资，所有共同基金和所有类别的另类投资基金必须严格遵守附件 1 所列的《尽责管理准则》。

5. 《尽责管理准则》将于 2020 年 4 月 1 日开始的财政年度起正式生效。

6. 本通知根据 1992 年《印度证券交易委员会法》第 11 条所赋予的权力发布，并在 1996 年 SEBI（共同基金）条例第 77 条、2012 年 SEBI（另类投资基金）条例第 36 条的共同作用下保护证券投资者的利益，对证券市场进行监管并促进证券市场的发展。

7. 本文参见 www.sebi.gov.in 的"法律–通知"部分。

Pradeep Ramakrishnan
总经理
合规与监督部 – 1
公司财务部
+91 – 22 – 26449246
pradeepr@sebi.gov.in

尽责管理准则

> **准则 1**
> 机构投资者应制定履行尽责管理职责的综合制度,并进行公开披露、定期审查和更新。

指导方针

尽责管理包括就公司业绩(运营、财务等)、战略、公司治理(包括董事会结构、薪酬等)、重大环境、社会和治理(ESG)机会或风险、资本结构等在内的事项进行监督,并积极与持股公司进行沟通。这些参与可以通过与管理层详细讨论、与持股公司董事会互动、在董事会或股东大会上投票等方式进行。

每个机构投资者均应制定全面的尽责管理制度,说明履行该职责的计划,并公开披露。如果机构投资者以外包的形式履行上述责任,制度应规定确保在这种情况下,管理职责能够被适当和勤勉地履行。

该制度应定期进行审查和更新,更新后的制度应在机构投资者官网公开披露。这对参与执行这些规定的人员的培训制度至关重要,并可构成该制度的一部分。

> **准则 2**
> 机构投资者应制定制度,明确说明如何在履行尽责管理职责时管理利益冲突,并公开披露。

指导方针

作为上述制度的一部分,机构投资者应制定详细的制度,以识别和管理利益冲突。制度应确保客户/受益人的利益位于机构投资者自身利益之上,该制度还应说明了如何解决客户与受益人的利益发生分歧的问题。

利益冲突制度应解决以下问题:

1. 明确可能发生利益冲突的情形,例如持股公司与投资基金是关联方的情况。
2. 在发生利益冲突的情况下,投资基金所采取的程序应特别包括:
   - 在特定情况下全面禁止投资;
   - 设立利益冲突委员会处理此类事务;
   - 明确分离投票职能和客户关系/销售职能;
   - 当某人在交易中存在任何实际/潜在利益冲突时退出决策的制度;
   - 保存处理这类冲突的记录。
3. 对制度进行定期审查和更新,并公开披露。

> **准则 3**
> 机构投资者应监督其持股公司。

指导方针

作为上述制度的一部分，机构投资者应制定制度，持续监控持股公司的重要事项，包括公司业绩、公司治理、战略、风险等。

投资者应确定对不同持股公司的监控级别、监控领域、监控机制等。投资者还可以明确不希望积极参与持股公司治理的具体情形，例如对持股公司的投资项规模较小。

从持股公司寻求信息以进行监控时，投资者应牢记内幕交易的有关监管规定。

因此，机构投资者应制定监督制度，尤其要包括以下内容：

1. 对不同持股公司的监督力度可以不同。例如，从资产管理规模来看，投资规模较大的公司相对于那些投资规模小的公司需要更高水平的监督。

2. 监测领域应尤其包括：
- 公司战略和绩效－运营、财务等；
- 行业层面的监控以及对持股公司的可能影响；
- 公司管理层和董事会的素质与领导力；
- 公司治理，包括薪酬、董事会结构（如董事会多元化、独立董事等）、关联交易等；
- 风险，包括环境、社会和治理（ESG）风险；
- 股东权利、股东不满等。

3. 查明可能导致内幕信息传播的情况，以及在这种情况下为确保内幕交易条例被执行而采取的程序。

> **准则 4**
> 机构投资者应对干预持股公司的事宜有明确的制度，制定在必要时与其他机构投资者合作的制度，以维护最终投资者的利益，并予以披露。

指导方针

机构投资者应制定制度，明确对持股公司进行积极干预的情形及干预方式。该制度应包括定期评估此类干预措施的效果。如情况需要，即使是采取被动投资策略或者投资规模很小的情况下，也应考虑采取干预措施。

需要干预的情况，特别包括出现公司财务状况不佳、与公司治理相关的实践问题、薪酬、战略、ESG风险、领导力问题、诉讼等情况。

干预机制可能包括与管理层进行会议/讨论，以建设性地解决问题，在需要采取更激进方式的情况下，可与董事会举行会议，与其他投资者合作，或投票反对等。需要明确和披露不同情形下的不同干预程度，这可能还包括通过机构投资者协会（如AMFI）与公司进行互动，成立委员会，审议在具体情况下应选择何种机制，针对何种事项进行升级等。

准则 5

机构投资者应对投票和披露投票活动制定明确的制度。

指导方针

机构投资者对持股公司进行深入分析后作出投票决定，而非盲目地支持管理层对使客户/受益人的财富进行保值增值或改善持股公司的治理，这点尤为重要。

机构投资者应制定全面的投票制度，包括投票机制的详细信息、支持/反对/弃权的情况、投票信息披露等。机构投资者应公开披露投票制度、投票决定（包括投票理由）、代理投票/投票咨询服务等的使用情况。

投票制度尤其应包括以下内容：

1. 投票方式（例如电子投票、亲自出席会议、通过代理投票等）。
2. 内部投票机制，包括：
   - 如何评估提案并作出决定的指引；
   - 针对特定事项/情形进行投票的指引，包括特定事项/情况的清单以及决定投票赞成/反对/弃权的考虑因素；
   - 在需采取更激进措施时，成立监督委员会；
   - 使用代理顾问；
   - 投票涉及的利益冲突制度。
3. 披露投票信息，包括：
   - 定期披露；
   - 对持股公司每项议案的实际投票情况，即赞成、反对或弃权；
   - 投票理由；
   - 披露方式（例如在向投资者发布的年度报告中，在网站等渠道进行季度发布和披露）等。
4. 如果使用代理投票或其他投票咨询服务，应披露以下内容：
   - 服务的范围；
   - 服务提供者的详细信息；
   - 投资者对此类服务的依赖/使用程度。

准则 6

机构投资者应定期报告其尽责管理活动。

指导方针

机构投资者应以易于理解的方式,定期向客户/受益人报告是如何按照制度履行尽责管理职责的。

但是应当注意,遵守上述原则并非邀请机构投资者管理公司事务,也不能阻碍机构投资者在最符合客户或受益人利益的情况下,作出出售所持股份的决定。

机构投资者应按以下方式定期报告尽责管理活动:

1. 在网站上发布有关各项原则执行情况的报告,也可以以不同周期公开披露不同内容的原则,如投票情况可每季度披露一次,而利益冲突制度的实施情况可每年披露一次。完成制度更新后应跟进披露。

2. 该报告也可作为年度报告的组成部分,发送给客户/受益人。

11. 中国香港：《负责任的拥有权原则》*

更新时间：2016 年 3 月 7 日
香港证券及期货事务监察委员会

---

* 原文链接：https://www.sfc.hk/en/Rules-and-standards/Principles-of-responsible-ownership。

负责任的拥有权原则

（2016年3月7日更新）

一、引言

《负责任的拥有权原则》是一套协助投资者制定如何以最佳方式履行其所有权责任的原则指导。

该原则不具约束力，属于自愿性质。我们鼓励投资者采纳该原则并就此向其利益相关者进行披露，然后全面应用该原则并披露相关情况，或解释该原则中一些范畴不适用或无法应用于其情况的原因。如投资者认为该原则从一开始便与其无关或对其不适用，香港证监会鼓励他们向其利益相关者进行披露，清楚地解释不采纳该原则的原因及已制定的替代措施（如有）。

投资者应避免在表明已采纳该原则后再披露各项原则无法应用于其情况的原因。同样，如投资者决定不制定有关股东参与的政策，则不得表示已采纳该原则，反而应向其利益相关者解释从一开始便不采纳该原则的原因，并解释已制定的替代措施（如有）。

股份的所有权带来重要责任，尤其是会影响经营业务方式的发言及投票的权利。公司股权的拥有人不应盲目地将这些责任转授他人。即使在聘用代理直接或间接代表其行事时，拥有人也应确保这些代理适当地履行前者的所有权责任。

投资者可选择委任外界服务供应商协助其进行部分股东参与活动，但不得把其身为股东的责任转授予服务供应商。尤其是，投资者仍然有责任确保进行这些活动的方式符合其本身的政策。

二、《负责任的拥有权原则》

为履行其所有权责任，投资者应参与其所投资公司的事务，促使公司取得长远的利益。投资者应做到：

1. 制定并向其利益相关者汇报其有关履行所有权责任的政策；
2. 监督并参与其所投资公司的事务；
3. 制定明确政策，确定何时会提高其参与活动的程度；
4. 制定明确的投票规则；
5. 乐意在适当时候与其他投资者集体行动；
6. 向其利益相关者汇报其履行所有权责任的情况；
7. 在代客户作出投资的情况下，制定管理利益冲突的政策。

三、《负责任的拥有权原则》的具体内容

> **原则 1**
> 投资者应制定并向其利益相关者汇报其有关履行所有权责任的政策。

投资者应就其履行原则 2 至原则 7 所述的所有权责任的方法制定政策。制定政策时，投资者应考虑哪些政策能最有效地反映其角色及活动的范畴，并考虑落实政策的成本。投资者可以制定一套细微差别化的政策，以便按照其投资的规模、性质及地点等因素应用不同的政策方案。

利益相关者

当一家公司或实体就其本身的资金进行投资时，利益相关者将包括董事会或同等的组织。根据总持股量相对该实体的规模及与该实体的相关程度，利益相关者可能包括股东。如该实体需接受公众问责，则利益相关者也可能包括一般大众。

如投资者管理客户的资金，其利益相关者将包括有关客户。退休基金及接受第三方的资金作投资用途的投资者均属于此类别的投资者，不论其是否对投资决定直接负有责任或是否委任第三方资产管理机构管理其投资。

投资者的利益相关者将包括从投资者的直接客户收取的资金的受益人。因此，如资产管理机构代表退休基金或单位信托持有人负责管理基金投资组合，则该资产管理机构的利益相关者将包括该退休计划的成员及该单位信托的持有人。

某些零售投资产品（例如，保险公司发行的投资相连寿险计划及银行发行的股票挂钩结构性产品）的回报或价值可能直接或间接地与香港上市股份的表现挂钩，或经参考香港上市股份的表现而计算出来。尽管上述产品的投资者对这些股份或投资于这些股份的基金没有所有权或其他任何权利，但他们仍可能与产品发行人的参与政策相关。因此，就应用该原则而言，零售投资产品的发行人应考虑这些产品的投资者是否应该被视作相关利益者。

汇报

在决定如何更好地向利益相关者作汇报时，投资者应考虑在网站进行公开披露是否比向个别利益相关者作汇报更为有效。

如果投资者将投资活动进行对外委托，例如委任资产管理机构管理资金，则在向利益相关者汇报参与政策时，应披露其采取的具体措施，以确保按照该政策履行所有权责任。投资者应披露履行所有权责任的人须符合的最低政策要求。投资者应告知利益相关者其资产管理机构会以何种方式、于何处披露履行所有权责任的政策，或应把资产管理机构提供的资料纳入其报告。

一般而言，投资者仅在制定所有权责任政策时对有关政策进行披露，在政策变更时对有关披露资料进行更新即可。

> **原则 2**
> 投资者应监督并参与其所投资公司的事务。

投资者的所有权责任并不止投票。这些责任还包括监督和参与战略、业绩、风险、资本结构及公司治理等事项。参与所投资公司的事务是指，股东作为所有者直接与被投资公司分享其观点，并关注事务发展的过程。

投资者应就以下情况制定清晰的政策：一是对公司的治理原则及实践；二是当其对被投资公司的公司治理实践有所疑惑时如何参与所投资公司的事务。投资者应仔细考虑任何有可能偏离《香港联合交易所有限公司证券上市规则》内的《企业管治守则》① 的情况。

投资者应鼓励其所投资公司就环境、社会及治理（ESG）事宜制定政策，并在出现可能影响所投资公司的信誉、声誉及表现的重大 ESG 事件时参与该公司的事务。

投资者监察公司时应以下列各项为目的：

1. 时刻了解公司表现；
2. 时刻关注推动公司的价值或风险增长的内部及外部情况发展；
3. 本身相信公司的管理层领导有方；
4. 本身相信并接受公司所采纳的公司治理构架及实践；
5. 审视公司进行汇报的质量；
6. 在适当及可行的情况下出席公司的股东大会。

参与机制包括：

1. 直接与公司进行私下沟通，例如致函管理层及与管理层对话；
2. 利用更多公开策略，例如运用媒体及在股东大会上提出股东决议案；
3. 在股东大会上行使发言及投票的权利；
4. 出售股份；
5. 在极端情况下，提起诉讼。

如投资者将股东参与活动对外委托，应确保有关活动符合投资者参与政策，并采取措施以确保这些活动以符合股东参与政策的方式进行。

参与活动不应包括索取内幕消息②。投资者应妥善处理其与所投资的公司或可能投资的公司之间的沟通，以免获得根据《证券及期货条例》（SFO）（第 571 章）第 XIVA 部规定的未向市场披露的内幕信息。投资者应注意，在寻求与其所投资的公司的管理层直接交涉时，除了在符合法例或规例的情况下所能获取的数据外，该原则不赋予投资者取得额外数据的权利。所投资的公司在回应进行会面或索取资料的请求时，有责任确保机密内幕消息不会被泄露，同时投资者均被公平对待。

如投资者认为在与某公司进行讨论时会提供重要信息，则必须实施适当的机制以

---

① 或偏离公司在披露其公司治理实践时须遵守的其他类似守则。
② 定义见《证券及期货条例》（SFO）第 XIVA 部。

确保有关信息被严格保密,且不会被传播到其他任何活动场合。该机制可能包括暂时禁止买卖公司股份或实施"职能分隔制度",直至向市场作出适当的披露为止。投资者应考虑是否有必要向公司发出警告,说明公司可能已违反该条例的内幕信息规定。

原则 3

　　投资者应考虑何时会提高其参与活动的程度并制定明确的政策。

　　投资者的参与政策应列明其将会积极参与公司事务并定期评价相关行动成效的情况。无论所依循的投资政策是主动型还是被动型,股东参与都应被考虑在其中。投资者可能希望参与公司事务的情况包括(但不限于)当其对公司的战略、业绩、治理、薪酬或风险应对方式(包括可能因社会及环境问题而引致的风险)有所担忧时。

　　初步的讨论应予以保密。然而,如公司在投资者参与公司事务时没有作出具建设性的响应,投资者便应考虑是否将增加其参与行动,例如:

1. 另行与管理层举行会议单独商讨有所顾虑的事项;
2. 通过公司顾问表达担忧事项;
3. 与主席或其他董事会成员会面;
4. 在特定问题上与其他投资者合作;
5. 在举行股东大会前发表公开声明;
6. 在股东大会上提出决议案及发言;
7. 要求召开股东大会,(在有些情况下)会提议更改董事会成员。

原则 4

　　投资者应该有明确的投票指引规则。

　　投资者应运用其持有的所有股权进行投票。如不适宜运用持有的所有股权进行投票时,投资者应向其利益相关者披露原因,而不应自动支持董事会。

　　除非是根据客户特定委托权限行事,否则机构投资者应运用其在一家公司持有的所有股权进行投票。如为不同目的而持有股权,则投资者运用部分股权就一项决议案投赞成票,但运用另一部分股权投反对票,这可能是适当的做法。在这些情况下,投资者应运用所有股权而非净股数进行投票。

　　如投资者无法通过参与其所投资公司的事务来实现适当的结果,则应在股东大会上就相关决议案投弃权或反对票。

　　如投资者使用代理投票服务或其他投票顾问服务,则应在使用其股份进行投票前,考虑有关来自投票顾问的建议是否反映了自身对有关事宜的评价。

原则 5

　　在适当时候,投资者应乐意与其他投资者集体行动。

有时，与其他投资者合作可能是参与公司事务的最有效的方法。

在面对庞大企业或广泛经济压力，或者面临可能摧毁重大价值的风险时，集体参与模式可能是最可取的。

原则 6

投资者应向利益相关者汇报其履行所有权责任的情况。

投资者应至少每年一次向利益相关者汇报其履行所有权责任的情况。投资者可选择提供对各家公司投票的详情，或选择汇报其遵从既定投票政策的情况（连同严重偏离其既定政策仍属恰当的个别案例）。

如投资者将投资对外委托，例如委任资产管理机构管理资金，则在向利益相关者汇报参与政策时，应披露其为确保根据该政策履行所有权责任而采取的措施。投资者应告知利益相关者其资产管理机构会以何种方式、于何处披露有关履行所有权责任的定期报告，或将资产管理机构提供的资料直接纳入其报告内。

原则 7

在代客户作出投资的情况下，投资者应制定管理利益冲突的规则。

代客户就资金进行投资的投资者有责任以其客户及/或其客户所提供的资金的受益人的利益行事。

无可避免，利益冲突将不时出现，包括直接或间接影响投资者集团的利益，以及所提供的资金的客户或受益人的利益的投票。

机构投资者[③]有义务制定识别和管理利益冲突的政策，确保以客户（或如适用，其客户所提供的资金的受益人）的利益为首要考虑因素。有关政策应列明当客户利益与其客户所提供的资金的受益人的利益不一致时，如何处理有关事宜。机构投资者必须能够处理可能影响关键投资所有权行使的重大利益冲突。

---

③ 《证券及期货事务监察委员会持牌人或注册人操守准则》第 6 项一般原则规定，当出现利益冲突时，持牌人或注册人应确保其客户得到公平的对待。

12. 中国台湾：《机构投资者尽责管理守则》修正条文*

2020 年 8 月 10 日
台湾证交所公司治理中心

---

* 原文链接：https://cgc.twse.com.tw/pressReleases/promoteNewsArticleCh/1206。

《机构投资人尽责管理守则》修正条文

（2020 年 8 月 10 日）

一、机构投资者与其责任

机构投资者以其运作模式常可区分为两种类型：

1. 运用自有资金或集结客户、受益人资金进行投资的"资产拥有人"（例如保险、退休基金等从业者）；

2. 协助客户管理资金并进行投资运用的"资产管理人"（例如投资信托、投资顾问等从业者）。

随着金融服务逐渐多元化，资金提供者除了直接进行相关资产（包含股票、债券等有价证券或其他资产）的交易买卖外，实际操作上通常会借助机构投资者的帮助，达成不同的投资目的。

考虑到投资链逐渐延长，以及机构投资人所运筹的资金对市场及被投资公司影响重大，机构投资者投资或履行受托人责任时，应基于资金提供者（可能包含客户、受益人或机构投资人本身的股东）的总体利益，关注被投资公司营运状况，并通过出席股东会、行使投票权、适当与被投资公司的董事或经理人等经营阶层对话与互动等方式参与公司治理，这就是本守则所称投资人的"尽责管理"。

机构投资人需委托其他专业服务机构（例如股权研究代理机构或保管银行）代为进行部分尽责管理活动（例如提供投票建议或代理投票），但并不因此而解除机构投资人本身对客户或受益人的既有责任；机构投资人仍须通过沟通、约定或监督，确保受托的服务机构依其要求行事，以保障客户与受益人的权益。

二、《机构投资人尽责管理守则》目的

《机构投资人尽责管理守则》（以下简称《守则》）旨在通过原则性的架构与指引，鼓励机构投资人运用其专业与影响力，更好地承担资产拥有人或管理人责任，以增进本身及资金提供者的长期价值。机构投资人通过对被投资公司的关注、对话、互动、及致力提升投资价值的过程，亦能促使被投资公司改善公司治理品质，带动产业、经济及社会整体的良性发展。

《守则》鼓励重视尽责管理的机构投资人签署并遵循相关原则（守则中的签署与遵循方式，详见第三章），建议签署的机构投资人包含所有投资我国公司有价证券（包含但不限于上市、上柜、兴柜或公开发行公司）的资产拥有人或管理人，不以我国或国外、政府或私人机构为限。

三、《守则》的签署和"遵循或解释（Comply or Explain）"

《守则》鼓励机构投资人公开签署以示遵循。所谓公开签署，系指机构投资人在

其网站及公司治理中心指定的网站公开声明遵循《守则》（以下简称"遵循声明"），并通知公司治理中心，而为签署人。外国机构投资人若已签署其他国家发布的相关守则，且其精神包含《守则》第四章所列各项原则，提供遵循其他国家发布的相关守则所公开的报告或声明，亦适用。

遵循声明的内容至少应包含：

1. 机构投资人业务简介；

2. 《守则》第四章所列各项原则遵循情形概述；

3. 机构投资者署名（机构投资人以其所属集团或个别公司等名义公开签署本守则）；

4. 签署或更新日期。

前段第 2 点所述的各项原则遵循情形概述，机构投资人必须于签署日起 6 个月内进行补充，并通知公司治理中心；遵循声明参考范例详见附件（略）。

签署人需以发布新闻稿、举办记者会等方式使利益关系人知悉。公司治理中心将汇整签署人名单、遵循声明及签署人参考原则遵循指引（详见《守则》第五章）所公开的信息置于公司网站，刊载于公司治理中心指定的网站。

签署人应视其业务内容与实际遵循本守则的规定，更新其遵循声明与其他参考原则遵循指引公开信息，并通知公司治理中心。公司治理中心将参考各签署人的公开信息，作为未来更新或持续推动本守则的参考。

《守则》并非要求签署人全数遵循第四章所列的六项原则，而系采取遵循或解释（Comply or Explain）的模式，目的在于使本守则保有弹性与灵活度，以适用于多数机构投资人。公开签署本守则的机构投资人，针对第四章所列部分原则无法遵循者，需于其遵循声明内，或在其网站上、营业报告书、年报等报告内提供合理解释；相关公开必须秉持诚信透明原则。

四、尽责管理的六项原则

原则 1：制定并公开尽责管理政策；

原则 2：制定并公开利益冲突管理政策；

原则 3：持续关注被投资公司；

原则 4：适当与被投资公司对话及互动；

原则 5：建立并公开明确投票政策与公开投票情形；

原则 6：定期公开履行尽责管理的情形。

五、原则遵循指引

1. 原则遵循指引概述

（1）机构投资人的"尽责管理"。机构投资人投资或履行受托人责任时，应基于资金提供者（可能包含客户、受益人或机构投资人本身的股东）的总体利益，关注被投资公司营运状况，并通过出席股东会、行使投票权、适当与被投资公司的董事或经理人等经营阶层对话与互动等议合方式，参与被投资公司的公司治理，为投资人机构的"尽责管理"。

（2）兼顾被投资公司的可持续发展。机构投资人肩负尽责管理责任，宜将被投资公司在环境（Environmental）、社会（Social）与公司治理（Governance）等方面的风险与绩效纳入考量，整合于投资流程与决策中，并与被投资公司进行建设性的沟通及互动，促进被投资公司的可持续发展，进而提升客户长期利益，并为整体人类社会带来正面影响。

（3）尽责管理的范畴。随着机构投资人投资范围的扩大，尽责管理的涵盖范围除股票外，应将投资的重要性扩展至债券、不动产、私募基金、另类投资等其他资产类型。

2. 六项原则遵循指引

原则1　制定并公开尽责管理政策。

指引1-1　机构投资者制定尽责管理政策时，应考量其位于投资链的角色、业务性质及如何保障客户与受益人的权益。

指引1-2　机构投资者宜将环境、社会、公司治理（ESG）议题纳入投资评估流程，以完善尽责管理责任，创造长期投资价值。

指引1-3　尽责管理政策的公开宜至少包含以下事项：
- 业务简介；
- 对客户或受益人的责任；
- 尽责管理行动，例如关注被投资公司、与经营阶层互动、参与股东会以及投票等的频率与方式；
- 尽责管理行动的委外办理情形与管理措施；
- 履行尽责管理情形的公开方式与频率。

原则2　制定并披露利益冲突管理政策。

指引2-1　利益冲突管理政策的目的在于确保机构投资人基于客户或受益人的利益执行其业务。

指引2-2　利益冲突管理政策的公开宜至少包含以下事项：
- 利益冲突的种类；
- 针对各类利益冲突的管理方式。

指引2-3　利益冲突的形式可能包含以下状况：
- 机构投资人为其私利，而做出对客户或受益人不利的决策与行动。
- 机构投资人为特定客户或受益人的利益，而做出对其他客户、受益人或利害关系人不利的决策与行动。

指引2-4　利益冲突的管理方式可包含落实教育倡导、权责分工、资讯控管、防火墙设计、侦测监督控管机制、合理的薪酬政策及弥补措施等。

指引 2-5 针对已发生的重大利益冲突事件，机构投资人应定期或不定期向客户或受益人汇总说明事件原委及处理方式。

> 原则 3　持续关注被投资公司。

指引 3-1 关注被投资公司的目的，在于评估相关信息对被投资公司、客户或受益人长期价值的影响，及决定机构投资者进一步与被投资公司对话、互动的方式与时间，作为未来投资决策的参考。

指引 3-2 机构投资者应考量投资目的、成本与效益，决定所关注信息类型、程度与频率；信息类型例如行业概况、机会与风险、股东结构、经营策略、营运概况、财务状况、财务绩效、现金流量、股价、环境影响、社会议题及公司治理情形等。

指引 3-3 机构投资者宜以环境、社会、公司治理（ESG）议题信息，关注、分析与评估被投资公司的相关风险与机会，了解被投资公司的可持续发展策略。

> 原则 4　适当与被投资公司对话及互动。

指引 4-1 机构投资者与被投资公司对话及互动的目的，在于针对所关注的重大议题向被投资公司经营阶层获取更深入的信息和意见，以强化公司治理。

指引 4-2 机构投资者宜考量投资的目的、成本与效益及所关注特定议题的重大性，决定与被投资公司对话及互动的方式与时间。机构投资者与被投资公司对话及交互方式可包含以下项目：

- 与经营阶层书面或口头沟通；
- 针对特定议题公开发表声明；
- 于股东会发表意见；
- 提出股东会议案；
- 参与股东会投票。

指引 4-3 机构投资者判断必要时，须与其他机构投资者共同合作，以维护客户或受益人的权益，并提升被投资公司可持续发展的可能性。同时针对特定环境、社会、公司治理（ESG）议题参与相关倡议组织，共同扩大及发挥机构投资人的影响力。

指引 4-4 机构投资者应注重互动、议合后所带给被投资公司的影响，与拟定未来议合的规划及关注事项，进而决定后续的投资决策。

> 原则 5　建立并公开明确投票政策与公开投票情形。

指引 5-1 机构投资者行使投票权，旨在针对被投资公司各项股东会议案表达意见，尤其对客户及受益人的权益有重大影响的议案，机构投资人宜妥善行使其持有或受托管理股票的投票权。

指引5-2　行使投票权应基于对被投资公司所取得的信息，并考量议案对客户、受益人及被投资公司共同长期利益的影响，避免机械式赞成、反对议案或弃权。若机构投资者已取得股权研究代理机构的投票建议报告，仍宜自行判断如何履行投票权。

指引5-3　机构投资者应建立并公开投票政策，投票政策至少包含以下内容：
- 考虑成本效益后设定的投票权行使门槛，例如针对持股达一定比率或金额者可以行使投票权；
- 行使投票权之前，应尽可能审慎评估各股东会议案，必要时于股东会前与经营阶层进行了解与沟通；
- 定义机构投资者原则上支持、反对或仅能表达弃权的议案类型；
- 声明机构投资人并非绝对支持经营阶层所提出的议案；
- 取得与采纳股权研究代理机构投票建议报告的情形。

指引5-4　机构投资者宜妥善记录与分析其依循相关政策履行投票权的情形，以利于公开投票。投票情形采用了汇总公开方式，例如每年公开对所有被投资公司各类议案所投赞成、反对或弃权的情形，并说明对重大议案支持、反对及弃权的原因。

原则6 定期公开履行尽责管理的情形。

指引6-1　机构投资者宜妥善记录其履行尽责管理的情形，作为评估并改进其尽责管理政策、行动与公开的依据。

指引6-2　机构投资者宜定期检查尽责管理、利益冲突政策、投票政策及履行尽责管理的情形，并评估其执行尽责管理活动的有效性。

指引6-3　机构投资者若基于客户或受益人的合约或要求，定期向客户或受益人公开履行尽责管理守则的情形时，相关内容要采用书面、电子或其他容易取得与阅读的方式提供。

指引6-4　机构投资者考量客户与受益人众多，或合约内并未明订提供履行尽责管理的情形的内容与频率者，应每年在机构投资者网站上发布尽责管理报告，并于营业报告书、年报等报告内公开发布履行尽责管理的情形，内容应包含：
- "机构投资人尽责管理守则"遵循声明及无法遵循部分原则的解释；
- 公司为落实尽责管理，所投入的内部资源、执行尽责管理的组织架构等信息；
- 议合次数的统计；
- 个案说明与被投资公司对话及互动情形，议合成果与后续追踪情形；
- 与其他机构投资者合作的案例；
- 出席或委托出席被投资公司股东会的情形；
- 投票情形（如指引5-4所列内容）；

- 客户、受益人、被投资公司或其他机构投资人等利益相关联系人联系签署人的渠道；
- 其他重大事项（如过去一年发生的重大利益冲突事件等）。

指引 6-5　如投资或尽责管理活动非由签署人直接进行，例如资产拥有人全权委托资产管理人管理资金，则在向客户或受益人公开履行尽责管理的情形时，宜说明其为确保受托人遵循尽责管理政策所采取的措施。

第三部分

境外机构投资者参与上市公司治理先行实践纵览

1. 荷兰 APG 资产管理公司

——践行责任投资的养老金投资管理机构

荷兰 APG 资产管理公司（以下简称"APG"）是荷兰乃至欧洲规模最大的养老金管理机构，主要客户为荷兰政府与教育部门养老金基金 APB、荷兰住房部门养老金基金 SPW（Stichting Pensioenfonds voor de Woningcorporaties）、荷兰建筑部门养老金基金 BPF BOUW 以及 APG 职工养老基金 PPF APG（Personnel Pension Fund APG），覆盖 4 700 多万参与者。APG 的投资范围涵盖全球 60 多个国家，投资标的包括权益、债券、基础设施及房地产等。截至 2021 年 5 月末，APG 管理的资产规模达 5 870 亿欧元。

APG 偏好长期、可持续投资，认为关注社会责任、环境问题及公司治理的上市公司的长期业绩表现更佳，能带来更高的投资回报。自 2015 年起，APG 将负责投资的理念完全整合进投资决策中。在纽约、阿姆斯特丹和中国香港等地，APG 均设有专门的全球责任投资与公司治理小组（Global Responsible Investment & Governance Team），小组目前由近 20 名可持续投资及公司治理领域的专家组成。同时，APG 还设立了尽责管理部门（Fiduciary Management）及风险管理部门（Risk Management），部门成员均包括责任投资与公司治理领域的专业人士。APG 全球责任投资与公司治理小组的职责如图 1 所示。

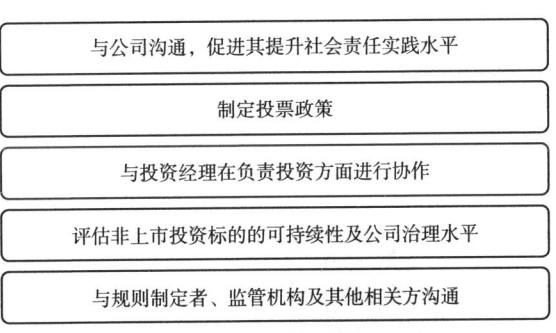

图 1　APG 全球责任投资与公司治理小组的职责

APG 的责任投资理念贯彻在其投资前、投资中、投资后的完整链条中（见图 2）。在投资前，APG 通过制定详细的选股政策及评分体系，将"合格"上市公司纳入投资范围，将"不合格"上市公司从投资范围中剔除；在投资过程中，APG 遵循联合国可持续发展目标（Sustainable Development Goals），并通过与机构合作、参与国际组织的做法来践行责任投资；在投资后，APG 积极参与持股上市公司的治理，通过参与股东大会投票、与管理层沟通的方式，行使股东权利，发挥资产管理者作用，推动上市公司提升 ESG 实践水平。

图 2　APG 践行负责投资的步骤

一、投前——选股实践

机构投资者践行责任投资的基本做法之一为制定排除政策，即卖出或不去投资不符合责任投资、可持续理念的公司。APG 同样制定了机构内部的排除政策，并披露了详细的禁投名单。值得一提的是，APG 同时制定了纳入政策，用内部评分体系对上市公司打分，将符合标准的上市公司纳入投资范围。2019 年，APG 评估了超过 10 000 家投资标的公司，并在其股票池中新增 2 000 家标的公司。自 2020 年起，APG 仅投资 ESG 领域表现优异或有进步空间的标的公司。

1. 纳入政策

APG 以其内部评分体系为基础，制定纳入政策，这一评分标准遵循 OECD 指引（Organization for Economic Co-operation and Development Guidelines，经合组织指引）而制定。APG 从回报、风险、成本、治理的持续性、负责程度共五个维度为投资标的评分，以此将投资标的分为"表现优异者""表现落后者""潜在进步者"三个评级（见表1）。同时，APG 将投资标的纳入资产池的过程是一个持续性过程，可能要花费一整年的时间进行评估，给予其待定评级，然后在第二年年初再确定最终评级。2019 年，APG 投资组合中 64% 的投资标的均为表现优异者或待定表现优异者（见图3）。

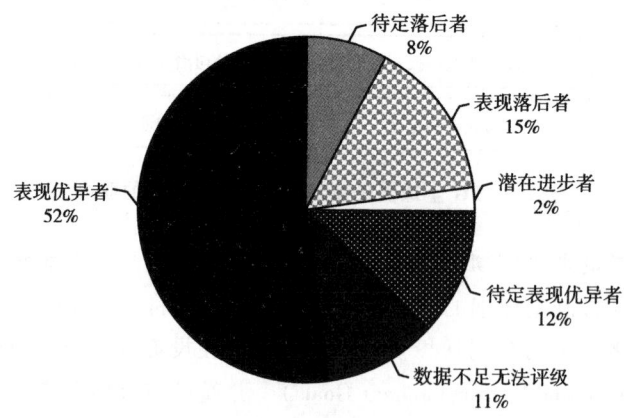

图 3　2019 年 APG 投资组合中的标的评级

APG 为投资标的判定的评级标准见表 1。

表 1　　APG 为投资标的制定的评级标准

评级	评估依据
表现优异者	该标的能达到标准，并且分数高于平均值
表现落后者	该标的在投资回报方面得分较高，但在治理持续性及负责程度方面得分较低
潜在进步者	该标的的治理持续性及负责程度存在后期改善的可能

在 APG 的评估维度中，治理持续性及负责程度以联合国全球契约（UN Global Compact）中人权、劳动者权益、环境及商业道德的相关内容作为制定依据（见表 2）。

表 2　　APG 对上市公司治理持续性及负责程度的评价维度

评价标准	内容
商业道德	行贿与腐败、洗钱、以不合理方法提高药效、缺少举报制度等
劳动者权益	工作健康及安全、工作条件等
人权	与当地社区的关系、数据隐私与安全等
环境	温室气体排放、排污标准与用水标准、载煤量的扩大等

此外，APG 会针对行业特点，在评分时对评估维度有所侧重（见表 3）。

表 3　　APG 的评分维度根据行业特点有所侧重

行业	关注点
采矿	行贿与腐败风险、健康与安全风险、人权风险、环境风险等
医药	产品质量与安全风险、激进营销风险及行贿与腐败风险等
公共事业	参与行贿与腐败的风险、开发新化石燃料发电厂的风险等

ESG 数据的收集与评估是纳入政策的技术基础。为此，APG 已经开始在此过程中应用数字技术、人工智能等辅助手段，但由于 ESG 数据的标准化程度相比于财务数据较低，依然需要经过人工筛选。APG 计划将继续加大研发投入，以提高数据收集及评估的效率。

2. 排除政策

APG 会按照养老金客户的要求，避免投资某些行业或某些国家的标的，具体政策如下：

- 根据标的公司所在行业及主要产品进行排除。APG 不会投资某些行业或生产某些产品的标的公司，如烈性武器制造商、烟草公司及核武器核心零部件生产商等。2020 年，有 140 家上市公司因此被 APG 排除出其投资名单。
- 根据标的公司是否遵循全球性协议进行排除。APG 不会投资不遵循联合国全球契约人权条款、劳动条件条款、环境条款与抵制腐败条款的公司。2020 年，有 3 家标的公司因此被排除，分别为中国能源公司中石油、日本能源公司东京电力公司以及美国连锁超市沃尔玛。

- 根据标的公司所属政府是否收到联合国安理会武器禁运令进行排除。APG 不会投资被联合国安理会发布武器禁运令国家的政府债券,比如于 2020 年排除了利比亚。截至 2020 年年末,APG 已将 15 个国家列入排除名单。

目前,APG 在官网公布了其排除名单中的上市公司名称。在部分 APG 与其外部资产管理机构签订的特定合同中,有明确条款规定非上市公司同样适用排除政策,符合该种情况的非上市公司共包括 119 家。另外,尽管排除名单未包含指数投资及 ETF 基金,但 APG 称可以保证 99% 的投资组合均不包括排除名单上的公司及债券。

二、投中——可持续投资

APG 的投资过程遵循联合国可持续发展目标,并将符合该目标的投资称为可持续发展投资(Sustainable Development Investments – SDIs)。如表 4 所示,在 17 个联合国可持续发展目标中,APG 的投资符合其中的 13 个。截至 2019 年年末,APG 的可持续发展投资规模为 723 亿欧元,其中符合目标 9——工业、创新和基础设施的投资规模最大,达到 310 亿欧元。

表 4　　2019 年 APG 的可持续发展投资规模

联合国可持续发展目标		2019 年投资规模(亿欧元)
目标 1	消除贫困	9.24
目标 2	消除饥饿	19.00
目标 3	良好健康与福祉	174.00
目标 4	优质教育	14.00
目标 5	性别平等	11.00
目标 6	清洁饮水与卫生设施	114.00
目标 7	廉价和清洁能源	2.42
目标 8	体面工作和经济增长	47.00
目标 9	工业、创新和基础设施	310.00
目标 10	缩小差距	9.10
目标 11	可持续城市和社区	3.40
目标 12	负责任的消费和生产	0.61
目标 13	气候行动	8.49

为满足可持续发展目标,APG 于 2019 年与另一家荷兰大型养老金管理机构 PGGM 联合推出 SDI 资产所有者平台。该平台已于 2020 年在 APG 与澳洲最大年金 Australian Super、英属哥伦比亚公共部门养老金基金 British Colombia Investment Management Corporation 的共同合作下正式成立,相关合作机构的资产管理规模总额超过 1 000 亿欧元。

此外,APG 还加入了一个由 29 家大型跨国公司及投资者组成的项目,名为全球可持续发展投资者(Global Investors for Sustainable Development,GISD),旨在满足可持续发展目标下进行燃料投资。

在进行可持续投资时，APG 会参考一些有特色的可持续指标。比如 APG 会投向全球房地产可持续评级（the Global Real Estate Sustainability Benchmark，GRESB）每年评出的 4 星及 5 星地产，即为可持续房地产，投资规模达 243 亿欧元。同时，APG 会投资资助社会及可持续项目的公司或政府所发行的债券，即绿色债券。2019 年，其投资规模达 2 070 亿欧元，是全球最大的绿色债券投资者之一。

三、投后——参与投票及公司治理

在投资之后，APG 积极行使所有者权利（Active Ownership），主要方式包括参与投票、监控与沟通及股东诉讼等，由其全球责任投资与公司治理小组负责。

1. 参与投票

APG 的全球责任投资与公司治理小组通过电子投票系统，在全球范围内统一监测并执行投票。投资经理会参与投票意见的决策过程。

在投票政策方面，APG 从董事会、股东权利、薪酬、年度报告及审计四类关注点去思考上市公司的最佳实践（见表 5），并据此制定全球性投票政策及与公司进行沟通。当投票需要考虑审议事项、当地公司治理原则及当地政策法规的影响时，APG 也会参考外部投票机构的意见。

表 5　　APG 在投票时所关注的问题

主题	投票分析角度
董事会	构成、独立性、CEO/董事长、董事会专门委员会、提名与（连续）选举董事、董事会规模、董事兼任其他上市公司董事情况、评估与换届
股东权利	发行与回购股份、修订章程
薪酬	薪酬政策、离职费及控制权变更
年度报告及审计	举报机制、审计委员会、内部审计、外部审计、审计费用、政治及慈善捐款

2019 年，APG 共参与 5 000 次股东大会的投票，涉及 53 909 项议案。从 2017—2019 年的投票数据中可以看出，APG 参与股东大会的数量逐年上升，总体赞成比相对稳定（见表 6）。

表 6　　APG 2017—2019 年参与投票的数量

	2019 年	2018 年	2017 年
参与股东大会的数量（次）	5 000	4 732	4 300
全部决议（票）	53 909	49 702	47 000
赞成（%）	76	76	76
反对（%）	19	18	20
弃权（%）	2	1	4
缺席（%）	3	5	0

APG 对有关董事与薪酬的议案尤为关注，会单独披露相关投票数据。对于董事选举，APG 重点关注董事会的独立性；对于薪酬相关事项，APG 重点关注董事薪酬政策

与普通职工薪酬政策的一致性。根据 2017—2019 年的投票数据，APG 对董事相关事项的投票意见较为稳定，对薪酬相关事项的反对率有所上升。

表 7　　APG 2017—2019 年参与有关董事及薪酬的议案数量

	2019 年	2018 年	2017 年
有关董事的议案（个）	20 692	18 981	18 000
赞成（%）	74	74	72
反对（%）	19	19	22
弃权（%）	4	1	6
缺席（%）	3	6	0
有关薪酬的议案（个）	1 770	1 515	1 600
赞成（%）	48	56	55
反对（%）	52	42	44
弃权（%）	0	1	1
缺席（%）	0	1	0

APG 会参与所有持股上市公司的投票，仅在特殊情况下才会放弃投票权，这些特殊情形包括：某些市场会锁定行使投票权的股份，在投票期间需要冻结股份（Share Blocking）；要求股东现场参会；仅部分公开甚至不公开股东大会决议等。APG 不会融出股票，也不会仅为了行使投票权而融入股票。

2. 监控与沟通

APG 对某些 ESG 议题尤为关注，会关注上市公司在相关领域的行为，并就相关议题与上市公司沟通，促进上市公司提升 ESG 水平。

首先，APG 关注劳工权利保护与工作条件，是公司劳工权利标尺（Corporate Human Rights Benchmark，CHRB）的发起者之一，且于 2018 年底签署了国际社会负责任投资（International Socially Responsible Investment，IMVB）协定。由于服装业、原料业、信息与通信技术业、造船业、基建业、可可行业的劳工权利与工作条件问题较为突出，APG 会通过与相关行业持股公司达成协议的方式来促进其提升劳工权利与工作条件。比如，APG 曾与谷歌（Alphabet），脸书（Facebook）沟通客户隐私问题，与巴里克黄金（Barrick Gold）沟通安全问题，与海德堡水泥（Heidelberg Cement）沟通人权问题，与拉斯维加斯度假村（Wynn Resorts）沟通犯罪问题，均获得了积极反馈。

案例 1：与 Facebook 就客户隐私问题进行沟通

Facebook 在用户隐私保护方面存在重大缺陷，曾为特朗普竞选总统提供数据分析服务的一家政治 AI 公司剑桥分析（Cambridge Analytica）于 2018 年 3 月被曝非法将大约 5 000 万 Facebook 用户的信息用于大数据分析。APG 于 2019 年与 Facebook 就相关问题进行沟通。自此 Facebook 公开宣布，将用户数据隐私保护纳入管理层责任范围。

案例 2：与 Amazon 就工作环境的安全问题进行沟通

由于 2020 年新冠肺炎病毒的全球流行，亚马逊（Amazon）员工担忧工作环境的安全问题。为此，APG 同相关机构向亚马逊发出联名信，敦促公司向员工披露防疫措施，并在年度股东大会上由相关负责人员报告防疫措施的进展情况。亚马逊已于近期披露其具体防疫投资计划，即在 2020 年第二季度花费约 40 亿美元用于疫情防控支出，包括投资个人防护设备、提高设备清洁程度、提高配送效率以实现更高效的社会隔离、支付小时工团队更高的工资，以及开发其自己的病毒测试设备等。

其次，APG 关注气候变化与环境问题，加入了气候行动组织（Climate Action 100+），签署了金融行业气候协定，并且在资产所有者信息披露项目（Asset Owner Disclosure Project，AODP）每年评选的"最关注气候风险的资产管理者"中排名第四。在进行沟通时，APG 主要与其他机构一同行动，取得了较好的成果，比如：

- 壳牌制定了减少二氧化碳排放的长期目标，并将在中短期将高管薪酬与具体目标联系起来；
- 海德堡水泥和全球最大航运公司马士基宣布，将于 2050 年完全实现碳中和；
- 力拓矿业集团已停止煤炭业务；
- 大众汽车制定了长期气候目标，将于 2028 年向市场投放 70 种电动车型；
- 雀巢宣布有望于 2050 年完全实现碳中和。

案例 3：与石油天然气公司（British Petrol，BP）就减排问题进行沟通

2019 年，APG 与其他大型投资者一起向石油天然气公司 BP（British Petrol）提出了气候提案，要求 BP 根据《巴黎气候协定》制定短期、中期和长期的气候目标，并发布关于气候问题的年度报告。同时，机构投资者们还要求 BP 监测温室气体排放情况，并将职工奖励政策与气候政策相联系。BP 的新任董事长重视气候政策，有望实现气候政策的逐步过渡。同时，BP 的高管也支持该项提案，计划为该气候政策相关事项提供更多内部授权。

此外，APG 认为不同地区的上市公司的沟通风格有所不同，比如，在欧洲，APG 可以直接与公司高管或董事会成员对话，但在亚洲，则首先需要花费时间建立信任，之后才能达到较好的沟通效果。

3. 股东诉讼

整体来看，APG 对持股公司提起诉讼的原因包括欺诈、诈骗、虚假陈述，无视披露义务和违反信托义务等。如果 APG 遭受损失并且能够在成本可控的范围内获得索赔，那么 APG 将采取合理措施进行索赔，追回损失。在适当情况下，APG 会通过在证券案件中发挥积极作用的方法改善涉案公司的治理情况。

四、结语

APG 的责任投资实践贯穿投前、投中、投后的完整过程。在实践中，APG 稳中有新，以多项国际性框架、指引、协定为基础，建立起自己的特色评价体系和行动模式，经年累月的持续投入，使得 APG 成为一家在责任投资领域影响力卓越的机构。

【参考资料】

1. *After Shell, BP is also committed to climate strategy*. https://apg.nl/en/publication/after-shell-bp-is-also-committed-to-climate-strategy.

2. *Cooperation with investors in CO_2 reduction is bearing fruit*. https://apg.nl/en/publication/cooperation-with-investors-in-CO_2-reduction-is-bearing-fruit.

3. *APG urges Amazon to be transparent on employee health and safety measures*. https://apg.nl/en/publication/apg-urges-amazon-to-be-transparent-on-employee-health-and-safety-measures.

4. *APG Responsible Investment Report* 2019. https://apg.nl/media/z0pduvmd/en-apg-responsible-investment-report-2019-2020_1.pdf.

5. *Global Corporate Governance Framework*. https://apg.nl/media/sqmbb1na/apg-am-global-corporate-governance-framework-final_eng.pdf.

2. 荷宝投资管理集团

——深耕可持续投资 26 年

荷宝投资管理集团（Rotterdamsch Beleggings Consortium，Robeco）（以下简称"荷宝"），成立于 1929 年，是荷兰老牌资产管理机构，在全球范围内进行投资。荷宝于 2007 年收购苏黎世可持续投资机构 SAM（后更名为 RobecoSAM），吸纳了 SAM 的可持续投资研究能力，在机构内部实现了将 ESG 与投资全流程的整合。目前，RobecoSAM 已成为荷宝旗下专门化可持续投资产品、研究分析及信息情报工具的品牌。截至 2020 年年末，荷宝的资产管理规模为 1 761 亿欧元，其中整合 ESG 的资产管理规模达 1 603 亿欧元。

荷宝是可持续投资的先行者。荷宝是最早发行可持续投资产品的资产管理机构，其下属研究机构 RobecoSAM 自 1999 年起就已经与标准普尔道琼斯指数（S&P Dow Jones Indices）合作，为标准普尔道琼斯可持续指数系列产品提供研究支持。同时，荷宝是最早加入联合国可持续投资组织（PRI）的机构投资者之一，自 2014 年起持续蝉联 PRI 的最高评级。可见，荷宝在可持续投资领域有着悠久的发展历史和丰富的实践经验。

一、完善的可持续投资体系

自荷宝于 1995 年发行第一个可持续投资产品 Green Certificates 算起，其深耕可持续投资领域已达 26 年。荷宝自 2020 年 5 月设立了可持续投资中心（SI Center），将积极所有者团队（Active Ownership Team）、投研团队以及客户管理团队整合在一起。同时，荷宝在可持续投资中心新设立了可持续投资先进理念团队，负责将可持续投资的最新学术成果在荷宝内部及客户之间进行分享。这四个团队相互配合，使荷宝在可持续投资领域保持领先地位（见图 1）。

图 1　荷宝的可持续投资体系

荷宝并非把 ESG 因素仅仅当作制定投资策略时考虑的因素之一，而是将其贯彻于整个投资流程。在实践中，荷宝根据客户对可持续程度要求的高低进行不同风格的投资，并制定了详尽的配套政策。

1. 不同风格的可持续投资策略

按照可持续程度的不同，荷宝将可持续投资策略分为三种类型，即内部可持续（Sustainability Inside）、聚焦可持续（Sustainability Focus）及影响力投资（Impact Investing），基本内容见表1。

表1　　　　　　　　　　荷宝的可持续投资策略

策略	投资策略	2020年投资规模	晨星可持续性评级①
内部可持续	将 ESG 因子全面整合进投资过程中，包括投前研究、排除不合 ESG 标准的股票、参与投票及公司治理等	1 385 亿欧元	3.3
聚焦可持续	在满足内建可持续的基础上，制定额外的可持续目标，并要求投资标的的生态足迹优于基准水平	91 亿欧元	4.1
影响力投资	在满足内建可持续的基础上，进行特定主题的可持续投资（如投向符合联合国可持续发展目标的标的）；所有投资策略均为 RobecoSAM 出品	127 亿欧元	4.0

这三者的区别在于：内部可持续策略并未体现具体可持续目标，且仅在制定投资组合时将有实际影响力的 ESG 因子纳入考虑范围，并非以 ESG 因子为主导。同时，内部可持续策略下的投资组合名称中不包含"可持续"字眼，晨星可持续性评级得分相对另两种投资策略较低，但仍高于平均水平。聚焦可持续策略和影响力投资策略均体现具体的可持续目标，这两种策略下投资组合的晨星可持续性评级较高。

2. 完备详尽的可持续投资配套政策

荷宝制定了一系列与可持续投资相关的配套政策，并于官网公开，具体见表2。

表2　　　　　　　　　　荷宝的可持续投资相关政策

项目	内容
可持续政策（Sustainability Policy）	可持续投资理念、重要性、组织架构
公司沟通政策（Engagement Policy）	与公司沟通的原则、期望成果、实践方法
投票政策（Voting Policy）	投票原则、对不同事项的投票意见、参与投票的标准
投资标的排除政策（Exclusion Policy）	排除标准、排除名单
尽责管理政策（Stewardship Policy）	尽责管理的具体实践方法，包括处理利益与道德冲突的方法、监控投资标的、与公司进行建设性沟通、参与投票、定期进行信息披露等

---

① 晨星可持续性评级，即晨星基金根据气候变化、环境问题、公司对待员工的方式以及公司所承担的社会责任制定的基金评级体系。表中评级数据为 2019 年数据。

续表

项目	内容
相关原则、行为规范及最佳实践（Relevant Principles, Codes and Best Practices）	荷宝可持续投资及相关政策所遵循的原则及行为规范
人权宣言（Human Rights Statement）	荷宝尊重下属员工及客户的人权，同时在进行采购与投资时考虑供应商及投资标的在尊重人权方面的实践水平
气候变化政策（Climate Change Policy）	荷宝内部应对气候变化的措施、将气候因素整合进投资过程的方法
棕榈油政策（Palm Oil Policy）	在棕榈油行业进行可持续投资的方法
ESG 整合政策（ESG Integration）	将 ESG 因子整合进量化投资、基本面分析、固定收益策略、复合资产投资的方法
多样性政策（Diversity Policy）	荷宝追求员工在性别、年龄、文化背景及教育背景的多样性

在上述政策中，排除政策旨在将不符合 ESG 理念的投资标的排除，适用于内部可持续策略、聚焦可持续策略与影响力投资策略。这三种投资策略对排除标准的严格程度符合其可持续程度，内部可持续策略相对宽松，而影响力投资策略的标准最严。例如，荷宝要求棕榈油生产商的工厂满足可持续棕榈油圆桌标准①，内部可持续策略下的投资组合会排除可持续棕榈油圆桌标准认证率低于 20% 的公司，而聚焦可持续策略与影响力投资策略下的投资组合则会排除认证率低于 80% 的公司。荷宝将具体排除名单公布在官方网站，以便于投资者查阅。以内部可持续策略为例，荷宝的股票排除政策见表 3。

表 3 荷宝的股票排除政策（以内部可持续策略为例）

关注领域	排除标准	排除公司数量	举例
有争议的行为	荷宝将与违反联合国全球契约②以及经合组织指引③的公司进行最多为期 3 年的沟通，若沟通后，情况未改善，则荷宝会将该公司排除	8	Vale Indonesia Tbk PT
有争议的武器	未遵守武器禁令（例如渥太华禁雷公约）的杀伤性地雷、集束弹药、生化武器、贫铀武器和核武器生产商	28	BAE Systems PLC
烟草	烟草生产商；营业收入超过 50% 来自烟草相关产品与服务的供应商；营业收入超过 10% 来自烟草制品的零售商	126	22nd Century Group Inc

① 可持续棕榈油圆桌标准，即 Roundtable on Sustainable Palm Oil，简称 RSPO。
② 联合国全球契约，即 United Nations Global Compact Principles。
③ 经合组织指引，即 Organization for Economic Co-operation and Development Guidelines。

续表

关注领域	排除标准	排除公司数量	举例
棕榈油	棕榈油工厂的可持续棕榈油圆桌标准认证率低于20%，或者营业收入超过20%均来自未认证棕榈油收入	88	Palmci SA
化石燃料	营业收入超过25%来自动力煤 营业收入超过25%来自油砂 营业收入超过10%来自北极石油钻探	244	Southstone Minerals Ltd
国家或主权债券	严重违反人权；政权动荡；受到联合国、欧盟与美国的制裁	16	阿富汗、伊朗、津巴布韦

二、丰富的投票实践

荷宝于2005年在鹿特丹及中国香港设立了积极所有者团队。该团队隶属于荷宝可持续投资中心，由不同语言及国家背景的与公司沟通及投票领域专业人士构成，与RobecoSAM、荷宝的投资经理密切合作，负责尽责管理事宜，并最终向首席投资官（CIO）汇报工作。

尽责管理是荷宝可持续投资框架中的重要组成部分，需经定期审计。其中，尽责管理活动的内部控制情况每年需经过外部审计机构审计；尽责管理活动的流程（包括投票流程、与公司沟通的流程以及排除政策）每三年需经内部审计部门审计。

1. 投票政策

参加股东大会的投票是尽责管理的重要内容之一，为此，荷宝在遵循国际公司治理网络全球治理原则①的前提下制定了自己的投票政策。荷宝主要关注上市公司的财务报告与外部审计机构、董事会、薪酬、资本管理、兼并与收购、股东权利、股东提案共七大类事项，并将其具体分为33小类事项，逐项制定投票政策（见表4）。如果上市公司拟审议的事项超过上述范围，荷宝将遵循一事一议的原则进行投票。

表4 荷宝的投票政策关注事项

主要事项类别	细分事项
财务报告与外部审计机构	财务报告、董事会工作报告、审计报告、聘任审计机构、审计费用
董事会	董事选举及罢免、董事会规模或结构的变动
薪酬	高级管理人员薪酬、薪酬政策、非执行董事薪酬
资本管理	利润分配、债务融资、股权融资、注册资本变动、发行优先股、股份回购
兼并与收购	兼并、收购、重组
股东权利	修订章程、同股同权、会计准则变更、反收购条款、管理层权限
股东提案	信息披露、ESG相关议案

---

① 国际公司治理网络全球治理原则，即International Corporate Governance Network Global Governance Principle。

荷宝在参与投票时会关注环境与社会议题。如果上市公司在"可持续报告""环境管理及气候变化""人力资源管理及多样性"及"政治捐赠及游说贡献"方面有不当行为,那么荷宝会反对相关议案。同时,荷宝会使用外部投票代理平台,并参考投票机构(目前是 Glass Lewis)的意见。不过,荷宝内部的投票分析师会根据荷宝投票政策对上市公司的拟审议事项进行独立分析。因此,荷宝的最终投票意见经常与投票代理机构给出的意见有所不同。

2. 投票流程

荷宝的投票流程自上市公司股东大会通知公布时启动。首先,荷宝会参考外部投票机构的研究报告,分析拟审议事项;其次,荷宝的投票分析师将根据公司可持续报告、年度报告、新闻等相关资料,并借助权益研究员、投资经理、与公司沟通的负责人、RobecoSAM 搭建的综合数据库等力量分析拟审议事项的合理性;对于高管薪酬、董事选举及股东提案等特殊议案,荷宝采用特定分析框架进行分析;最后,投票分析师将根据荷宝或荷宝的客户自拟的投票政策,在电子投票平台作出投票决策,并在周会上进行总结与回顾。此外,荷宝会将参与投票的信息用于与公司沟通,提高信息利用率。

当积极所有者团队想要投出反对票时,首先要确保遵循了荷宝的投票政策及投票流程(见图 2),其次要在投票前咨询合规部门并上报执行委员会、通知客户。

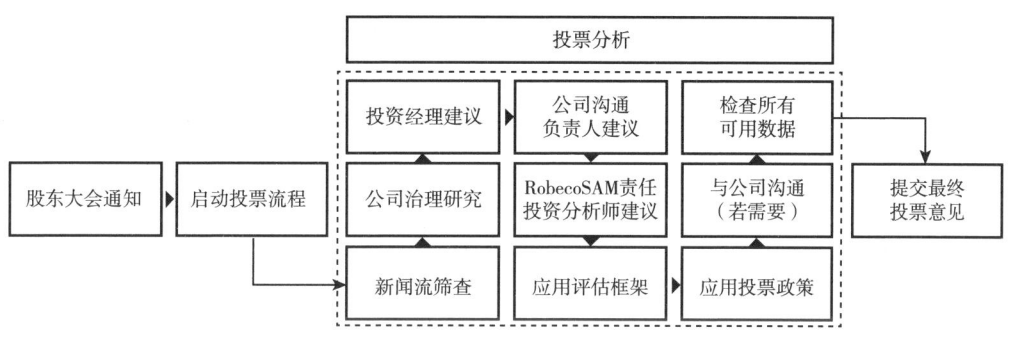

图 2　荷宝内部投票流程

3. 参加标准

荷宝将从以下两个方面考虑是否参加持股公司股东大会的投票(见表 5)。

表 5　荷宝的参与投票标准

项目	内容
投票成本	如果参与投票的成本直接影响投资组合业绩,则不参加投票
限售市场	有些股票市场禁止投票前交易股票。在这种情况下,荷宝会选择参加有争议的重大事项,或持仓份额对投票结果有显著影响的投票。对于荷宝持有的所有处于限售市场的上市公司股票,荷宝每年参与大约 80% 的公司的"限售"股东大会。对于余下 20% 的"限售"股票,荷宝会在必要时卖出

当荷宝将所持股票融出时,便无法参与相关持仓公司的投票。但原则上荷宝会对所有持仓公司进行投票,因此荷宝会在必要时提前赎回其借出的绝大多数股票持仓

份额。

4. 投票数据及案例

2020 年,荷宝共参与了 7 802 次股东大会的投票,涉及议案 76 781 项,覆盖资产 1 150 亿欧元。从近三年的投票数据来看,参与股东大会的次数与议案数量、覆盖资产规模逐年提升,出现反对议案的会议率呈上升趋势(见表 6)。从地域分布来看,新兴市场的比重明显提升(见表 7)。

表 6　　　　　　　　　　　荷宝近三年的投票参与数量

	2020 年	2019 年	2018 年
参与投票的资产规模(亿欧元)	1 150	915	700
参与投票的股东大会次数(次)	7 802	5 962	5 291
有反对议案的会议率(%)	65	59	56
参与投票的资本市场数量(个)	81	73	69
参与投票的议案数量(个)	76 781	63 196	56 109

表 7　　　　　　　　荷宝近三年分地区投票参与率(%)

地区	2020 年	2019 年	2018 年
北美	21	29	30
欧洲	18	23	23
太平洋	10	11	11
新兴市场	51	37	36

此外,荷宝对于投票数据的信息披露较为充分,不仅每季度公布投票报告,与投资者分享投票案例,还在官方网站上建立了投票数据库,将具体投票时间、公司名称、议案名称和投票意见对投资者进行公开(见图 3)。

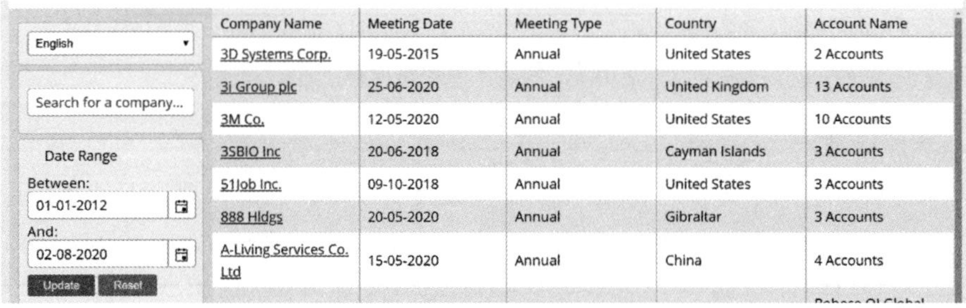

图 3　荷宝投票数据库截图

案例 1:反对荷兰国际集团的监事会与管理层报告

荷兰国际集团(ING Group N.V)是一家金融公司,覆盖银行、保险及资产管理业务。公司在 2018 年的股东大会上提交了审议监事会与管理层的报告。通常情况下,荷宝对这类常规议案会投出赞成票,但因为公司在 2018 年曾因反洗钱不力被处罚

7.75 亿欧元,并承认上述事件为管理层责任,所以荷宝对监事会与管理层报告投出了反对票。

三、积极与公司沟通

荷宝尽责管理的另一重要内容为就 ESG 议题与公司进行沟通,同样由积极所有者团队负责。积极所有者团队根据 RobecoSAM 分析师、基金经理、外部 ESG 数据商、外部投票机构的数据及意见制定关注列表,并定期进行更新。该关注列表自动添加处于沟通过程中的公司,有助于积极所有者团队追踪沟通进展,分析沟通结果。

1. 沟通议题

荷宝与公司沟通的议题可按性质分为两类:

- 价值沟通:主要关注长期、对财务有实质影响的 ESG 因素;
- 提升沟通:主要关注上市公司违反人权、劳动保护、反腐等原则性问题的行为,且每季度进行案例总结;如果沟通失败,荷宝则可能将相关公司剔除出其投资名单。

荷宝与公司沟通的主要议题见表 8。

表 8　　　　　　　　荷宝与公司沟通的主要议题

主题	行业	主要内容
气候变化	石油及天然气	能源转化;制定具有前瞻性的经营策略;提高碳使用效率
	汽车	减排
	房地产	气候变化管理;环保管理;降低能源消耗及碳排放;居民健康
责任生产	食品	食品安全
	棕榈油	RSPO 认证比例
	纺织行业	劳动者薪酬
	采矿	生产安全
责任消费	塑料	一次性塑料的循环利用
	糖	肥胖风险
	肉类与鱼类供应链	动物福利
科技	人工智能	社会影响
	医疗	数字化创新
	互联网	网络安全
公司治理	日本的公司治理水平	独立董事任免、现金分红等
	银行	企业文化、风险控制、反洗钱
	纳税责任	税收透明

荷宝的公司沟通工作以 3 年为周期,期间会定期与上市公司交流。沟通的具体议题由积极所有者团队负责挑选,每个议题包括 10—15 家公司。

2. 沟通流程

在沟通前,荷宝会制定 SMART 目标,确保目标明确(Specific)、可评估(Measurable)、可实现（Achievable）、有相关性（Relevant）、有时限（Time-bound）的要求（见图4）。

图 4　荷宝的沟通流程

在与公司沟通时，荷宝首先通过邮件、信件或电话联系上市公司投资者关系部门，表达沟通诉求，而后与专门人士（如风险管理部负责人、可持续部门负责人、供应链负责人等日常经营方面的负责人）预约会议，有时也涉及与高管或董事的沟通。沟通的相关记录由积极所有者团队留存。

荷宝会与上市公司、固定收益产品发行公司进行沟通，并通过设置客户小组，每年反映客户对沟通议题的需求，让客户参与公司沟通，同时每两年组织一次客户活动，分享与公司沟通时的观点及想法。对于不同类别的投资标的，荷宝在进行沟通时所关注的方面亦有不同，例如关注信贷组合的 ESG 下行风险（Downside ESG Risks）、关注权益组合的 ESG 风险、投资机会及股东权利等。

3. 沟通数据及案例

2020 年，荷宝合计与 222 家公司进行了沟通，涉及 246 个案例，沟通成功率①为 67%。从近三年的沟通数据来看，荷宝的沟通数量逐年上升，但沟通成功率有所下降（见表9）。从地域分布来看，荷宝主要与北美及欧洲公司进行沟通，其中北美的比重逐年上升，但新兴市场的比重却有所下降，呈现出与参与投票相反的变化趋势（见表10）。

表 9　荷宝近三年参与沟通的数量

	2020 年	2019 年	2018 年
参与沟通的资产规模（亿欧元）	2 590	3 160	3 820
参与沟通的案例数量（个）	246	255	240
成功率（%）	67	58	65
参与沟通的公司数量（个）	222	229	214
参与沟通的主题数量（个）	23	22	21

---

①　荷宝在与持股公司沟通前，会明确此次沟通的具体目标，如果沟通完成后，有超过一半的具体目标都得以实现，则将此次沟通视为成功的沟通。

表 10　　荷宝近三年参与沟通的公司地域分布占比（%）

地区	2020 年	2019 年	2018 年
北美	38	41	38
欧洲	29	31	33
太平洋	17	15	14
新兴市场	16	13	15

案例 2：推动采矿行业提升生产安全

2015 年，全球第二大铁矿石生产商 Samarco Mineração 位于巴西东南部 Minas Gerais 州矿山的两处尾矿坝发生铁矿废水水坝爆裂事故，造成多人死伤，并导致该矿山停产。2019 年 1 月，全球第二大铁矿石生产商淡水河谷位于 Córrego do Feijão 矿区的 1 号坝溃坝，导致 248 人丧生。这足以说明采矿行业的生产安全问题亟待解决。2019 年 4 月，荷宝与其他 95 名投资者（管理资产规模合计超过 10.3 万亿美元）成立了采矿与尾矿安全投资者倡议组织（Investor Mining and Tailings Safety Initiative），并成为该组织领导委员会的成员。在举办的圆桌会议讨论中，投资者提出了三方面诉求：

- 在受灾地区举办论坛，加深对尾矿坝事故社会及经济风险的理解；
- 联合专家及行业龙头企业，推动制定尾矿坝管理的最低标准；
- 明确投资者、公司及其他利益相关方在降低尾矿坝风险方面的作用。

经投资者们每月开会进行商讨，最终形成三方面干预行动，推动提升采矿行业生产安全：

- 公开呼吁制定全新、独立且可评估的尾矿坝国际标准；
- 向 651 家采矿公司发出信件，要求其披露相关事项；
- 制定了详细的建立尾矿坝全球数据库的方案，并提交给种子基金（Seed Funding）。

案例 3：敦促罗氏集团提升商业道德与信息披露水平

荷宝在创新管理、产品质控、商业道德、临床实验透明度及药品采购事项与瑞士制药公司罗氏集团（Roche）进行沟通。长期以来，医生为提高收入而为患者开具昂贵但非必要的处方药，这让医药行业的商业道德饱受诟病。因此，在沟通过程中，罗氏集团简述了为改善上述情况所作出的措施。此外，罗氏集团还承诺披露其资助的药品安全及药效研究的收益及亏损情况。

4. 参与讨论公共政策

除与公司沟通之外，荷宝还积极参与公共政策的制定。例如，荷宝作为荷兰养老金协会 Eumedion 的活跃成员，参与对反收购相关草案的沟通；作为气候变化机构投资者组织（Institutional Investors Group on Climate Change）的成员，鼓励欧洲领导人通过 2050 年实现零排放的目标；作为投资者人权组织（Investor Alliance for Human

Rights) 的成员,促进投资者提高对人权的关注。

四、结语

荷宝在可持续投资领域已经形成一套丰富而成熟的分类体系和投资管理方法论,包括:将可持续投资按照不同风格分为内部可持续、聚焦可持续和影响力投资;将公司沟通按照议题性质分为价值沟通和提升沟通;构建严谨复杂、涉及范围广泛的投票流程和与公司沟通时设置的 SMART 目标。这些体系和方法论的形成源于荷宝在可持续投资领域的长期实践经验,值得其他机构参考借鉴。

【参考资料】

1. *Exclusion Policy Robeco*. https://www.robeco.com/docm/docu-exclusion-policy.pdf.

2. *Exclusion List*. https://www.robeco.com/docm/docu-exclusion-list.pdf.

3. *Stewardship Policy*. https://www.robeco.com/docm/docu-robeco-stewardship-policy.pdf.

4. *Stewardship Report* 2020. https://www.robeco.com/media/5/c/e/5cea32c69daa7928e344b2f496cc8a5a_202104-robeco-stewardship-report-2020_tcm17-29518.pdf.

5. *Sustainability Policy*. https://www.robeco.com/docm/docu-robeco-sustainability-policy.pdf.

6. 投票数据库网页 https://www.robeco.com/en/about-us/voting-report。

3. 法国巴黎资产管理有限公司

——注重政策沟通的责任投资者

1999 年，法国两家主要银行 BNP 和 Paribas 合并，成立了法国巴黎银行（BNP Paribas Group）；二者旗下的资产管理部门 BNP Gestions 和 Paribas Asset Management 于 2000 年正式合并，成为现在的法国巴黎资产管理有限公司（BNP Paribas Asset Management，BNPP AM）。历经二十年的发展，截至 2020 年 6 月底，BNPP AM 合计管理资产规模已超过 4 280 亿欧元。

BNPP AM 关注责任投资，追求"长期可持续的回报"。早在 2002 年，BNPP AM 就发起了其第一只社会责任投资基金，并成立了专门的 ESG 研究团队。2006 年，BNPP AM 成为联合国负责任投资原则组织（UN-PRI）的创始签署机构之一。二十多年来，BNPP AM 在责任投资和 ESG 投资领域的投入取得了丰硕的成果，并得到诸多第三方评估机构的认可。在 ShareAction[①] 2020 年发布的《Point of No Returns》报告中，BNPP AM 的可持续投资和 ESG 综合表现在全球 75 家资产管理公司中排名第二位，获评 A 级；Majority Action[②] 在其 2019 年发布的《Climate in the Boardroom》报告中认为，仅有 4 家资产管理公司将"支持气候变化相关议案"承诺落实为具体政策，而 BNPP AM 就是其中之一。联合国负责任投资原则组织（UN-PRI）也给予 BNPP AM 最高评级。

作为持股上市公司的股东，BNPP AM 致力于积极参与公司治理，激励持股公司提升其在 ESG 方面的表现；作为公共机构，BNPP AM 通过参与并影响政策制定、践行 ESG 投资的方式，推动社会政策与环境的改善，以使其更符合可持续发展的理念。

一、部门架构

围绕责任投资，BNPP AM 构建了一套以可持续中心为核心的团队。

1. 可持续中心（Sustainability Center）

2017 年，BNPP AM 正式成立可持续中心，以协助投资团队统筹协调可持续发展、责任投资等相关事宜。团队于 2018—2019 年迅速扩张，目前拥有的全职成员已超过 25 名，分别位于巴黎、香港、波士顿和纽约等地，是各行业的研究员和 ESG 领域的

---

① ShareAction 成立于 20 世纪 90 年代，是一家注册于英国伦敦的非营利组织，专注于推动机构投资者负责任投资，曾发起倡议，促使"大学退休金计划"（USS）成为第一个正式采用对社会负责和可持续的投资政策的养老基金。

② Majority Action 成立于 2005 年，是一家位于美国的非营利、无党派组织，倡导股东要求公司对高标准治理、社会责任和长期价值创造负责。2018 年，Majority Action 与 50/50 气候项目合并，共同发起了"气候多数项目"，旨在教育投资者充分认识应对气候变化风险的重要性。

研究专家。根据具体职责，可持续中心内部又划分出若干个小组，包括管理与政策小组（Stewardship and Policy Group）、可持续发展研究小组（Sustainability Research）、企业与社会责任小组（Corporate and Social Responsibility）、气候变化投资小组（Climate Change Investment）等。

这些小组负责研究制定与公司责任投资相关的战略和政策，如全球可持续战略（Global Sustainability Strategy）、ESG 整合指引及政策（ESG Integration Guidelines and Policy）、尽责管理政策（Stewardship Policy）、负责任商业行为政策（Responsible Business Conduct Policy）和排除政策（Product-based Exclusions）等。根据实际需求，可持续中心不断推陈出新，或更新既有政策，或制定新政策。这些小组也会定期发布执行报告，如年度的尽责管理报告（Stewardship Report）、股东大会投票报告（Voting Report）和可持续发展报告（Sustainability Report）。除此之外，可持续中心还负责制定 ESG 评分框架，按月更新企业的 ESG 评分，这一评分框架目前已覆盖 3 000 家公司。BNPP AM 计划在制定 ESG 评分框架方面加大投入，将覆盖范围扩大到 12 000 家公司。

2. ESG Champions 网络（ESG Champions Network）

BNPP AM 在其投资团队中遴选出部分成员作为 ESG Champions，通过他们的帮助，将可持续中心的工作真正落实到投资活动中。这些 ESG Champions 每个月通过培训、阅读简报，了解投资领域 ESG 发展情况，以及 ESG 研究方法、排除政策和管理活动的相关信息。他们中的许多人都获得了与可持续发展相关的证书。截至 2019 年末，BNPP AM 共培养了 68 名 ESG Champions，实现对公司投资团队的全覆盖。

3. 可持续发展委员会（Sustainability Committee）

2018 年，BNPP AM 在投资委员会（Investment Committee）下设立了可持续发展委员会，负责监督可持续发展相关目标的完成进度和政策的实施情况。该委员会的主任由 BNPP AM 的 CEO 亲自担任。

4. ESG 评估委员会（ESG Validation Committee）

BNPP AM 设有 ESG 评估委员会（ESG Validation Committee），主要职责是帮助各地投资团队了解、应用 ESG 整合指引（ESG Integration Guidelines）。2019 年，ESG 评估委员会共审核了 295 项投资策略和 945 个产品。根据 BNPP AM 的计划，未来所有投资策略及产品都将经由 ESG 评估委员会审核。

5. 代理投票委员会（Proxy Voting Committee，PVC）

BNPP AM 设立了代理投票委员会（PVC），该委员会由管理和合规团队的成员组成，主要负责制定投票准则（Proxy Voting Guidelines），并确保公司参与的股东大会投票均遵循这一投票准则和投票流程。BNPP AM 将代理投票视为其投资流程中不可或缺的一部分，因此，公司的 CEO 是其代理投票的最终责任人。

二、作为负责任的股东的积极作为

作为负责任的股东，BNPP AM 通过积极行使投票权（Proxy Voting）及与公司沟通（Engagement）的方式参与公司治理，以推动持股公司提升其在ESG方面的表现。

（一）积极行使投票权

1. 投票流程

BNPP AM 聘用全球最大的投票咨询机构 Institutional Shareholder Services（ISS）作为其外部投票顾问，参考 ISS 投票建议并使用其投票平台以执行投票流程，最终的投票意见将由 BNPP AM 基于投资者利益最大化的标准而独立给出。具体投票流程如图 1 所示。

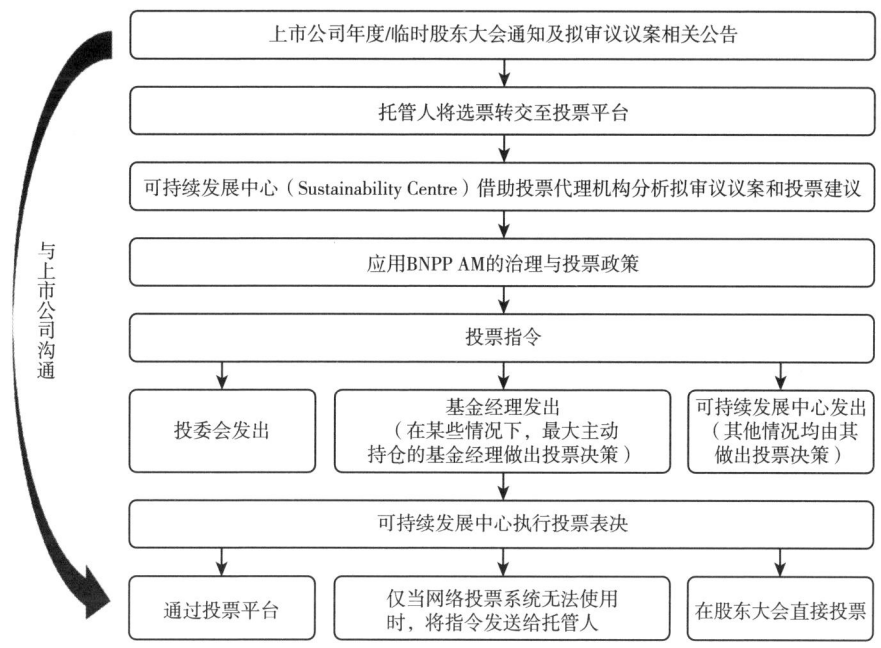

图 1　BNPP AM 投票流程

2. 参与投票的标准

出于成本和精力的考虑，BNPP AM 不会对所有持仓公司都开展投票。BNPP AM 设置了自己的投票标准，满足以下 3 个条件之一，即参加投票：

①是 BNPP AM 前 90% 的持仓股票；

②BNPP AM 持股比例占该上市公司股票市值 0.1% 及以上；

③监管或其他特殊需求。

2019 年，BNPP AM 共参与 1 758 家公司的股东大会投票，覆盖其 45% 的持仓公司（1 758/3 920）。

3. 投票政策

（1）议案分类

BNPP AM 将上市公司公告事项分为 5 个一级分类与 18 个二级分类，对每类事项制定了赞成、弃权及反对的投票标准（如表 1 所示）。

表 1　议案分类

一级分类	二级分类
定期报告	（1）财务报告/董事会报告/审计报告 （2）董事会和管理层履职报告 （3）股利分配 （4）聘任审计机构以及确定审计费用
融资行为	（5）授权发行股份 （6）回购股份 （7）债务重组 （8）兼并收购 （9）公司重组
董事选举	（10）董事会选举
薪酬	（11）薪酬政策 （12）执行董事和高管薪酬（短期薪酬包括固定工资和奖金，长期激励计划包括限制性股票和期权，额外薪酬） （13）非执行董事薪酬 （14）员工薪酬 （15）员工持股
其他事项	（16）修订公司制度 （17）关联交易 （18）股东提案

（2）投票政策的修订

在代理投票委员会（PVC）和董事会的审议下，BNPP AM 每年更新一次投票政策。投票政策的更新主要受内部因素和外部因素两方面的影响。内部因素包括 BNPP AM 工作重心的变化，外部因素包括市场的实际情况及监管要求的变化等。2019 年，BNPP AM 的投票政策较 2018 年主要增加了四项内容：

①增加了对董事会女性董事比例的要求；
②反对董事长兼任 CEO；
③要求北美上市公司董事会保持 2/3 的独立性；
④以欧洲标准对北美上市公司的薪酬制定提出了更高要求。

BNPP AM 既有全球统一的投票政策，也有针对不同资本市场的独立投票政策。针对某些特定议题，BNPP AM 制定了全球统一的标准，比如气候变化的解决方案、负责任的商业行为、联合国全球契约以及其他全球性的政策，但绝大部分的投票政策都是依据各地市场的实际情况和监管要求制定的（如表 2 所示）。

表 2　投票政策因地制宜举例

议题	说明
独立董事	北美地区的投票政策更严格 • 在北美地区，BNPP AM 要求董事会成员的 2/3 必须是独立董事，且关键委员会的成员必须全部是独立董事 • 在其他地区，BNPP AM 一般仅要求董事会 1/2 的成员为独立董事

续表

议题	说明
性别多样化	澳大利亚、欧洲以及美国市场的投票政策更严格 • 自 2020 年 1 月起，BNPP AM 对要求上述地区上市公司至少 30% 的董事会成员为女性 • 在其他地区，BNPP AM 一般要求董事会成员中至少有 1 名女性即可

不过，BNPP AM 也不会一味迁就市场的实际情况。在综合考虑他们希望公司能够达到的目标以及最佳实践之后，BNPP AM 的部分投票政策会比当地市场的规则更加严格。例如，当一家公司的董事会中女性董事人数少于 1 人时，BNPP AM 会反对该公司的董事会人员构成，这比亚洲任何市场的规则都要严格。

4. 投票实践

BNPP AM 会对旗下的欧盟可转让证券集合投资计划（UCITS）、另类投资基金、境外投资基金、投资指令（Investment Mandates）持仓公司进行投票。

（1）投票整体情况

BNPP AM 于 2017—2019 年的投票情况如表 3 及表 4 所示。

表 3　BNPP AM 2017—2019 年投票情况（按议案性质划分）

		2019 年	2018 年	2017 年
董事会提案	赞成（票）	15 851	14 536	14 959
	赞成比例（%）	72.25	78.14	79.59
	反对（票）	5 269	3 317	2 915
	弃权（票）	820	750	921
	反对及弃权比例（%）	27.75	21.86	20.41
	总票数（票）	21 940	18 603	18 795
股东提案	赞成（票）	381	345	412
	赞成比例（%）	74.12	68.45	63.88
	反对（票）	94	92	123
	弃权（票）	39	67	110
	反对及弃权比例（%）	25.88	31.55	36.12
	总票数（票）	514	504	645
议案数量合计（票）		22 454	19 107	19 440

表 4　BNPP AM 2017—2019 年投票情况（按地区划分）

年份	地区	参与投票的股东大会		董事会提案				
		数量（场）	占比（%）	赞成（票）	反对（票）	弃权（票）	反对/弃权比例（%）	合计（票）
2017	欧洲	622	41.74	7 463	1 325	369	18.50	9 157
	北美	461	30.94	4 481	520	414	17.91	5 215
	日本	114	7.65	825	480	16	37.55	1 321

续表

年份	地区	参与投票的股东大会		董事会提案				
		数量（场）	占比（%）	赞成（票）	反对（票）	弃权（票）	反对/弃权比例（%）	合计（票）
2017	其他	293	19.66	2 190	590	122	24.53	2 902
	合计	1 490	100.00	14 959	2 915	921	20.41	18 795
2018	欧洲	618	42.21	7 718	1 523	367	19.67	9 608
	北美	438	29.92	3 788	665	182	18.27	4 635
	日本	126	8.61	971	584	29	38.70	1 584
	其他	282	19.26	2 059	545	172	25.83	2 776
	合计	1 464	100.00	14 536	3 317	750	21.86	18 603
2019	欧洲	827	47.04	9 422	2 040	457	20.95	11 919
	北美	450	25.60	3 094	1 747	52	36.77	4 893
	日本	121	6.88	774	658	59	48.09	1 491
	其他	360	20.48	2 561	824	252	29.58	3 637
	合计	1 758	100.00	15 851	5 269	820	27.75	21 940

从这些数据可以看出，BNPP AM 的投票实践有以下特点：

第一，投票参与范围广，参与投票的议案数量大。2019 年，BNPP AM 参与了 1 758 场公司股东大会，并对 22 454[①] 项议案进行了投票；2020 年，BNPP AM 预计将参与超过 2 000 场股东大会。

第二，投票政策严格，反对率逐年提高。BNPP AM 投票的反对或弃权比例整体水平较高，这间接反映出其投票标准的严格。2017—2019 年，因 BNPP AM 在北美地区投票标准趋严，其对董事会提案的反对或弃权比例由 20.41% 上升至 27.75%。

第三，欧美地区参与较多，日本地区投票反对率高。BNPP AM 参与的股东大会中，超过 70% 在欧美地区，这与其持仓公司分布有关。BNPP AM 对日本公司提案的投票反对或弃权率尤高，2019 年达到 48.09%。这侧面反映了 BNPP AM 的投票政策与日本市场实际情况之间存在的摩擦。

（2）反对议案情况

2019 年，BNPP AM 共审议了 21 941 项董事会提案，并对其中 28% 的议案投出反对或弃权票（如表 5 所示）。

---

① 为包括股东提案和董事会提案的合计数。

表5　　　　　　　　BNPP AM 2017—2019 年反对或弃权议案类型

类型	2019 年		2018 年		2017 年	
	参与投票数量合计（票）	反对或弃权比例（%）	参与投票数量合计（票）	反对或弃权比例（%）	参与投票数量合计（票）	反对或弃权比例（%）
管理层薪酬	2 438	57.51	2 049	49.59	2 370	35.40
融资行为	2 273	42.15	1 879	41.62	2 217	38.29
董事会选举	11 268	29.40	9 833	20.04	8 454	20.49
其他决议	5 961	6.98	4 842	6.15	5 754	30.24
合计	21 940	27.75	18 603	21.86	19 440	20.93

从这些反对或弃权意见的分布可以看出 BNPP AM 的投票意见的反对议案集中于管理层薪酬、融资行为以及董事会选举这三类中。2019 年，这三类议案的反对或弃权比例分别为 57.51%、42.15%、29.40%，总数占反对或弃权议案总数量的 93%。BNPP AM 的投票政策对于这三类议案制定了详细的评估标准，不符合其标准的议案更容易被 BNPP AM 投票反对。

此外，BNPP AM 近年来对 ESG 信息披露的要求也愈发严格。2019 年，因 ESG 信息披露不充分，BNPP AM 对 16 家公司共 61 项议案投出了反对票（如表6所示）。

表6　　　　　　　　因 ESG 信息披露不充分而反对的议案数量

数量	2019 年	2018 年	2017 年
议案数量（项）	61	16	23
涉及公司数量（家）	16	12	—

（二）积极与公司沟通

1. 沟通目的

在积极行使投票权之外，BNPP AM 也积极与公司沟通，这样做主要有三个目的。

①通过与公司交流 BNPP AM 的投票政策，提升该公司治理水平。

②在沟通中获得更多与股东大会议案相关的信息。

③表达对某些违反 BNPP AM 投票政策的股东大会议案的关注和担忧。

2. 参与沟通的标准

由于精力和成本有限，BNPP AM 不可能就所有问题都与公司沟通，在决定是否需要与公司进行沟通时，BNPP AM 主要会考虑以下两个维度。

①议案角度。BNPP AM 从议案的具体内容出发，综合考虑以下因素，即：事件的紧急性和重要性、BNPP AM 的负责任商业行为（Responsible Business Conduct）政策或其他政策的需要、BNPP AM 全球可持续战略、公司尽职战略及投票政策的需求、公司整体 ESG 表现、公司就该事项被监管关注的风险，以及该事项对公司及相关行业的

影响程度。

②实际角度。BNPP AM 还会综合考虑对该公司的持仓规模、沟通成功的概率、其他合作伙伴的要求、过往经验及该公司对相关议题的负责程度等因素。

BNPP AM 会定期剔除投资组合中不符合负责任商业行为标准的公司。

3. 沟通方式

BNPP AM 会因地制宜地选择沟通方式（如图 2 所示）。一般而言，BNPP AM 偏好于直接与独立董事沟通。澳大利亚、美国和欧洲地区的公司习惯于这种沟通方式，但亚洲公司认为投资者应该先与公司 CEO 或者 IR（投资者关系）部门联系，并且不希望机构投资者直接与其董事会交涉或通过媒体公开沟通。其中，日本公司对此敏感程度最高，中国公司的敏感程度则为中等。对于这些较为敏感的公司，BNPP AM 相应选择更温和的沟通方式，以实现更好的沟通效果。

此外，BNPP AM 发现中国、韩国等市场的公司有时会因为与投资者沟通经验不足，而在沟通过程涉及部分非公开信息。为此，BNPP AM 制定了与内幕交易相关的内部管理制度，严格禁止员工利用内幕信息进行交易获益。

若单独沟通收效甚微，BNPP AM 还会采取其他更为激进的沟通方式，如联合其他股东写联名信、提出股东提案、公开发表声明等。若上述行动仍然不能促使公司正面回应股东的诉求，BNPP AM 将游说其他投资者采取共同行动，在股东大会中对相关议案投出反对票，甚至将公司剔除出投资组合。

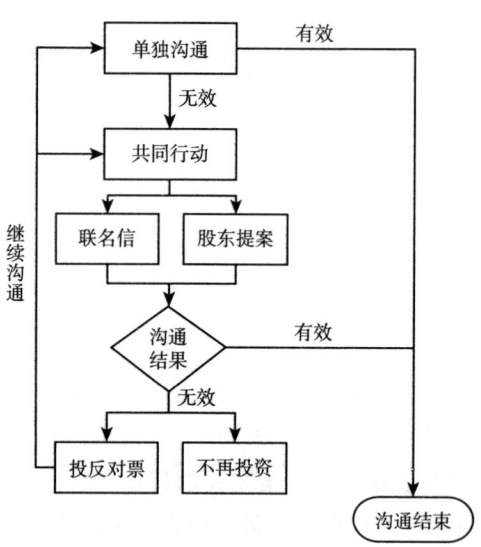

图 2　BNPP AM 沟通流程

4. 沟通议题

BNPP AM 一向关注公司治理、能源转型、人权等主题，同一主题下的具体议题会因市场情况的不同而有所差异。例如，对于欧洲市场的上市公司而言，BNPP AM 会试图说服公司加速能源转型，停止使用煤炭或者燃气发电，转向使用 100% 可再生能源。但是在中国和其他地区，煤炭仍然是能源结构的重要组成部分，因此对中国的煤炭或火力发电行业的上市公司而言，BNPP AM 只会鼓励公司进行能源转型。

5. 沟通实践

在 2019 年的投票季，BNPP AM 共与 123 家持股公司进行了 201 次沟通，重点集中在公司治理、气候变化、森林荒漠化和人权等方面。如果在与公司沟通之后，公司撤回了 BNPP AM 所反对的议案，或者对议案做出修订并得到 BNPP AM 最终的赞成投票，那么这将被视为一次成功的沟通。由表 7 可见，近 5 年来，BNPP AM 成功沟通的次数逐年增加。

表 7　　BNPP AM 历年与持股公司沟通情况

	2019 年	2018 年	2017 年	2016 年	2015 年
成功沟通数（次）	39	27	26	26	23
沟通的公司数（家）	123	119	109	98	74
成功率（%）	31.7	22.7	23.9	26.50	31.10
与独立董事沟通数（次）	33	16	—	—	—

案例 1：与 CANCOM SE 关于董事会结构的成功沟通

CANCOM SE（Code：COK）是一家位于德国的计算机行业公司，主业是为企业整合系统并进行云转型。2019 年股东大会上，CANCOM SE 提议选举全部 6 名董事会成员，其中仅有 2 名候选人是独立董事，占比为 33%，低于 BNPP AM 对非控股类公司独立董事占比 50% 的最低要求。BNPP AM 向公司表达了担忧后，公司在股东大会召开前两周将 2 名非独立候选人均替换为独立候选人，使得公司独立董事占比提升至 67%，符合 BNPP AM 的投票政策。因此，BNPP AM 对这次董事会选举全部投出赞成票。

案例 2：与 Enel SpA 关于高管薪酬政策的成功沟通

Enel SpA（意大利国家电力公司，Code：Enel）在其长期激励计划中应用了相对股东总回报（RTSR）的绩效标准。根据此标准，高管即使在公司经营不佳时也能得到奖励。BNPP AM 认为，高管薪酬计划应当与公司业绩挂钩，考虑到 Enel 于 2018 年已经在缺乏合理解释的情况下大幅增加了基本工资和长期计划奖励，BNPP AM 认为这一薪酬方案不甚合理。于是，BNPP AM 对 Enel 的薪酬政策和长期计划都投出了反对票。

BNPP AM 与公司讨论后，Enel 提出了新的 2019 年薪酬政策，对绩效标准做出改进，避免了公司经营低于中位数时仍向高管给予奖励的情况。对于修订后的方案，BNPP AM 均投出赞成票。

当然，实践中也会有沟通不顺畅的情况出现，但 BNPP AM 并不会就此放弃，例如与 Exxon Mobil（埃克森美孚）的沟通。BNPP AM 在尝试了各种沟通方式后，Exxon Mobil 并未做出改进，BNPP AM 并未因此直接将其从投资组合中剔除，而是坚持不懈地持续沟通,这也体现了与上市公司开展沟通工作的复杂和不易。

案例 3:与 Exxon Mobil 等关于环境问题信息披露的沟通

Exxon Mobil(Code:XOM)是世界最大的石油天然气生产商之一。2019 年,BNPP AM 与其他投资者共同向 Exxon Mobil 提交了股东提案,希望公司披露其短期、中期和长期温室气体排放目标,但公司审议后并不同意将该提案提交至股东大会。此后,BNPP AM 向美国证券交易委员会(SEC)写信,希望其拒绝 Exxon Mobil 将该提议从股东大会中排除的要求。但是,SEC 并没有支持 BNPP AM 的请求。为此,BNPP AM 与其他机构股东一起,向 SEC 提交联名信以表达对该决定的不满,并投票反对全体董事会成员,以表达对公司气候变化战略的高度关注。

2019 年 9 月,由 BNPP AM 牵头,200 多家机构投资者向美国一系列温室气体排放公司提交联名信,希望这些公司真正遵守《巴黎协定》的内容,并充分披露具体实践。大部分公司都积极回应,但包括 Exxon Mobil 在内的四家大型公司(另三家是 Chevron、Delta Airlines、United Airlines)却未做出任何回复。BNPP AM 对这四家公司就相关问题提出了股东提案。可是,Exxon Mobil 却再次被 SEC 美国证券交易委员会批准,可以不将议案提交股东大会审议。

除了积极参与持股公司的公司治理,BNPP AM 还经常与绿色债券发行人沟通,并提升与相关主体在 ESG 问题(如气候变化)上的交流。

三、以机构身份推动责任投资

在责任投资的过程中,"股东"和"机构"是 BNPP AM 的两重身份。作为负责任的机构,BNPP AM 积极参与监管部门、立法机构的政策制定,并主动投资与 ESG 有关的项目。

(一)参与制定政策

1. 参与目标

除了与公司和机构投资者沟通,BNPP AM 十分重视与监管部门、立法机构的沟通,推动相关政策的实施。2019 年 9 月,BNPP AM 与 PRI 共同举办了第一届致力于可持续金融政策的投资者活动日,并发布了其可持续公共政策管理策略(Public Policy Stewardship Strategy on Sustainability)。根据这一策略,BNPP AM 将围绕着以下六个目标参与公共政策的制定和实施。

①3E 原则。3E 原则是 BNPP AM 全球可持续战略(Global Sustainability Strategy)中最重要的目标,具体指能源转型(Energy Transition)、环境可持续性(Environmental Sustainability)及平等和包容性增长(Equality and Inclusive Growth)。为了实现这三个目标,BNPP AM 会积极参与和推动与长期减排相关的政策,解决森林滥伐问题的政策,禁止一次性塑料、推进循环经济的政策,强制性报告首席执行官与雇员的薪酬比率和性别薪酬差距的政策,提高供应链透明度并改善劳动条件的政策等。

②股东权利。BNPP AM 主张保障股东权利，尊重同股同权的原则。

③公司治理和信息披露。BNPP AM 支持与促进公司治理和信息披露水平相关的政策。

④与可持续性相关的披露。BNPP AM 支持在整个市场进行强制性的、有意义的可持续性相关信息披露。

⑤保护环境、消费者和工人。

⑥可持续金融。BNPP AM 认为决策者应规划全球或地区层面的可持续金融政策路线，包括制定相关全球性框架。

2. 参与方式

BNPP AM 主要通过 5 种手段影响政策的制定：

①向立法机构、执法者、多边组织等公开提交建议。

②参与公开和非公开的政策制定讨论会，如技术顾问委员会和投资者协会等。

③与政策制定者直接交流。

④出版白皮书并发表公开声明和承诺。

⑤与法巴集团在共同感兴趣的领域内展开合作。

除此之外，BNPP AM 还积极参与许多国际多边组织，并在其中扮演重要角色。例如：BNPP AM 亚洲地区管理会主席在亚洲公司治理协会（ACGA）担任中国和日本工作组成员；BNPP AM 全球管理政策会主席在欧洲基金与资产管理协会（EFAMA）担任其 ESG/管理委员会成员；BNPP AM 北美地区管理会主席在全球网络倡议组织（GNI）担任董事会成员。根据 BNPP AM 披露，其在全球各地共有 17 家主要的合作组织，与这些组织的紧密联系有利于扩大 BNPP AM 对各地区、各领域政策制定的影响力。

3. 实践成果

BNPP AM 正从针对特定问题的零星干预转向推进全面而实质性的政策改革。2019 年，BNPP AM 工作主要集中于欧洲和亚太地区。

在欧洲地区，欧盟成立了可持续金融技术专家组（TEG）以制定关于欧盟绿色债券、气候过渡和巴黎统一基准的标准。TEG 还将制定一套"欧盟分类法"（EU Taxonomy），以确定经济活动是否在环境方面可持续。BNPP AM 全球管理和政策组组长是 TEG 的 35 名成员之一，深度参与了新标准和新分类法的制定过程，包括参与了 40 余场研讨会和专项活动，与各公司和金融主体分享其对于"欧盟分类法"的理解，并收集他们的反馈意见。2019 年，法国金融市场管理局（AMF）成立"气候与金融可持续委员会"，以协助法国决策者制定可持续金融方面的政策。BN-PP AM 的全球管理和政策组组长是该委员会的成员，协助推进法国的可持续金融发展。

在亚太地区，BNPP AM 参与的工作包括：协助新加坡金融管理局拟定《环境风险管理指南草案》；协助香港金融服务发展局制定《香港 ESG 战略》；参与撰写由联合国环境署金融倡议组织（UNEP FI）、负责任投资原则组织（PRI）等机构共同发布的《中国的 ESG 数据：对主要 ESG 指标的建议》，并在深圳证券交易所向 300 家 A 股公司介绍了该报告。BNPP AM 还希望基于"欧盟分类法"和亚太地区的实际情况，推动全球绿色分类法的统一进程。

（二）ESG 投资

BNPP AM 的 ESG 投资涵盖广泛，包括对未上市的中小企业的投资、对主题基金的投资以及社会责任投资。每年，BNPP AM 都会发布《可持续投资进展报告》（Sustainable Investment Progress Report）（如表 8 所示）。

表 8　　　　　　　　　　　　ESG 投资情况

投资对象	投资规模（亿欧元）	具体内容
未上市的中小企业	1	投资标的企业在创造经济价值的同时，还为社会和环境做出了直接贡献
主题基金	77	这些主题基金专注于能源转型、绿色债券、水、人类发展、食品、全球环境和气候变化等领域，帮助客户有针对性地进行可持续投资
社会责任基金	370	这些社会责任基金在选择投资标的时系统地向各个领域中更具可持续性的公司倾斜

注：数据截至 2018 年 12 月 31 日。

此外，在评估了宏观环境的前提下，BNPP AM 根据 3E 原则，制订了《2019—2022 年可持续投资计划》（Sustainable Investment Roadmap）。在计划中，BNPP AM 剔除了化石燃料收入占营业收入超过 10% 或产量超过全球产量 1% 的采矿业公司，还剔除了二氧化碳排放量超过 2017 年全球平均水平的火力发电公司。

四、结语

BNPP AM 在责任投资的各项指标和排名中都可谓业内标杆。通过梳理其实践经验并与其他机构做比较，我们发现，BNPP AM 的成功有两个要素。一是 BNPP AM 在责任投资方面的投入更大、涉及面更广：除了专设 ESG 小组和其他功能性机构，BNPP AM 还通过 ESG Champions 网络将 ESG 研究结果和实践经验快速下沉至各地投资团队乃至客户群体当中，使责任投资理念贯彻至一线工作人员的日常实践当中。二是 BNPP AM 参与治理的程度更深、主动性更强：为了与持股公司有效沟通以表达意见、谋求改变，BNPP AM 尝试一切可能的途径，包括联合行动、参与政策制定过程等。这两个成功要素，也从侧面体现了 BNPP AM 对于责任投资的真诚信念和贯彻责任投资的决心。

【参考资料】

1. *Global Sustainability Strategy.* https：//docfinder. bnpparibas - am. com/api/files/

2818EAAE – D3CF – 4482 – A3BA – A2EA898AFD0D.

2. *Stewardship Policy*. https：//docfinder. bnpparibas – am. com/api/files/0E8C8C9C – 0FC2 – 40FD – AC19 – D00A5B235635.

3. *Public Policy Stewardship Strategy on Sustainability* 2019 – 2020. https：//docfinder. bnpparibas – am. com/api/files/8BFBC6C4 – 8E02 – 408E – A187 – E7D437C467AC.

4. *Governance and Voting Policy* – 2020. https：//docfinder. bnpparibas – am. com/api/files/4A9D6883 – 8110 – 46B2 – 9560 – 173E31568323.

5. *2019 Stewardship Report*. https：//fr. zone – secure. net/20591/1214375.

6. *2019 Voting Report*. https：//docfinder. bnpparibas – am. com/api/files/E49C9914 – 3AD9 – 4E79 – 8763 – 5DF94FACA8DB.

7. *Using Your Savings to Help Tackle Social and Environmental Issues*. https：//docfinder. bnpparibas – am. com/api/files/99606FD4 – 31F5 – 46FC – 8DDC – 57D4E50C0F12.

8. *Global Sustainability Strategy – March* 2019. https：//docfinder. bnpparibas – am. com/api/files/C73FE172 – 84C4 – 414B – B18E – 8CF53F1FF1E2.

9. *2019 Sustainability Report*. https：//fr. zone – secure. net/20591/1214204.

4. 景顺资产管理公司

——美国责任投资实践先行者

景顺资产管理公司（Invesco，NYSE：IVE）创立于1935年12月，总部位于美国亚特兰大，在全球25个国家雇用了超过8 000名员工。作为一家以投资为主业的上市公司，Invesco的投资种类丰富，并以量化模型选股见长。截至2021年5月31日，Invesco管理着超过1.5万亿美元的资产，是全球五大独立资产管理公司之一。

Invesco很早就开始重视责任投资与ESG投资。1987年，Invesco实施了一项将军工行业排除在投资范围外的投资策略，这也标志着其ESG投资的正式起步。2013年，Invesco成为联合国负责任投资原则组织（UN PRI）的签署机构，并连续多年获得PRI"A+"评级。Invesco认为，ESG理念的发展有利于更好地创造可持续价值、管控投资风险，关注ESG投资符合客户的长期利益。将各种ESG目标整合到投资决策中，是Invesco践行责任投资的重要步骤。此外，作为积极股东，Invesco也会通过行使投票权和主动与公司沟通等方式广泛参与到公司治理中。

一、ESG投资

1. 专职团队：全球ESG团队和区域ESG专家

Invesco在美国、亚洲和EMEA[①]分别设有全球ESG团队（Global ESG Team）。该团队由ESG专家组成，职责主要包括ESG整合，参与投票与公司治理，支持销售团队与客户沟通，并向产品团队提供有关ESG创新方面的建议。Invesco的投票管理团队（Proxy Administration Team，将在后文"代理投票"一节详细介绍）辅助全球ESG团队完成前述工作。

除此之外，Invesco还在部分市场设立了区域ESG专家。例如，2019年，Invesco设立了ESG亚洲（不含日本）主管一职，负责向投资团队提供ESG相关的咨询建议。这些区域ESG专家和全球ESG团队紧密联系，并通过Invesco全球投资者ESG论坛开展紧密协作。

Invesco在将ESG整合到投资流程的过程中，借助了许多第三方机构所提供的产品和服务，如表1所示。

表1　　　　　　　　为Invesco提供ESG支持服务的外部机构

支持内容	第三方机构
ESG专题研究	Sustainalytics、MSCI ESG research、Truvalue Labs、ISS - Climate Solutions、Brokers、Nikko Research Centre

---

① 欧洲、中东、非洲三地区的合称。

续表

支持内容	第三方机构
投票咨询	ISS、Glass Lewis、IVIS
ESG 风险识别	ISS–Ethix、Sustainalytics、MSCI ESG research
行业协会	UKSIF、QCA（UK）、UK Investor Forum、GRESB、ACGA（Japan）、CII（US）、RIA（Canada）、RIAA（Australia）、ItaSIF（Italy）
其他技术支持	Bloomberg、Fund Manager Portal、Illuminate

2. ESG 评估

Invesco 确立了一套专门的评估体系以评估 ESG 风险，具体评估流程包括数据收集、历史和行业分析及实时信息参考等步骤，具体如表 2 所示。

表 2　　Invesco 内部 ESG 评估流程

项目	内容
收集数据	从 Bloomberg、可持续报告、MSCI Pillar scores 中获得相关基础数据
具体分析	使用 Everest Group International LLC's（EGI）①的服务，对公司行业内排名、过往趋势、披露情况、引领/滞后、政策审查、参与治理优先顺序等因素进行分析
实时信息参考	使用 MSCI 和 Sustainalytics 的服务，帮助识别出关键问题和争议性问题，进行风险筛查，并设定指标选取方法论并选取指标

Invesco 分别从 E、S、G 三个维度出发，评估多项指标，并得出不同资产组合的 ESG 评级。另外，在针对上市公司的 ESG 评估中，Invesco 还将综合考虑 ESG 趋势，最终针对公司做出 A—E 的评级。表 3 整理了 Invesco 的 ESG 评估标准。

表 3　　ESG 评估标准

维度	指标
环境（Environment）	耶鲁环境表现指数、圣母大学全球适应指数、自然资源、污染和浪费、供应链影响、气候变化、土地使用与气候多样性、水资源管理、空气污染、自然灾害等
社会（Society）	联合国人类发展指数、圣母大学全球适应指数、人权治理、人口结构变化、不平等、城市化、收入平等
治理（Governance）	腐败指数、世界银行全球治理指数、企业社会责任战略等

3. ESG 策略

专业的 ESG 团队与不断更新完善的 ESG 评估体系使 Invesco 有能力为客户提供全面的 ESG 产品和解决方案。Invesco 的 ESG 策略主要包括：

①负面清单：根据特定的 ESG 标准，将某些行业或公司从投资组合中排除。目前，Invesco 已将酒、赌博、核能源、色情产业、烟草、武器这六个行业排除在投资组合外。

---

① https://www.everestgroupintl.com/.

②专注于可持续发展的投资：将可持续的责任投资结果纳入投资目标，综合运用 ESG 战略，筛选出同类最佳产品；专注于特定领域的主题投资也属于此类。

③影响力投资：在追求财务回报的同时，以产生可衡量的社会或环境正面影响为主要目标。

Invesco 在进行各类投资的决策中广泛采取着这些 ESG 策略，具体情况如表 4 所示。

表 4　　各类投资应用 ESG 策略的情况

	排除政策	可持续发展	影响力投资
股权投资	√	√	—
固定收益投资	√	√	√
房地产投资	—	—	—
量化策略投资	√	√	—
另类投资	√	—	—

二、作为积极股东行使投票权

Invesco 内部设置了全球投票咨询委员会（Global Invesco Proxy Advisory Committee，Global IPAC），由投资管理团队和全球 ESG 团队组成，负责全球代理投票业务的经理担任委员会主席。Global IPAC 为投资团队提供了一个共同平台，以了解、讨论并监督 Invesco 重要的投票决策和投票趋势。在没有利益冲突的前提下，Global IPAC 的代表将与各自的投资团队协商，负责为该团队持股的上市公司进行投票。

Invesco 的投票体系总体呈现出"去中心化"的特征，具体投票主要由各地投资团队自行决策。Global IPAC、Invesco 的投票团队及法律团队每年都会审查并修订全球投票政策以及每个区域投资中心的投票指引，确保这些规则和指引能在满足监管要求的情况下，最大限度地保障客户利益，并与当前行业治理趋势和最佳实践保持一致。

1. 内部投票管理平台：基金经理门户（Fund Manager Portal）

Invesco 开发了自己的内部代理投票系统——基金经理门户（Fund Manager Portal），并由全球 ESG 团队和内部专门的投票专家团队支持其运作。该平台简化了 Invesco 参与投票的过程，并设置了应对股份冻结和管理利益冲突等相关功能。这一管理平台使得 Invesco 能够对投票流程进行全面的质量控制和监督。

Invesco 的内部投票系统能够提供详细的历史投票数据及过往的决议信息，投资团队还可以使用该平台访问第三方投票咨询机构的研究成果和投票建议。该系统积累的大量信息和统计数据帮助 Invesco 建立了将单一上市公司的治理信息和全球各市场整体治理趋势相结合的知识体系。

2. 议案分类与投票原则

Invesco 将股东大会议案分为六个大类：①股东参与和股东回报；②环境、社会与公司责任；③资本结构；④公司治理；⑤薪酬与激励计划；⑥反收购。

Invesco 的投票准则针对这六大类中的细分事项均给出具体的投票建议。Invesco 的投票建议作为判断基准，投资经理将根据"投资者利益最大化"的原则做出最终投票决策。对于公司的常规事项和日常业务相关的议案，Invesco 认为应该保留上市公司酌情处理的权利，并通常选择赞成相关议案。但若议案缺乏足够的信息披露，影响对议案合理性的分析与判断，Invesco 则会选择放弃投票或反对该议案。

3. 投票情况

根据 Invesco 披露的信息，我们整理了其过去四年的投票数据（如表 5、表 6 所示）。

表 5　　　　　　　　　　　Invesco 投票情况总览

	2017 年	2018 年	2019 年	2020 年
参与投票会议数（次）	18 000	18 500	9 854	10 399
参与投票议案数（次）	210 000	—	—	—
会议反对率*（%）	—	—	43	43
议案反对率（%）	12	12.3	—	—

注：* "会议反对率"指至少涉及一个反对议案的股东大会数量占总体参与投票会议数量的比例。

表 6　　　　　　　　　　Invesco 在全球各地区投票比重　　　　　　　　　　单位：%

地区	2017 年	2018 年	2019 年	2020 年
美洲	65	67	44	39
亚太	16	16	35	36
欧洲、中东和非洲	19	17	21	24

尽管部分数据缺失，且不同年度之间存在一定差异，我们仍然可以总结出 Invesco 参与投票的重要特点，一是其参与投票规模较大；二是投票政策相对温和，议案整体反对率相对较低，反对议案中与董事会相关的议案比例较高；三是投票主要集中在美洲地区，近两年在亚太地区的投票比重逐年升高，如图 1 所示。

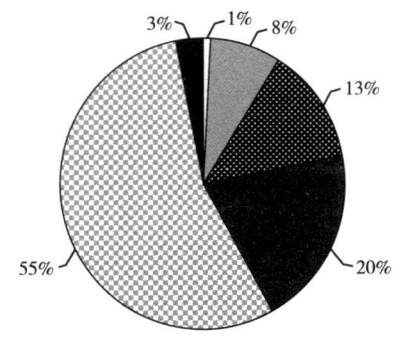

■ 日常业务　■ 资本结构　■ 非薪酬类福利　■ 董事会　■ 重组及并购　□ 反收购

图 1　2019 年 Invesco 投出反对票议案的类型占比

三、作为积极股东参与公司治理

Invesco 认为参与持股公司的公司治理是责任投资的基石。Invesco 非常重视其作为积极股东的责任,并将主动参与视为推动上市公司不断改进的重要渠道。Invesco 的投资团队经常与上市公司董事会进行对话,并在沟通中向上市公司提供有关管理、公司战略、信息披露、资本分配以及 ESG 方面的建议。

1. 参与方法

Invesco 参与公司治理的主要流程分为四个步骤。当 Invesco 的投资人有相关需求时,可以直接向 Invesco 的全球邮箱(ESGengagements@ invesco. com)发送邮件。Invesco 认为与上市公司最有成效的沟通往往发生在投票季过后,因此建议投资者在初秋与其联系。收到请求后,Invesco 将查看在目标公司的持股情况,并提取历史投票数据和相关信息开展研究。之后,Invesco 将要求目标公司完成沟通问卷,并介绍公司目前在治理方面的相关情况,例如薪酬情况、发展战略等。在完成以上研究和信息收集工作后,Invesco 将与目标公司进行正式沟通。另外,Invesco 要求上市公司在沟通期间不得向其分享任何重要的非公开信息(MNPI)。若共享任何 MNPI,Invesco 会要求其立即向市场公开披露该信息。

当投票或沟通未能获得成功时,Invesco 可能会采用升级策略,例如:直接与公司董事会/高级管理层对话、与其他股东联合行动、降低投资或最终撤出投资等。

2. 与公司沟通及参与治理实践情况

本书选取了 Invesco 2018 年 7 月 1 日至 2019 年 6 月 30 日,12 个月内,Invesco 投资团队与控股公司的沟通情况。在这 12 个月内,Invesco 投资团队与持股公司开展了超过 1 000 次的沟通,较之上一个报告期增加了 43%。在这些问题中,有 60% 涉及管理层薪酬议题,31% 涉及环境与可持续发展议题,29% 涉及持股公司的日常管理,18% 涉及公司的社会责任。

案例 1:与一家英国银行就性别平等议题进行沟通

性别薪酬差距是 Invesco 重点关注的议题之一,英国很多大型银行都因性别薪酬差距而遭到诟病。2018—2019 年,Invesco 的 ESG 团队与一家英国大型银行的管理层和董事长举行了多次会议,强调解决这一行业通病的重要性,并询问其正在采取的解决措施。Invesco 还组织了一个投资者合作圆桌会议,讨论银行的公司治理问题。

通过沟通,Invesco 发现该银行一直在努力解决相关问题。例如,推出"回归方案",该方案主要针对职业中断后重返工作岗位的女性,用以改善性别平等问题。另外,该银行于 2019 年聘任了一位女性首席执行官,成为第一家聘任女性 CEO 的英国大型银行。

案例 2:与一家日本房地产公司就董事会结构进行沟通

Invesco 是一家大型日本房地产开发商的长期股东,该公司在东京市中心拥有大量的办公楼。虽然该公司拥有优质的房地产资产，但其股价一直远低于其基础资产组合的价值。

几年来，Invesco 多次直接与该公司管理层沟通，希望公司能改善其治理情况，如将由内部人士占大多数的日本传统董事会结构调整为一个更有利于股东价值的治理方式。虽然没有收到立竿见影的效果，但在与 Invesco 长期的沟通过程中，公司态度逐渐向开放和积极的方向转变。终于，在 2018 年该公司设立了董事会下属三个委员会（审计、薪酬和提名），并全部由独立董事担任主席。

此外，Invesco 认为公司设置的反收购措施（毒丸计划）损害了股东权益，因此在交流中不断强调这一问题的重要性。2019 年，该公司最终取消了毒丸计划。

案例 3：与一家中国石油公司就气候变化议题进行沟通

Invesco 是中国一家大型石油公司的投资者。该公司在环保方面颇有作为，如实施低碳战略、推广清洁能源、提高能源效率、投入节能减排专项资金等。然而，该公司的温室气体排放风险管理计划中一直未设立明确的减排目标或者最后期限，但同行业公司都已对此做出了详细计划。于是，Invesco 多次与公司沟通提出这个问题。最终，在 2019 年 6 月，该公司团队公开了其《绿色发展行动计划》，约定于 2020 年将碳排放量减少到 2015 年的水平，并于 2050 年在低碳排放主要指标上成为全球领先模范。

案例 4：与一家新西兰制造零售业公司就信息披露议题进行沟通

某新西兰制造零售业公司在 ESG 方面信息披露甚少，且曾被卷入一场关于中国婴儿奶粉食品安全问题的丑闻，因此 Invesco 对其的 ESG 评分较低。然而，在沟通的过程中，该公司 CFO 介绍了大量关于公司近年来改进奶粉配方、减少碳排放和使用环保包装等积极实践，使得 Invesco 对其大有改观，并建议管理层向投资者充分披露相关信息。该公司积极采纳了这一建议，并在向投资者发布业绩目标报告时同时披露其 ESG 实践与目标。

四、结语

在各类与责任投资相关的排名中，名列前茅的往往都是欧洲的机构投资者，这使得作为美国机构的 Invesco 更加亮眼。相较于本书中研究的其他欧洲机构投资者，Invesco 更注重高效地实践其责任投资理念，例如通过综合利用大量第三方专业机构的服务来增强其 ESG 能力，强调投票业务的"去中心化"，赋予全球各地投资团队更多主动权。此外，在与持股公司沟通的选择上也更多考虑其客户的需求，这些先进实践为其他同行践行责任投资提供了许多值得借鉴的经验。

【参考资料】

1. *Invesco' commitment to environmental sustainability*. https：//www.invesco.com/corporate/about－us/esg/environmental－sustainability.

2. *Invesco 2020 Proxy Statement*. https：//s21. q4cdn. com/954047929/files/doc_financials/2020/sr/f6164a9d－424a－4f23－b241－e79400727c3a. pdf.

3. *Invesco's environmental, social and governance approach*. https：//www. invesco. com/corporate/dam/jcr：9fd6f5f2－8184－4ac7－ac9c－b03e73c936be/IVZPRI－BRO－1. pdf.

4. *Invesco's global commitment to ESG investing*. https：//www. invesco. com/corporate/about－us/esg.

5. *Invesco 2020 UK Stewardship Code Report*. https：//www. invesco. com/corporate/dam/jcr：20377804－9582－471b－b81b－0231648ea930/2020_UK_Stewardship_Code_3. 29. 21. pdf.

6. *Invesco 2020 ESG Investment Stewardship Report*. https：//www. invesco. com/content/dam/invesco/emea/en/pdf/ESG_Investment_Stewardship_Report_Global_Final. pdf.

5. 施罗德集团

——贯彻责任投资理念的资产管理机构

施罗德集团（Schroders）成立于 1804 年，拥有逾 200 年的金融服务经验，是全球最大的上市资产管理公司之一。截至 2020 年 3 月 31 日，Schroders 管理的资产规模达到 5 744 亿美元，其客户来自全球 35 个国家及地区，包括企业、保险公司、地方公共机构、慈善团体、高端私人客户个人投资者等。

Schroders 以客户为中心，致力于为客户创造长期可持续价值。Schroders 很早就注意到，客户不仅关注投资回报，也愈发关心投资所产生的社会影响。因此，在过去的 20 多年里，Schroders 秉持责任投资理念，并贯彻落实可持续、主动管理的投资原则。

一、可持续投资

Schroders 在投资时，会充分考虑其投资决策可能会对环境、社会和治理（ESG）的影响。截至 2020 年末，Schroders 已经实现 ESG 理念与投资策略的全面融合。

Schroders 连续六年获得联合国责任投资原则组织（UN PRI）的"A +"评级，并在 ShareAction① 发布的 2020 年欧洲负责任资产管理机构调查排名中位列第七名。Schroders 认为，可持续投资成功的关键，在于通过密切跟踪和主动参与来改善目标公司的治理行为，从而提升其长期价值。

1. 投资团队

Schroders 构建了一支经验丰富的可持续投资团队。该团队主要由 ESG 专家组成，长期致力于将 ESG 要素整合到 Schroders 的投资框架之中。此外，可持续投资团队还负责为投资分析师、投资经理提供定期的 ESG 培训，以确保所有投资部门能协调一致，将 ESG 因素纳入投资的全部环节中（如图 1 所示）。

可持续投资团队还开发了专门的投资驱动型 ESG 工具 CONTEXT②。该工具为分析目标公司的利益相关者关系和业务模式提供了系统框架，可以帮助投资者了解目标公司业务模式的可持续性和盈利能力，并提供广泛的结构化数据来支持投资分析师的观点。该 ESG 工具的使用方便了信息的共享，并使 Schroders 能够快速识别市场的发展趋势。

2. 投资工具

为了保证可持续投资的有效性，Schroders 可持续投资团队针对如今较为突出的

---

① ShareAction 是一家英国非营利机构，在过去 12 年中一直致力于开展负责任的投资运动，为投资者和储户提供研究和培训，发布政策建议，分析投资者行为，其理念是将投资者、机构和个人汇聚成强大的网络，共同采取行动并推动变革。

② CONTEXT 是 Schroders 的内部量化研究工具，它可以识别重大 ESG 问题，并检查常规数据和非常规数据，以评估单个公司在相关同行群体中的表现，这也使得投资者能够识别落后和需要改进的特定领域。

```
┌─────────────────────────────────┐
│    参与各投资小组并提供专业意见    │
├─────────────────────────────────┤
│ 研究并撰写跨行业、跨地区的ESG前沿专题报告 │
├─────────────────────────────────┤
│ 与投资分析师、投资组合经理协作评定ESG风险与机遇 │
├─────────────────────────────────┤
│      为投资分析师持续提供ESG培训      │
├─────────────────────────────────┤
│        向全球投资主管做定期报告        │
├─────────────────────────────────┤
│ 事后核查Schroders参与的ESG实践并评估其效力 │
└─────────────────────────────────┘
```

图 1　Schroders 可持续投资团队的职责

ESG 问题，专门研发了一系列可持续投资工具，用以衡量目标公司的 ESG 水平。具体如表 1 所示。

表 1　Schroders 可持续投资工具

工具名称	通途	特点
气候进程板（Climate Alignment）	每季度更新；通过政策、技术、金融及主导产业相关的指标和国际能源署方案的比照，基于当前情况预估气温的上升	该工具指出了气候变化下的薄弱领域，以及将会被不确定的政府政策影响的产业。例如，分析显示，碳捕捉与储存技术在提供可行解决方案方面仍有待进步
风险碳值（Carbon VaR）	在目标公司向低碳经济转型的进程中，评估碳排放价格的提高对其利润和投资回报的影响	该工具能评估供应链排放，并确认哪些公司潜在损失最大，是一种比传统的碳足迹更深入的研究方法
物理风险值（Physical Risk）	基于资产位置，测算截至 2030 年，目标公司为了在极端气候变化中保护其资产所承担的成本在资产价值中的占比	该工具展示了公司层面和股票投资组合层面的物理风险，能有效帮助目标公司更好理解并应对极端气候的挑战
可持续值（Sustain Ex）	量化公司造成的隐性的环境和社会成本	投资小组能通过该工具建立对其投资组合及标的公司对社会和环境产生影响的全面认识

3. 投资模式

针对各个投资项目，Schroders 采取"项目小组＋可持续投资专家"模式，设立专门的项目小组主导投资，并从可持续投资团队中调配相关的 ESG 专家与之配合。除了为项目小组中的投资分析师和投资组合经理开展相关的培训、提供专题研究培训外，可持续投资团队派出的专家也会直接参与投资，确保 ESG 因素真正融入 Schroders 投资活动的全部环节（如表 2 所示）。

表 2　Schroders 的 ESG 整合实践

资产种类	项目小组	整合方法
证券投资（Equities）	Blend European Equity Team	• 与可持续投资团队合作，对 ESG 话题进行讨论 • 使用 Schroder 定量研究工具 CONTEXT 进行 ESG 分析 • 参与尽责管理

续表

资产种类	项目小组	整合方法
固定收益 （Fixed Income）	Global Multi – Sector Team	• 将 ESG 融入投资全流程中，包括专题研究、投资组合构建和风险管理
私募股权 （Private Equity）	Schroder Aveq	• 投前投后：使用 RepRisk 进行尽职调查和监控 • 三步流程 积极选择：在实施中践行 ESG 要求 排除风险：积极管理 ESG 相关下行风险 参与沟通：与基金管理者和投资公司沟通，积极采取 ESG 相关措施
房地产 （Real Estate）	Schroder Real Estate	• 发布年度可持续发展报告，披露投资战略，主动参与的进展及环境绩效数据 • 设立评估框架，分析投资组合对环境、社会的影响

案例 1：可持续投资团队与欧洲投资小组 Blend 的协作

2019 年，Schroders 在欧洲设立的投资小组 Blend 与可持续投资团队展开合作。他们共同发表了一篇关于食糖消费及其对餐饮产业影响的文章，推动了公众对这一议题的关注。他们还与油田服务业公司沟通，帮助他们更好地理解低碳转型的潜在影响。在此过程中，可持续投资团队向 Blend 提供 CONTEXT 工具以分析目标公司和利益相关方的关系，评估其可持续发展能力。除此之外，Blend 向渣打银行（Standard Chartered）表达了对其 CEO、CFO 薪资过高的担忧，并通过与其薪酬委员会沟通，实现降薪目标，从而推动为期 3 年的长期激励计划付诸实施。

二、主动管理

Schroders 希望通过主动管理影响企业行为来推动投资对象实现可持续发展，因此，Schroders 不仅重视投资对象的价值变动，也会密切关注其日常经营。这种主动管理的方式，帮助 Schroders 更好地保护和提升其客户的投资价值。

Schroders 的主动管理表现在三个方面：对话、参与、投票（如图 2 所示）。Schroders 自 2000 年开始进行投票管理并开展主动参与，长达 20 多年的实践让 Schroders 积累了丰富的主动管理经验。

图 2　Schroders 主动管理的三个方面

Schroders 将其成功的主动管理经验归纳为四个方面。

- 扎实的知识（Knowledge）：基于众多投资分析师、ESG 专家的经验，Schroders 探索着真正能够影响公司长期价值的可持续发展性问题。
- 强健的关系（Relationships）：Schroder 与其投资的标的公司建立了长期而稳固的关系，共同参与 ESG 实践。
- 深远的影响（Impact）：Schroders 从主动参与中获得的实践经验可以直接影响到投资决策。
- 有效的激励（Incentive）：如果主动参与未能成功，Schroders 将减少甚至卖空持有的标的公司资产，或者完全避免此类投资。

1. 主动管理——主动参与（Engagement）

作为积极的资产管理机构，Schroders 通过主动参与的方式，推动上市公司的 ESG 实践。2020 年，Schroders 开展了 1 535 个可持续专题交流协作项目，总计和全球 58 个国家的 1 490 多家公司进行了超过 2 150 次的互动交流（如图 3 所示）。

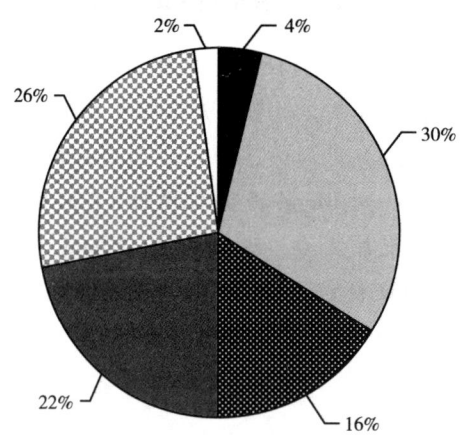

■ 拉美　□ 英国　▥ 北美　▨ 亚太　▩ 欧洲（不含英国）　□ 中东和非洲

图 3　Schroders 2020 年参与全球沟通情况

Schroder 通过主动参与的方式，与上市公司积极沟通，帮助上市公司建立与股东的长期关系，通过不断积累对新型风险和投资机遇的实践经验，收获更高的投资回报。Schroders 的主动参与可以分为事实洞察型（Fact-finding）和变革促进型（Change Facilitation）两种类型。其中，事实洞察型参与指获得更多的关于目标公司业务模式的信息，以加深对公司的理解和认识；而变革促进型参与则指通过识别目标公司内部治理的薄弱环节和外部风险，推动公司应对风险、进行变革。两种类型的主动参与互为补充，自 2015 年起，Schroders 采取变革促进型参与的比重逐渐上升。

（1）沟通议题

Schroders 十分关注自身、目标公司等其他利益相关者的 ESG 发展，致力于促进自身和利益相关企业 ESG 水平的提升（如表 3 所示）。

表 3　Schroders 主动参与关注的 ESG 问题

主题	内容
环境	气候变化、生物多样性、环境政策/战略、环境产品和服务、环境供应链、森林、污染、废弃物管理、水资源
社会	数据安全、人力资本管理、供应链管理、消费者、健康和安全、人权、劳动标准、营养和肥胖、产品安全、社会政策/策略
公司治理	董事会结构、公司战略、薪酬、股东权利、信息披露、会计实务、审计师、投票、ESG 与可持续性战略、商誉

（2）主动参与流程

在主动参与之前，Schroders 会对目标公司进行优先级排序，排序主要基于：①目标公司的重要程度，这主要通过代表客户投资的资产总规模或持股比例判断；②目标公司是否存在有争议或较薄弱的股东关系；③目标公司是否对 ESG 有足够关注或存在一定问题。

在主动参与过程中，Schroders 会根据目标公司的不同采用不同的参与机制与方式，主要包括：

- 与目标公司的代表举行一对一会谈（例如董事会成员、高级管理人员、投资者关系负责人、可持续发展或环境专家等）。
- 书面信函或电话。
- 与公司顾问和其他利益相关者进行讨论。
- 与其他投资者集体行动。

由于目标公司关键性战略的变更往往需要一段时间才能真正在其业务流程中得以实现，因此 Schroders 会对目标公司进行持续性监督和沟通，以确保主动参与的有效性。

此外，Schroders 也会定期发布主动参与的进度报告。该报告基于 Schroders 和目标公司的共识，将主动参与目标事项的落实进度划分为五类，分别是完全实现、大体实现、部分实现、未实现、无须进一步变化（如图 4 所示）。

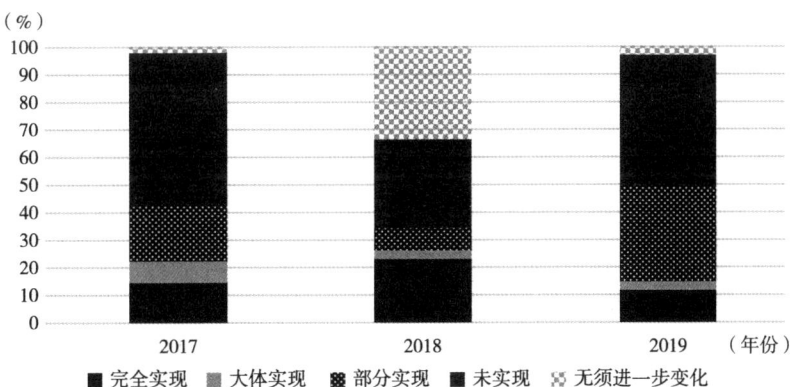

图 4　Schroders 2017—2019 年主动参与的落实进度

案例 2：与 Barclays Bank 就向化石燃料公司提供金融服务的问题的沟通

2020 年初，作为巴克莱银行（Barclays Bank）的股东，ShareAction 提交了"逐步停止向化石燃料公司提供贷款等金融服务"的议案。倘若议案通过，巴克莱银行将失去一项重要业务，因此，其董事会面临着巨大压力。在股东大会召开前，Schroders 与巴克莱银行进行了一系列讨论，分析 ShareAction 议案的利弊，综合银行自身情况，促使巴克莱董事会在大会上主动提交了更为成熟的议案，内容包括遵循《巴黎协定》所制定的"零碳排放"目标，调整其为高碳排放能源产业提供的金融服务，制定长期战略并定期于年度报告中进行披露等。该议案最终以 99% 的支持率获得通过。

2. 主动管理——投票（Voting）

Schroders 主动管理的另一个重要内容是行使投票权。除投票成本过高的特殊情况外，Schroders 通常会参与持股公司所有年度股东大会和临时股东大会，并对议案进行表决。投票时，Schroders 会重点关注 ESG 事项相关的议案。2020 年，Schroders 重点关注的三个 ESG 事项分别为审计质量、高管薪酬（尤其是美国）和董事会多样性。

Schroders 积极参与股东大会，并在专业的可持续投资分析师帮助下形成投票决策。Schroders 将参与投票的议案划分为六个主题：董事相关、日常事务、薪酬、资本分配、环境与社会事宜及其他（如表 4 所示）。

表 4　　　　Schroders 履行投票权时关注的问题

主题	内容
董事会相关	董事会结构、领导力、履职表现、续聘规划、多样性
日常事务	年度报告、审计师资质与独立性、内部控制
薪酬	薪酬政策、离职费
资本分配	股东利益、资本使用有效性、股份发行、优先购买权
环境与社会事宜	重点原则、透明度、信息不对称、最佳措施、政策实施进展、气候
其他	战略重心、重组与并购、反收购、要约收购、毒丸计划、公司章程

（1）投票流程与政策

作为国际机构投资者，Schroders 覆盖的上市公司遍布全球。Schroders 的公司治理专家与可持续投资团队共同制定投票政策，并在投票前根据政策评估每个议案。另外，针对这些投票政策应该如何应用于各个国家或地区，Schroders 制定了详细的内部指引，列示了每家上市公司的基本情况、业务进展、当地法规要求等内容。

Schroders 还会参考投票咨询机构的投票建议，如 ISS 和投资协会的机构投票信息服务（IVIS）等。这些来自第三方的投票建议和 Schroders 的 ESG 专家意见、可持续投资团队开展的内部研究结果一同构成了 Schroders 投票决策的重要参考。投票完成后，Schroders 会持续跟踪并记录其投票结果，并将参与投票情况在年度尽责管理报告中予以披露。

（2）投票数据

Schroders 按月度披露其投票情况，详细说明所参加股东大会的议案、投票结果，并解释其赞成、反对或弃权的原因。Schroders 管理的资产遍及全球资本市场，由于在不同地区持有的资产规模不同，在各区域的投票规模也存在差异（如图 5 所示）。

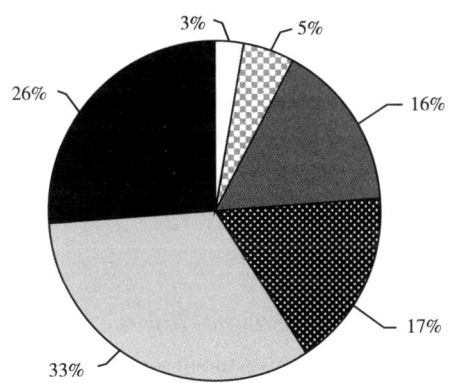

□ 拉美　■ 英国　▨ 北美　▨ 亚太　■ 欧洲（不含英国）　□ 中东和非洲

图 5　Schroders 2020 年全球参与投票的情况

近三年的投票数据显示，Schroders 参与股东大会的数量逐年上升，总体赞成比例趋于稳定。2020 年，Schroders 共参与 6 518 次股东大会，对 68 992 项议案进行了投票。其中，Schroders 对有关董事、日常事务的决议尤为关注，其中绝大多数反对议案都与董事和薪酬有关（如表 5 所示）。

表 5　　　　　　　　　　　　Schroders 近三年参与投票的情况

	2020 年	2019 年	2018 年
参与股东大会的数量（次）	6 518	5 876	5 227
全部决议（项）	68 992	61 156	56 510
赞成比例（%）	87	87	86
反对或弃权比例（%）	13	13	14

Schroders 会在议案不符合股东和客户的最大利益时投出反对票。例如，当议案内容涉及削弱股东权益，或者不利于上市公司的长期业绩和股东价值时，Schroders 将会提出反对票。通常来说，Schroders 会在决定投票反对前与上市公司沟通，并告知其反对的理由。另外，如果公司业绩不佳且持续下滑，Schroders 可能会投票反对董事会中的相关董事。

随着 ESG 相关议案的不断增加，Schroders 在 2020 年重新修订了其全球投票政策以应对这一变化。举例而言，对于气候变化可能会构成重大风险的公司，如果其董事会不能向投资者提出具体应对措施，Schroders 通常会投票反对该公司的董事；如果一个公司采取了不可持续的商业行为，Schroders 会定期与其管理团队进行沟通，以便深入了解他们的计划，并促进他们采取更负责任的可持续发展方式，在必要时 Schroders

会投票反对相关董事。

三、结语

从 Schroders 在负责任投资领域的探索与实践情况可以看到，Schroders 已经在可持续投资和主动管理两方面形成了独特的发展策略，并建立了自身的"护城河"。通过建立专业的可持续投资团队、开发内部可持续投资工具、发展"项目＋小组"的投资模式、积极开展主动管理，Schroders 成功贯彻了其可持续的投资理念。当然，资产管理机构在实现真正可持续发展上仍任重道远，未来 Schroders 也将继续秉持对客户、公众和社会负责的态度，为提升持股公司的长期价值、建设更好的社会而努力。

【参考资料】

1. *Schroders 2019 Sustainable Investment Report*. https：//www.schroders.com/en/sysglobalassets/about－us/sustainable－investment－report－annual－2019.pdf.

2. *Schroders Sustainability*. https：//www.schroders.com/en/strategic－capabilities/sustainability.

3. *Schroders 2020 Q3 Sustainable Investment Report*. https：//www.schroders.com/en/insights/economics/sustainable－investment－report－q3－2020.

4. *Schroders 2020 Q1 Sustainable Investment Report*. https：//www.schroders.com/en/sysglobalassets/about－us/sustainability－investment－report－q1－2020.pdf.

5. *Schroders Slavery and Human Trafficking Statement*. https：//www.schroders.com/en/about－us/corporate－responsibility/slavery－and－human－trafficking－statement.

6. *Schroders Environmental, Social and Governance Policy for Listed Assets*. https：//www.schroders.com/en/sysglobalassets/global－assets/english/campaign/sustainability/integrity－documents/schroders－esg－policy.pdf.

7. *Schroders 2020 Corporate Responsibility Report*. https：//www.schroders.com/en/insights/corporate－responsibility/corporate－responsibility－report－2020.

6. 富达国际

——持续前进的责任投资机构

富达国际（Fidelity International）（以下简称"富达"）1969 年成立于美国波士顿，原隶属于富达投资，1980 年从富达投资中独立。富达是全球领先的投资管理公司之一，客户遍及亚太地区、欧洲、中东地区、南美及加拿大。截至 2020 年 12 月 31 日，富达管理的资产规模达 7 063 亿美元，服务的客户数量达 252 万。

富达于 2012 年成为联合国责任投资准则组织（PRI）的签署机构，正式开展责任投资的时间相对较短。但是，富达却后来居上，目前已形成了成熟的尽责管理组织架构与责任投资①方法论。

一、责任投资组织架构

富达设有责任投资运营委员会（Sustainable Investing Operating Committee，SIOC），负责在富达首席执行官（CEO）的授权之下管理责任投资的相关事项，包括：

（1）制定总体战略方向、政策框架；

（2）指定负责责任投资的对外事务代表；

（3）决定责任投资的相关产品、业务增长目标、投资整合等事项；

（4）制定符合"排除政策"的被投资公司名单；

（5）监督富达各业务部门的责任投资事项执行情况；

（6）监督富达作为持股公司的股东，行使股东权利的情况，包括与持股公司交流及代理投票活动。

SIOC 成员包括尽责管理与责任投资全球负责人；投资管理、分销及总顾问部门的高级代表等。SIOC 每月定期召开会议，回顾责任投资活动，同时每年至少修订一次责任投资的相关政策。SIOC 组织架构的具体情况如图 1 所示。

二、责任投资方法论之 ESG 整合

富达将 ESG 理念融入投资流程的方方面面。投资团队的分析师采用融合了 ESG 因素的自下而上的投研方法（如图 2 所示）。投资经理在做出投资决策时，也会主动分析 ESG 因素所带来的潜在影响（如表 1 所示）。同时，富达会采购外部机构的 ESG 主题研究报告，作为其内部研究的补充。

---

① 特别说明的是，考虑到富达中文官方网站将"Sustainable Investing"译作"责任投资"，为保持一致，本文将采用相同的表述。

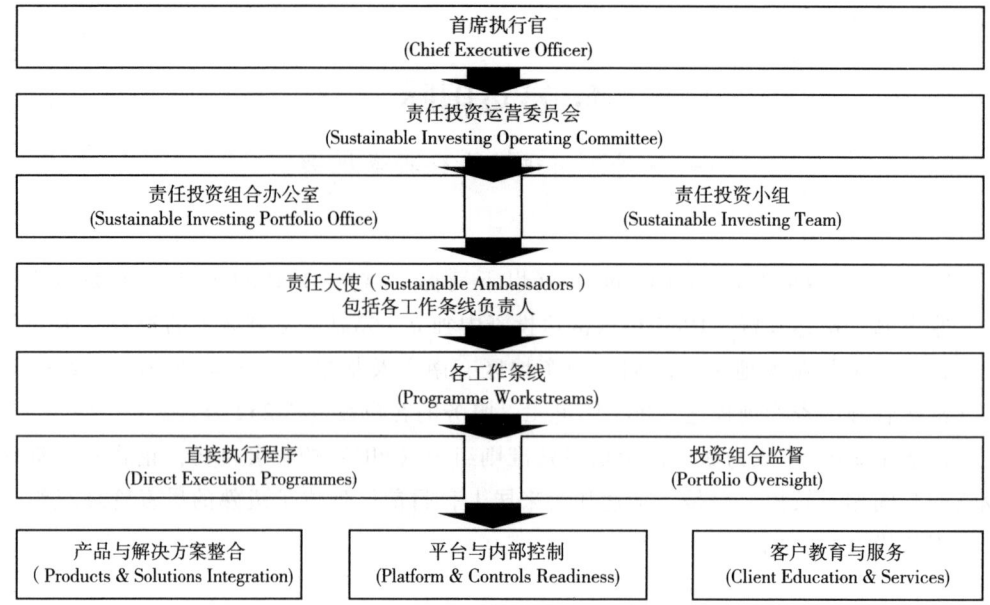

图 1　富达责任投资组织架构

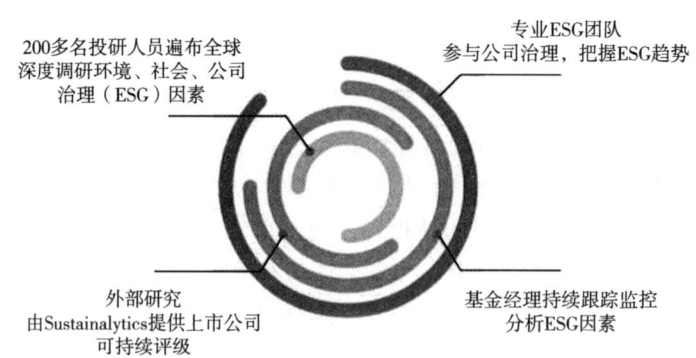

图 2　富达将 ESG 融入投研的方法

表 1　富达投资团队所考虑的 ESG 因素

主题	内容
环境责任	气候变化、环保商机、生物多样性、浪费与污染
社会责任	多元背景、人权与供应链管理、数据隐私与安全、健康与生命安全
公司治理	董事会效率、企业文化与行为、薪酬、股东权利、透明度

具体而言，富达的 ESG 整合主要体现在建立 ESG 评估体系以及制定排除政策。

1. 可持续评级体系

2019 年 6 月富达推出可持续评级体系，将其应用于持股公司的基本面分析，评估持股公司对可持续相关风险的敞口，以及持股公司的日常经营与管理实践的可持续程度。该评级体系将富达投资的所有资产类别分为 99 个子类，每个子类都有体现其独特行业特征的评价标准，评估等级由高到低分为 A—E 级。评级体系由具有丰富股东大会投票经验的富达投研分析师搭建，每年至少更新一次，若遇到重大 ESG 事件，也要及时更新。

评级结果对富达投资团队的所有成员开放使用，为投资决策提供额外的观点支持。富达要求投资经理每个季度向领导深度汇报其管理基金在各个方面的表现，不仅包括基金的常规信息，如基本风险信息、波动率、业绩表现、基金定位；还包括基金的可持续表现，如 ESG 得分、碳数据。其中的 ESG 得分则来源于富达的可持续评级体系以及第三方评级结果。由此，可持续评级体系得以切实影响投资经理的投资决策过程。

2. 投资标的排除政策

排除政策，即富达不持有不符合富达 ESG 原则的上市公司股票。富达的排除政策由 ESG 团队（即 SIOC）制定，应用于所有资产类别和专户委托管理的基金（客户另有要求的除外）。目前，富达的排除名单主要包括真正使用、储存、生产或移转集束弹药和反步兵地雷的公司。但如果一家公司的商业活动或产品"可能"或"尚未"用于集束弹药和反步兵地雷，那么富达将不会排除该公司。

此外，如果一家公司拟剥离符合富达 ESG 排除原则的业务或停止相关经营活动，富达则不会将其列入排除名单，但会继续跟踪该公司，确保其完成相关业务的剥离。

富达的 ESG 排除政策实施流程如图 3 所示。

图 3　富达的排除政策流程

三、责任投资方法论之尽责管理

富达通过多种方式对持股公司开展尽责管理，包括与公司进行通信往来、发起股东提案、联合行动、充分利用投票权以及推动公共政策的完善等。其中，参与持股公司股东大会的投票，以及与持股公司进行沟通是最为核心的两种形式。

1. 投票活动

富达的投票活动主要由专职投票团队进行。投票团队通过与投资团队合作，做出最佳投票决策，确保其符合富达的投票政策及责任投资政策。

富达将努力参与所有持股上市公司股东大会的投票，除非参与投票的成本大于收益。同时，富达也会考虑持股公司的特殊情况和当地市场的最佳实践，以决定是否参加投票。

在大多数情况下，富达倾向于通过与董事会和管理层直接交流，促成公司对拟审议事项做出改变，而不是简单地在股东大会上投出反对票。从 2018—2020 年富达的参与投票情况来看，富达每年参与会议的次数约为 4 000 次，异议率呈上升趋势。其中，富达对欧洲（不含英国）上市公司的异议率最高，对亚洲（不含日本）上市公司的异议率则最低（如表 2 所示）。

表 2　　　　富达国际 2018—2020 年投票情况（分地区）

地区	2020 年		2019 年		2018 年	
	参与投票会议数（次数）	异议率（％）	参与投票会议数（次数）	异议率（％）	参与投票会议数（次数）	异议率（％）
美洲	996	36.4	1 074	39.9	1 071	46.9
亚洲（不含日本）	1 195	19.8	1503	7.1	1 369	5.8
欧洲（不含英国）	688	60.8	728	59.6	701	57.5
日本	310	33.2	369	40.1	408	39.2
中东和非洲	44	36.4	43	48.8	54	37.0
大洋洲	193	42.0	197	26.9	219	24.2
英国	402	43.0	455	14.1	452	20.6
总数	3 828	33.5	4 369	28.7	4 274	30.7

注：异议即非赞成意见，包括反对、弃权、锁定及无行动。

从 2019 年的议案表决情况来看，富达对薪酬相关议案的反对率最高，对欧洲（不含英国）及日本上市公司的收购相关议案的反对率显著较高（如表 3 所示）。

表 3　　　　富达国际 2019 年的反对票情况（分议案）　　　　单位:%

相关议案	英国	欧洲（不含英国）	美洲	日本	亚太（不含日本）	大洋洲	中东、非洲
审计机构	0	0	0.1	0	0.1	0	0
董事会	0.7	3.4	1.4	5.4	1.6	4.0	3.9
资本结构	1.2	11.2	5.5	0	0.3	0	6.0
修订章程	2.1	2.3	8.1	6.0	2.0	0	0
薪酬	10.2	31.9	22.6	10.3	2.2	11.6	8.4
日常业务	0.3	0	1.5	1.2	0.3	0	0
战略/重组	0	5.6	1.0	14.3	2.7	0	2.4
收购相关	0	46.7	15.9	100.0	0	0	0
股东提案	12.5	2.5	51.9	15.7	1.2	24.2	33.3
总反对率	1.4	8.1	5.6	5.6	1.2	6.9	4.9

注：反对率为反对票占地区总投票数比例。

2. 与公司沟通（Engagement）

以 2019 年为例，富达重点关注的与公司沟通议题如表 4 所示。

表 4　　　　　　　　　　　富达国际 2019 年重点沟通议题

主题	目标	关注行业
供应链的可持续性	聚焦人权及生态足迹，提升透明度，鼓励公司布局更具可持续性的战略	纺织业
气候变化相关的融资	提升气候融资政策、ESG 标准及 TCFD① 报告质量	银行业 保险业
棕榈油的可持续性	鼓励棕榈油公司遵循 RSPO② 标准，满足信息披露要求	棕榈油业

近年来，富达与多家持股公司进行深入交流。通过沟通，富达不仅更好地把握了投资标的经营情况，还推动其提高公司治理水平。

案例 1　供应链和可持续性：马来西亚橡胶手套产商

英国《卫报》称，一家马来西亚橡胶手套制造商存在强迫劳动、工作时间不合理和强制征收招聘费用的问题。富达与该公司公开交流后，该公司明确了拟建立机制，保证减少工作时间，并从 2018 年底开始承担招聘费用。该公司还在其网站上披露了针对上述问题的最新政策，体现出其对改善劳资关系的努力。

案例 2　可持续性棕榈油：一家栽植公司

2019 年初，富达就棕榈油可持续性管理问题与一家栽植公司进行沟通，并就非政府组织对其在过往栽植活动中滥伐森林的指控征求管理层的意见。该公司表示其正在与 RSPO 密切合作，以确保与其在可持续棕榈油生产方面满足 RSPO 的要求。除此之外，该公司还计划申请种植园和工厂的 RSPO 证书，截止日期为 2024 年。

案例 3　保险与气候风险：一家再保险公司

富达与一家再保险公司进行交流，对该公司将气候风险纳入其保险业务的方法和投资实践进行评估。在责任保险方面，富达重点考察绿色基础设施和可再生能源。经过交流，富达得知该公司缩减了碳密集型责任保险业务（Carbon Intensive Insurance Liabilities），并增加了绿色/低碳责任保险业务。除此之外，该公司还建立了再保险行业中最先进的自然灾害模型之一，以评估其负债组合的自然风险。

四、责任投资方法论之与外部机构合作

富达的责任投资团队成员通过与外部自律性组织紧密合作，改善行业监管和公司治理方式，并促进可持续投资和社会发展。合作方式主要为加入这些组织，以成员身份参与 ESG 相关的磋商活动。富达加入的自律性组织及签署的尽责管理协议如表 5 所示。

---

① 气候相关财务信息披露工作组，Task Force on Climate–Related Financial Disclosures，简称"TCFD"。
② 可持续棕榈油圆桌会议，Roundtable on Sustainable Palm Oil，简称"RSPO"。

表 5　　富达国际加入的自律性组织及签署的尽责管理协议

类别	中文名称	英文名称
自律性组织	亚洲证券业与金融市场协会	Asia Securities Industry and Financial Markets Association（ASIFMA）
	亚洲公司治理协会	Asian Corporate Governance Association（ACGA）
	英国保险协会	Association of British Insurers
	意大利基金经理人协会	Assogestioni
	国际碳排放信息披露项目	Carbon Disclosure Project
	气候债券倡议	Climate Bonds Initiative
	英国工业联合会公司委员会	Confederation of British Industry Companies Committee
	公司治理论坛	Corporate Governance Forum
	欧洲基金与资产管理协会尽责投资工作小组	EFAMA's Responsible Investment Working Group
	法国资产管理协会	French Asset Management Association（AFG）
	全球房地产可持续性标准	Global Real Estate Sustainability Benchmark（GRESB）
	香港投资基金公会	Hong Kong Investment Funds Association（HKIFA）
	国际公司治理网络	International Corporate Governance Network（ICGN）
	投资协会	Investment Association
	日本与英国的投资者论坛	Investor Forums（in both Japan and the UK）
	责任投资原则	Principles for Responsible Investment（PRI）
尽责管理协议	英国尽责管理守则	The UK Stewardship Code
	日本尽责管理守则	The Japanese Stewardship Code
	香港证券及期货事务监察委员会负责任的拥有权原则	The Hong Kong Securities and Futures Commission Principles of Responsible Ownership
	台湾证券交易所机构投资人尽职治理守则	The Taiwan Stock Exchange's Stewardship Principles for Institutional Investors

五、结语

2020 年，富达旗下所有资产的 PRI 评级均达到"A＋"级。从设立责任投资团队、制定投票政策到搭建可持续评级体系，富达在不到五年的时间内已经在责任投资与尽责管理领域颇有建树。在未来，富达强调其将进一步推进相关实践，以更广阔的视野落实更为全面、更加可量化的责任投资方法论。

【参考资料】

1. Fidelity International 官方网站对 Sustainable Investing 的介绍。https：//www.fidelityinstitutional.com/en－cn/sustainable－investing/sustainable－investing.

2. *2020 Sustainable Investing Report*. https：//www.fidelityinstitutional.com/static/global – institutional/media/pdf/sustainable – investing – report.pdf.

3. *2018 Sustainable Investing Report*. http：//www.fidelity.com.cn/zh – cn/pdf/2018 – Sustainable – Investing – Report.pdf.

4. 《排除政策框架》. http：//www.fidelity.com.cn/zh – cn/pdf/Exclude_policy_framework.pdf.

7. 加拿大养老基金投资公司

——积极开展尽责管理的资产所有者

加拿大养老基金投资公司（Canada Pension Plan Investment Board，CPPIB），系应1997年颁布的《加拿大养老金计划投资委员会法》要求成立，负责监管并投资由加拿大养老金（Canada Pension Plan，CPP）持有的资金。成立伊始，CPPIB从CPP处划转了1 210万美元并在二级市场投资；2001年，CPPIB进行了第一笔私募股权投资。截至2020年3月31日，CPPIB资产管理规模已超过4 000亿美元，预计2023年资产管理规模将超过1万亿美元。

CPPIB认为所谓可持续投资，就是进行长期投资，而真正实现长期投资不仅需要被投资公司的努力，更离不开持股股东的努力。作为负责任的机构股东，CPPIB在代理投票和主动管理这两方面亲力亲为，通过设立可持续投资小组、可持续发展委员会、积极在持股公司的股东大会上行使投票权、与公司紧密沟通等做法，积极推动持股公司践行可持续发展策略。

一、CPPIB的内部治理

为服务投资任务，CPPIB构建了独特的管理结构和内部治理结构，其最大的特色就是独立性和责任性：独立性指的是不同于主流的主权财富基金（Sovereign Wealth Fund），CPPIB完全独立于政府，以避免政府对其投资决策的影响，在制定投资政策、策略方向以及重要的经营决策时，仅向CPPIB的董事会汇报；责任性则体现在虽然CPPIB独立于政府，但最终仍需要对其管理者联邦财政部部长和省级财政部部长负责。

二、践行可持续投资

CPPIB下设六大投资部门，其中主动权益资产（Active Equities）投资部①中的可持续投资小组（Sustainable Investing Group，SI）负责评估投资中的ESG因素，并支持整个投资团队将ESG要素整合到投资流程中。

在投资方面，CPPIB内部会独立投资其大部分资金，但仍有部分资金会委托给外部资产管理机构进行管理。CPPIB的可持续投资团队会和外部资产管理团队密切合作，以确保双方都将ESG因素纳入投资决策流程。CPPIB可持续投资团队的工作主要包括投前尽调和投后监督。针对证券投资、私募股权投资和委外投资，CPPIB制定了不同的尽职调查和持续监督的策略与方法（如表1所示）。

---

① 该部门于全球范围内投资在美洲、欧洲和亚洲上市公司或即将上市的公司的普通股或与股票挂钩的证券。

表 1　　　　　　　CPPIB 针对不同资产的尽职调查和监督方式

资产类型	尽职调查和监督方式
证券投资	ESG 调查报告：可持续投资小组（SI）通过分析二级市场公司的绩效、做法、政策、监督机制和披露资料来生成报告 ESG 重要性框架：SI 拥有专有的 ESG 重要性框架，可以为任何行业汇总重要的 ESG 信息 ESG 数据库：SI 定制的数据库可以系统、全面地测量和监视 ESG 信息，为集成工作提供了以数据为中心的独特方法。该专有数据库包括从公司年报、可持续报告以及财务数据供应商处中获得的信息 代理投票：SI 会在 CPPIB 投资的所有上市公司的股东大会上进行投票
私募股权	ESG 评估：SI 会对任何潜在的直接股权投资的 ESG 作法进行详细评估，其中房地产小组有独有的 ESG 尽责调查程序
委外投资	ESG 尽责调查问卷：CPPIB 会要求普通合伙人和外部资产管理机构在开展合作之前完成问卷。该问卷包含普通合伙人对环境变化等因素的处理方法，对外部资产管理机构则更关注其对 ESG 相关职责、监督、沟通做法、代理投票的理解 回答监督问题：普通合伙人和外部管理机构每年都要对监督问题做出回复 报告：普通合伙人和外部管理机构要提交 ESG 相关政策和做法的报告

CPPIB 并不会简单剔除那些存在 ESG 相关风险的项目，而是选择将 ESG 风险和机会整合考虑到投资分析的过程中。

1. 基于 ESG 的投资流程

（1）筛查

对目标公司进行初步评估时，识别其与 ESG 风险相关的要素。

（2）初步尽职调查

在这环节，CPPIB 将对目标公司的业务模式和 ESG 重要风险因素进行结构化的深入审查，信息来源包括高级管理层和公司的信息、内部专家以及环境、技术、工程、法律、安全和会计专家等。在尽职调查中，投资团队还会和公共事务与沟通部门（Public Affairs and Communications）合作，以评估所投资的目标公司若出现 ESG 风险会给 CPPIB 带来的声誉影响程度。

（3）形成投资建议

投资审核过程中，CPPIB 会对重大 ESG 事项进行评估，主要评估 ESG 风险和机会的潜在财务影响，并给出投资建议。

（4）持续监督

作为投资者，CPPIB 致力于对每个投资组合资产进行合理的控制和处理。当决定对私募股权项目或房地产项目进行直接投资时，CPPIB 会在投资期内密切监督投资项目的 ESG 风险。

2. 设置 ESG 要求

CPPIB 对公司 ESG 要求主要包括信息披露和实践效果，具体如下：

- 要求公司披露与重大环境因素及社会因素有关的信息、公司业务和产品对社会及环境的影响、缓解环境及社会冲击的方案、公司的可持续性报告。
- 要求公司执行或监视与社会及环境因素相关的政策和实践，或可提高公司长期业绩及/或减少暴露于潜在环境及社会冲击的风险。
- 要求公司改善有关治理、策略、风险管理、业绩指标及与气候变化有关的目标和机会的实践和披露。鼓励公司执行"气候相关财务披露工作组（TCFD）"的建议。

CPPIB力求通过主动管理来提高所投资公司的长期业绩，作为积极主动的资产所有者，参与投票和与公司开展沟通，也是其开展尽责管理的重要手段。

三、行使投票权

CPPIB认为，在年度和临时股东大会行使投票权是向持股公司董事会、管理层传达观点，并帮助CPPIB承担积极股东尽责管理义务最有效的方法。CPPIB会提前向持股公司和利益相关方完整披露其投票意向，并在会议之前公布其投票决定。

1. 完备的组织架构

CPPIB可持续发展投资架构如图1所示。

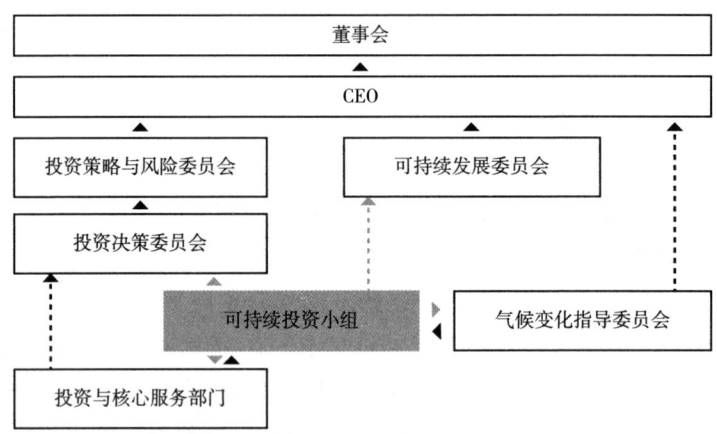

图1　CPPIB 2020年可持续发展投资架构

其中，参与投票流程中的部门主要包括可持续投资小组、可持续发展委员会和CPPIB的董事会。

- 可持续投资小组（SI）：将相关ESG因素融合进投资决策制定和资产管理中，并将代理投票决定和沟通诉求告知投资组合中的公司。
- 可持续发展委员会（SIC）：讨论并审核拟与持股公司的沟通话题和《代理投票原则及准则》，并在这些文件上交给董事会之前做出审核决定。
- 董事会：最终表决通过《可持续投资政策》《代理投票原则及准则》和整合投资框架。CEO、投资策略和风险委员会（ISRC）、可持续发展委员会也会参与到这一过程中。

2. 明确行使投票权的标准

CPPIB表示，会尽最大努力对其所有持股公司行使投票权。当然，某些特定情况下，参与所有持股公司股东大会可能并不现实，在某些有股份冻结机制的资本市场①，CPPIB 也会出于避免流动性限制的考虑而放弃投票。

3. 制定标准清晰的投票决策

CPPIB 聘请外部投票咨询机构（Institutional Shareholder Services，ISS）为其提供基于 CPPIB 内部投票标准的定制化投票建议。CPPIB 内部的可持续投资团队会基于 ISS 建议，进行内部研究，并向投资团队咨询，并酌情与持股公司及其他股东沟通，以确保 CPPIB 所有投票决策都是基于内部投票原则而独立做出的。为提高其投票决策的透明度，CCPIB 选择在持股公司股东大会召开前，就在官网公布其投票决定，并在必要时披露投票理由。

每年 CPPIB 投资董事会都会审核其《代理投票原则及准则》，以确保其符合最新的全球治理最佳实践。可持续投资小组、可持续投资委员会和外部投票咨询机构都会参与审核修订过程。2020 年 2 月，CPPIB 发布了最新版《代理投票原则及准则》，并在其中加入了关于全球董事会性别多样化的投票原则。

4. 公开披露投票数据

在 CPPIB 官网，投资者可以根据上市公司名称、会议时间进行搜索，以获取 CPPIB 在股东会议上的投票结果以及未来将要进行投票的具体计划。CPPIB 2018—2020 年参与投票的数量如表 2 所示。

表 2　　　　　　　　　　CPPIB 2018—2020 年参与投票的数量

年份	参与投票会议数（次）	参与投票议案数（项）	议案反对率（%）
2020	4 238	44 186	10.71
2019	7 437	71 198	9.81
2018	4 921	52 288	8.69

图 2 和图 3 分别展示了 2020 年 CPPIB 在全球参与持股公司股东大会投票及投出反对票的情况。

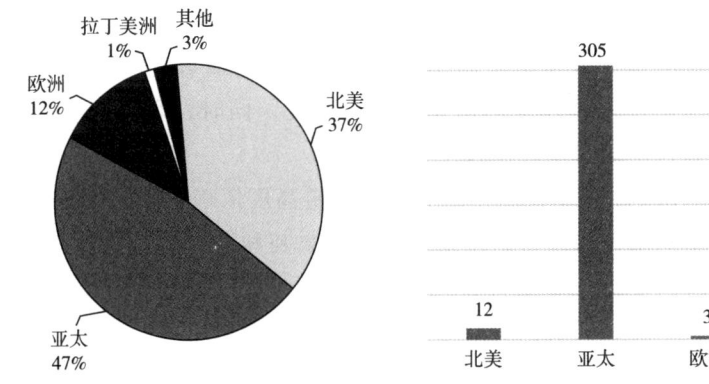

图 2　2020 年 CPPIB 全球参与投票会议　　图 3　2020 年 CPPIB 投出反对票的公司全球分布

---

① 股票冻结机制主要出现在某些欧洲国家，这种机制使股票在股东大会之前的一段时间内因被冻结而无法交易。

2020年,CPPIB 参与投票的主题主要分为薪酬、维护股东权利、ESG 事项披露三类(如表 3 所示)。

表 3　　　　　　　　　　　　2020 年分主题投票概况

主题	议案	议案总数(项)	赞成率(%)
薪酬	高管薪酬	1 627	82
	股东薪酬发放周期	61	100
	股权计划	134	58
	与薪酬有关的股东提案	80	39
股东权利	减少要求绝对多数投票的议案	43	100
	设立独立董事长	50	94
	召开临时股东大会权利	39	95
加强 ESG 披露和实施	加强对环境和社会事项的披露	96	75
	采用/披露企业责任标准	34	41
	政治捐款/游说报告	59	97

四、开展主动管理

CPPIB 认为沟通是理解持股公司、降低投资风险、把握机遇并增强公司长期竞争性和财务业绩的有效方法。在沟通过程中,CPPIB 重点关注的主题主要包括气候变化、水资源、人权、高管薪酬和董事会有效性五大类。

1. 重点关注的主题

- 气候变化(Climate Change):报告期内,CPPIB 共支持了 26 项与气候变化相关的股东提案,其中有 2 项是关于气候变化对供应链带来的风险,8 项是关于公司运营中的温室气体排放管理。在一次联合沟通中,CPPIB 与其他 35 个国际机构投资者对超过 30 家上市公司进行了沟通,要求其关注、管理并有效应对其生产过程中温室气体排放所带来的气候变化风险。沟通后,约 80% 的被沟通公司提高了关于温室气体排放的信息披露完整度,同时,有约一半的被沟通公司开始披露其设定的温室气体减排目标。

- 水资源(Water):该议题主要针对那些运营或供应链高度依赖农业,从而易受干旱、洪涝等风险影响较大的公司,例如农产品、服装和奢侈品、食品饮料、零售等行业的公司。发起这一议题的目的,主要在于确保这些受水资源相关风险影响较大的公司,能够提前识别并处理水资源对农业供应链产生的影响。投资者也期待这些公司就如何应对相关风险进行更为详细的披露。实际上,投资者的主动沟通也取得了积极的效果,目前,已有部分公司就水资源相关风险,以及对公司长期发展可能产生的影响进行了更详细的披露。

- 人权(Human Rights):CPPIB 认为不重视人权问题的公司更可能面临业务动荡、涉诉风险、甚至品牌价值被削弱的风险,所以重视人权保护更有利于维持公司的长期价值。CPPIB 希望其持股公司能够增强识别和管理人权问题相关风险的能力，并积极开展相应措施。
- 高管薪酬（Executive Compensation）：CPPIB 认为，当高管薪酬和公司业绩表现相挂钩时，管理者和投资者的利益才是一致的，这对长期投资者非常重要。因此 CPPIB 希望持股公司在报告中详细披露高管薪酬情况，并对其合理性做出解释。
- 董事会有效性（Board Effectiveness）：CPPIB 认为评估董事会有效性的一个重要标准是其成员的多样性情况，选任经验丰富、背景多元的董事，有利于提升公司管理和企业战略水平。2017 年，CPPIB 首次在加拿大的投票季中加入了董事会性别多样性的投票标准，并于 2019 年在全球的投票季中采纳这一投票标准。

2. 参与治理的过程和方法

（1）整体流程

①分析：利用内部和第三方机构的研究结果，分析持股公司的 ESG 风险和机遇。

②确认：根据重要性、时间范围、所需资源和成功率确定参与持股公司治理的目标。

③最优选择：选择最佳参与治理方式，包括直接交流、联合行动或者代理投票。

④参与：通过与公司交流，推动公司改善实践和信息披露方式。

（2）由浅入深的交流方法

①联系：主动与公司沟通，讨论 ESG 的披露和实践问题，沟通方式包括单独沟通和联合沟通。

②对话：就重要事项与行业专家、高管、董事进行讨论。

③承诺：争取获得公司对加强披露和改善实践的承诺，跟踪其进展并采取后续行动鼓励公司持续改进。如果提出的问题没有得到充分解决，CPPIB 会考虑提高参与程度，例如：行使投票权以表达态度、与其他投资者联合行动、提交股东提案、通过媒体公开提出疑虑和问题等。

④合作：成为持股公司长期建设性合作伙伴，帮助企业持续应对 ESG 问题，最终提高长期的财务表现。

（3）与外部机构共同参与治理：Hermes EOS

CPPIB 是 Hermes Equity Ownership Services（Hermes EOS）的客户，Hermes EOS 是一个全球联合参与公司治理的平台，为 CPPIB 扩大与来自全球各个资本市场的持股上市公司交流提供了有效帮助。在 2020 年报告期内，Hermes EOS 代表 CPPIB 与全球共 576 家公司进行沟通，并与其中 235 家进行了多次沟通。

案例 1 2018 年参与公司治理案例：杜克能源（Duke Energy）

杜克能源是美国大型发电公司，同时也是温室气体排放大户。2014 年，该公司发生了一起煤灰泄漏事件，体现了公司长期任职董事管理能力的欠缺。因此，随后几年，Hermes EOS 代表 CPPIB 等机构客户与杜克能源公司开展持续交流，聚焦两个重要领域：董事会效力和气候变化。煤灰事故后不久，Hermes EOS 会见了该公司负责可持续发展和治理的管理层。此后，Hermes EOS 与公司代表及其董事会定期沟通，明确治理和可持续性问题，并提出改进建议。

Hermes EOS 的积极参与使杜克能源公司发生了许多重大变化。在气候变化问题上，杜克能源公司于 2018 年 3 月发布了一份气候变化报告，概述了杜克能源公司为减轻气候相关风险而制定的战略和正在实施的战略。在董事会效力问题上，杜克能源公司强化了对其独立董事长职位的规定，并更新了董事会成员。此外，杜克能源还在其代理管理声明中明确了股东提名董事会候选人的权利。

3. 退出投资原则

当 CPPIB 不赞同管理层或董事会的立场或决策时，CPPIB 会首先倾向于做一个耐心投资者，积极参与该公司的治理并试图影响公司的行为。但如果效果不佳，CPPIB 也会基于以下原因而放弃对该公司的投资：

- 管理层的战略或者对 ESG 问题的忽视损害了公司长期发展的可持续性；
- ESG 因素对公司品牌和声誉的影响可能会带来超出预期的影响；
- 法律风险。

4. 联合行动

CPPIB 通过合作关系和联合行动增强其在改善持股公司 ESG 实践、鼓励相关政策制定等方面的影响力。截至 2020 年，CPPIB 已经与下列机构达成合作关系（如表 4 所示）：

表 4　　　　2020 年与 CPPIB 建立关系的合作机构

机构	合作关系
30% 俱乐部（加拿大） 30% Club（Canada）	创始成员
亚洲公司治理协会 Asian Corporate Governance Association（ACGA）	成员
BLACKNORTH	签署方
加拿大良好治理联合会 Canadian Coalition for Good Governance	成员
CATALYST	成员
碳排放披露项目 Climate Disclosure Project（CDP）	投资签署方（Investor Signatory）
机构投资者委员会 Council of Institutional Investor	准成员（Associate Member）
FCLT Global	创始合伙人
投资者领导网络 Investor Leadership Network	合伙人

续表

机构	合作关系
国际公司治理网络 International Corporate Governance Network (ICGN)	成员
气候变化机构投资组 The Institutional Investors Group on Climate Change (IIGCC)	支持合伙人（Supporting Partner）
中国养老金投资协会 Pension Investment Association of China (PIAC)	成员
责任投资原则组织 Principles for Responsible Investment (PRI)	创始签署人（Founding Signatory）
可持续会计准则委员会 Sustainability Accounting Standards Board (SASB)	投资咨询成员
气候变化相关财务信息披露工作组 Task Force on Climate–related Financial Disclosure (TCFD)	成员
世界经济论坛 World Economic Forum	产业合伙人

案例2　2017年30% Club (Canada)[①]与CPPIB的联合行动

2017年9月，CPPIB与30% Club的加拿大投资团队共同发表了一份公开声明，呼吁公司、投资者以及商业领袖迅速采取行动，实现2022年董事会和高管中女性占比至少达到30%的目标。

CPPIB与30% Club呼吁各公司：①对董事提名采取专业和结构化的方法，确保董事的选举基于个人能力，并适当将性别多样性纳入考虑；②承诺严格评估董事和高管的业绩，并定期更新董事会成员。

案例3　Canadian Coalition for Good Governance 与 CPPIB 进行联合行动

CPPIB是CCGG[②]的长期成员，近年来与CCGG的董事会和公共政策委员会进行了积极交流。在该次联合行动中，CCGG在2018/2019年度提出以下政策和主张：

- 通过10年的努力，CCGG终于促成联邦政府在2019年提出C-97法案，该法案要求联邦注册公司披露其制定高管薪酬方式，并举行由股东决定薪酬的股东投票活动。
- 2018年，CCGG发行了《董事有关环境和社会因素指引》，该指引旨在协助上市公司董事评估及监督环境及社会因素，以及协助披露环境及社会事宜。

[①] 30% Club 是一家资产所有者和资产管理机构，在全球14个国家和地区设置分部，该机构认为董事会和高级管理层的性别平衡有助于更好的领导和治理公司，并且希望未来在任何董事会都能有至少30%的女性成员。

[②] CCGG是加拿大著名的公司治理机构，作为投资于加拿大公募股权的机构投资者的发言人，在促进上市公司的治理以及改善监管环境方面做出了重要的贡献。

- CCGG 于 2018 年更新了其性别多样性政策，体现了 CCGG 和其成员对促进性别多样性的最佳做法不断进步的观点。最新政策规定，公司应制定书面的多样性政策，并自行设定女性董事人数和高级管理层女性人数的目标。

在加拿大发行审查期间，CCGG 与各公司董事会举行了 37 次会议，占普尔/多伦多证交所的上市公司市值的 17%，交流的范围包括治理政策和高管薪酬。交流过程中，CCGG 与上市公司深入地讨论董事会的架构，以及董事会在关键领域（包括环境和社会风险、战略制定以及董事会和管理层的换届选举）提供有效监督的方法。

五、结语

总体而言，作为资产所有者的 CPPIB，在代理投票方面，制定了内部的《代理投票原则和准则》，其内部可持续投资小组、可持续投资委员会均会参与到投票过程中，同时，CPPIB 也会借鉴第三方投票咨询机构的投票建议，最终结合内部和外部意见给出投票建议。在 ESG 投资方面，CPPIB 会在投前进行尽职调查，在投后进行监督调查，并针对不同种类的资产制定了不同的投前投后策略，确保 ESG 因素融合进了投资的各个流程。

在未来，CPPIB 也强调会继续部署可持续投资发展，进一步完善 ESG 尽职调查和气候变化的资产选择框架，主动给投资团队及持股公司提供建议和指导，帮助他们识别并处理重要的 ESG 风险和机遇。同时，CPPIB 将会继续与持有股份较多的公司保持密切沟通，进一步解决公司经营发展中的关键 ESG 问题，持续推动公司提高信息披露水平。

【参考资料】

1. *CPPIB Proxy Voting Principles& Guidelines*. https：//cdn3.cppinvestments.com/wp-content/uploads/2020/03/cpp-investments-proxy-voting-principles-guidelines-2020-ENv5.pdf.

2. *CPPIB Investments Policy on Sustainable Investing*. https：//cdn4.cppinvestments.com/wp-content/uploads/2020/09/cpp-investments-policy-on-sustainable-investing-june-19-2020-en.pdf.

3. *CPPIB Communications Policy*. https：//cdn2.cppinvestments.com/wp-content/uploads/2019/09/Communications_Policy_May13_2008.pdf.

4. *CPPIB Disclosure Policy*. https：//www.cppinvestments.com/wp-content/uploads/dam/dam/cppib/Who%20We%20Are/Governance/Policies/Disclosure_Policy_1.pdf.

5. *CPPIB* 2020 *Annual Report*. https：//cdn3.cppinvestments.com/wp-content/uploads/2020/05/cpp-investments-annual-report-2020-en.pdf.

6. *CPPIB Policies*. https：//www.cppinvestments.com/about-us/governance/policy.

8. 贝莱德

——责任投资的行业标杆

贝莱德（BlackRock）成立于1988年，现已发展为全球资产管理规模最大的投资机构，客户遍及南美洲、北美洲、欧洲、亚洲、澳洲、中东和非洲等地区。贝莱德的投资风格以指数投资为主。截至2020年12月31日，贝莱德的资产管理规模达高8.68万亿美元，其中权益资产管理规模达4.42万亿美元，指数型投资[①]占权益投资的比例达90%以上。

作为行业龙头，贝莱德有着强烈的社会责任感，致力于建立更具韧性的金融市场，并通过将可持续投资与尽责管理过程相融合来推动行业进步。在投资实践中，贝莱德发现，投资于整合了可持续因素的证券组合将获得更高的风险回报，这与贝莱德致力于帮助投资者获得更高投资回报的目标相一致。因此，贝莱德将可持续理念与其业务进行全面整合，形成了成熟的可持续组织架构与投资体系。

一、全面整合ESG

ESG理念与可持续理念的本意相同。贝莱德将ESG理念与投资流程、观点产出及信息披露进行了全面整合，即不论投资策略是否涉及可持续投资，都将ESG信息作为分析要点纳入投资决策过程。可持续投资并无通用策略，贝莱德认为旗下所有投资经理应共享研究成果、观点及数据，并通过合作优化所有投资活动的流程。

1. 投资流程

贝莱德将整合ESG视作投资流程的核心组成部分，要求每项投资策略说明其整合ESG的具体方法；要求投资经理负责管理ESG风险敞口；同时，要求投资团队提供ESG因素影响投资决策的依据。

贝莱德拥有两类可持续投资方法论，一是排除ESG风险上升或有违资产所有者价值观的某些公司或行业，例如，排除武器、化石燃料与烟草厂家；二是注重增持ESG指标表现良好的公司或行业，并依据特定的公司行为、既定的正面社会或环境影响进行资产配置。在该方法论下，贝莱德相应制定了若干投资策略，指导可持续投资的具体实践。

2. 观点产出

贝莱德对旗下公共产品与私募产品均进行ESG风险评估工作。对于公共产品，贝莱德根据内部数据平台阿拉丁（Aladdin）与外部ESG数据供应商提供的相关信息，

---

① 数据来自贝莱德2020 Q4 Financial Summary，https://s24.q4cdn.com/856567660/files/doc_financials/2020/Q4/BLK-4Q20-Earnings-Release.pdf.

评估投资标的的 ESG 风险，并向投资经理提供评估结果。对于私募产品，贝莱德根据资产与行业的不同，有针对性地开发 ESG 评估工具，使评估结果更准确地反映特定产品的 ESG 表现。

3. 信息披露

贝莱德对 ESG 相关实践进行了颇为充分的信息披露，不仅在官方网站公开披露其整合 ESG 的政策、流程及整体实践情况，还披露了旗下共同基金的 ESG 评分、碳足迹数据及可持续特征的相关信息。

二、可持续投资组织架构及尽责管理工作流程

1. 可持续投资组织架构

如图 1 所示，贝莱德构建了完备的可持续投资组织架构。

贝莱德全球执行委员会（GEC）							
全球执行委员会下属投资委员会							
贝莱德可持续投资小组（BST）							
ETF与指数投资部门	主动权益部门	复合资产部门	固定收益部门	另类资产部门	现金管理部门	专户部门	
风险与量化分析团队（RQA）							

图 1　贝莱德的可持续投资组织架构

具体而言：

①全球执行委员会下属投资委员会（GEC Investment Sub - Committee），负责确保贝莱德内部投资流程的一致性。

②可持续投资小组（BlackRock Sustainable Investing Team，BSI），负责制定可持续投资的相关规则，并至少每年向全球执行委员会下属投资委员会汇报一次工作。

③投资负责人（Investment Platform Leadership），包括贝莱德 ETF 与指数投资部门、主动权益部门、多资产部门、固定收益部门、另类资产部门、现金管理部门及专户部门共七大投资部门的负责人，负责确保各自管理的投资业务整合了 ESG 因素。

④风险与量化分析团队（Risk and Quantitative Analysis，RQA），负责建立投资、关联方及经营风险的评估框架，并定期与投资经理交流该框架的使用效果，验证 ESG 风险与潜在投资机会和期望收益的相关性。

2. 尽责管理工作流程

贝莱德的尽责管理工作由投资督导（BlackRock Investment Stewardship，BIS）主导。BIS 是代理客户投票、参与公司治理的内部团队。该团队下设四个委员会，负责尽责管理工作流程中的不同环节。

BIS 设立于 2009 年，职责为与上市公司沟通、研究公司治理问题、参与行业研

讨、监控投票需求、代理客户投票以及保留投票记录。目前团队按美洲、亚太地区以及 EMEA（欧洲、中东、非洲）分为三大区域团队，共拥有超过 50 名成员，分布在洛杉矶、纽约、伦敦、东京、中国香港、新加坡及悉尼等地，负责全球 85 个资本市场股东大会的投票工作。团队成员均为全职工作人员，不兼任其他职位，亦无须负责销售工作。

在 BIS 内部，设有全球投资管理监督委员会（Investment Stewardship Global Oversight Committee）以及三个主要区域的投资管理咨询委员会（Regional Stewardship Advisory Committees）。全球投资管理监督委员会关注投资风险，由贝莱德各投资团队的高级管理人员代表、副总法律顾问、尽责投资管理团队全球负责人及其他拥有相关经验的高级管理人员组成。区域投资管理咨询委员会包括三大区域委员会，即美洲、亚太地区以及 EMEA，与 BIS 的三大区域团队相对应，由贝莱德高级投资专家及具备董事会工作经验的高级员工组成。

在流程中，BIS 分析师为执行者，区域委员会成员兼备执行与复核职能，全球委员会则负责最终的审核工作。例如，在更新投票准则及参与公司治理的指引时，首先由 BIS 分析师对相关内容进行回顾，其次由区域委员会拟定修订稿，最后经全球委员会审核并公布。除此之外，BIS 分析师在对复杂或有争议的事项进行投票之前，会与对应投资团队或区域投资管理咨询委员会进行内部沟通；同时，定期向全球投资管理监督委员会提交投票报告（如图 2 所示）。

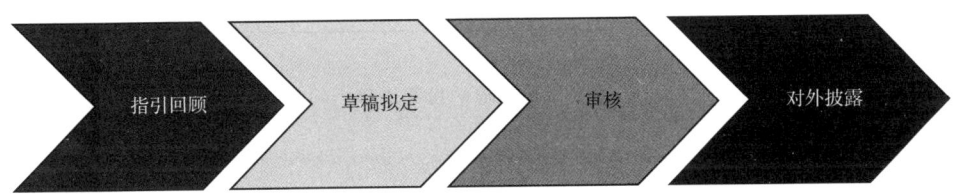

| 指引回顾 | 草稿拟定 | 审核 | 对外披露 |

- 每年回顾并更新，以反映：
  · 市场规则的变化
  · 公司治理实践的改进
  · 从每年与公司及客户的沟通过程中得到的启发

- 三个区域团队对全球准则进行回顾
- 每个区域委员会对各自区域的投票指引进行更新，作为其投票工作的依据
- 三个区域委员会确保相关工作符合贝莱德长期价值创造的理念

- 全球委员会确保相关工作符合贝莱德履行信义义务的要求，以及与投票、尽责管理相关的监管法规和行业自律准则
- 更新后的指引在得到全球委员会最终审核后生效

- 将更新后的投票准则、参与公司治理的指引以及与公司沟通的具体实践在贝莱德官方网站公布，帮助客户及上市公司更好理解贝莱德的尽责管理方法

图 2　贝莱德修订投票准则及参与公司治理指引的流程

整体来看，BIS 是贝莱德的核心部门之一，连接着上市公司、贝莱德与客户这三方的利益。对于上市公司，BIS 通过与董事会、管理层的交流及代理客户投票，推动公司治理的改善；对于贝莱德，BIS 为投资部门提供 ESG 观点及建议，帮助贝莱德提高业务及管理的可持续水平，并通过参与市场机构间的对话，以更好理解相关政策及实践的发展，从而支撑贝莱德创造可持续的长期价值；对于客户，BIS 会尽力帮助其理解贝莱德的尽责管理工作。

三、参与投票

参与投票是贝莱德进行尽责管理、行使股东权利的重要手段之一。

1. 投票流程与投票决策

贝莱德的投票流程如图 3 所示。

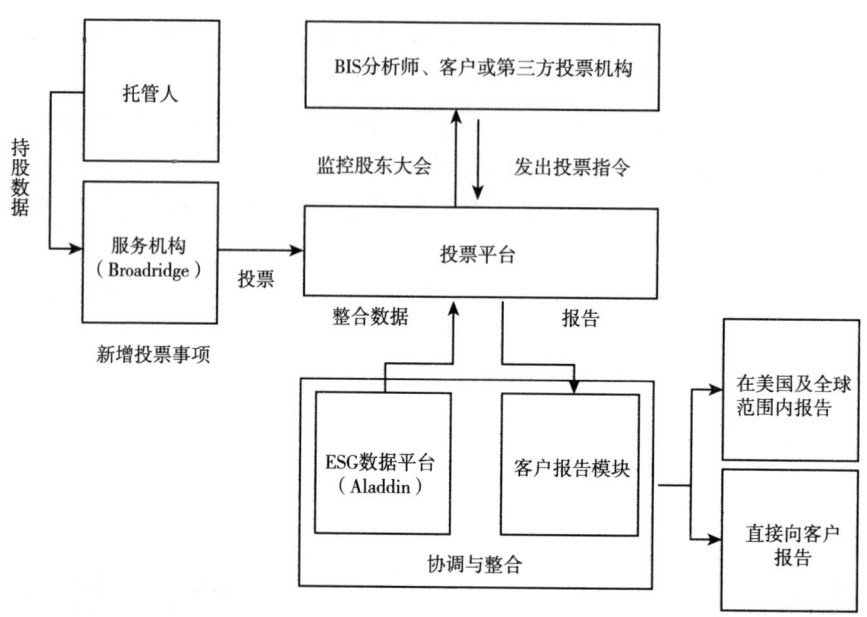

图 3　贝莱德的投票流程

具体而言,可以分为三个步骤(如图 4 所示):

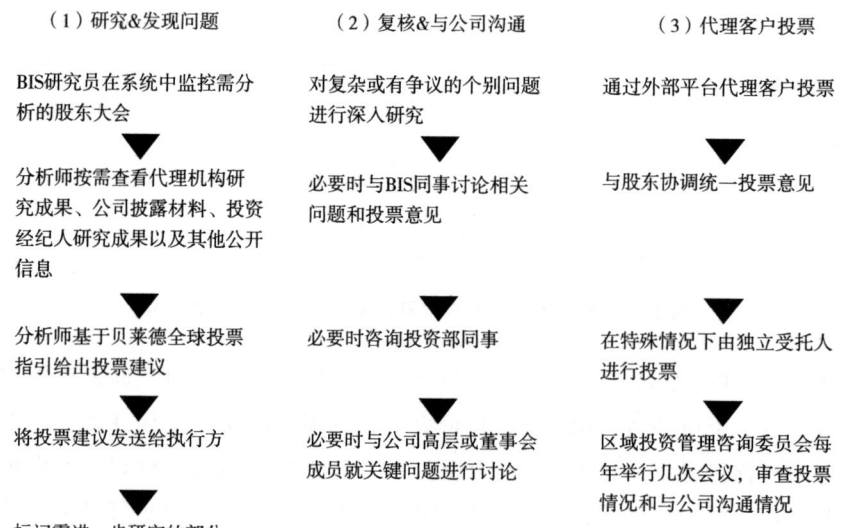

图 4　贝莱德投票的具体步骤

2. 参与投票的标准

贝莱德将在条件允许范围内充分参与股东大会的投票。但由于某些市场的特殊规定与情况，也会导致贝莱德参与投票的难度有所增加，例如：

①未及时通知股东大会的召开情况。

②限制境外投资者行使投票权。

③要求股东赴现场投票。

④"股权冻结"，即限制拟行使投票权的投资者在股东大会前后一段特定时间内处置其持有股份的权力。

⑤语言差异问题。

⑥监管限制。

⑦要求赋予当地代理投票机构无限制的授权，以便其执行投票指令。

当遇到"股权冻结"、过于冗杂的监管要求或投票的成本高于投票能够给客户带来的潜在收益时，贝莱德将放弃参与投票。

3. 投票实践情况

如表1所示，贝莱德2018—2020年参与投票的股东大会总数基本稳定，出现至少一个反对意见的比例在38%左右。其中，贝莱德对不包括英国在内的欧洲、中东、非洲的会议反对率最高，达到55%以上；对美国的会议反对率最低但呈上升趋势，由2018年的29%增至2020年的31%。

表1　　　　贝莱德2018—2020年投票情况（分地区）

地区	2020年		2019年		2018年	
	参与股东大会数量（次）	会议反对率（%）	参与股东大会数量（次）	会议反对率（%）	参与股东大会数量（次）	会议反对率（%）
美国	3 837	31	3 830	31	3 904	29
美洲区（不包括美国）	1 034	49	1 023	44	1 108	50
英国	791	33	824	28	861	30
欧洲、中东、非洲（不包括英国）	2 633	57	2 563	55	2 593	55
日本	2 357	35	2 594	37	2 142	37
亚太区（不包括日本）	6 356	34	5 540	34	6 543	35
总数	17 008	38	16 374	37	17 151	38

注：2018年数据的统计区间为2017.7.1—2018.6.30；2019年、2020年数据的统计区间为2019.1.1—2019.12.31、2020.1.1—2020.12.31，下同。

从贝莱德2020年的分议案投票情况来看，在全球范围内，贝莱德对薪酬类议案的反对率最高；在特定地区，对日本的反收购议案反对率最高，达到91.5%（如表2所示）。

表 2　　　　　　　　　贝莱德 2020 年全球投票情况（分议案）

议案		美国	美洲区（不含美国）	英国	欧洲、中东、非洲（不包括英国）	日本	亚太区（不含日本）	总数
反收购	总数（票）	421	40	435	118	94	57	1 165
	反对率（%）	11.6	2.5	0	39.0	91.5	3.5	15.8
资本管理	总数（票）	482	284	2 410	3 403	41	9 857	16 477
	反对率（%）	6.4	6.7	1.9	13.8	4.9	15.2	12.5
薪酬	总数（票）	4 359	610	1 190	4 072	954	2 943	14 128
	反对率（%）	6.2	9.0	8.5	32.3	13.1	20.4	17.4
选举	总数（票）	21 455	5 745	4 378	13 723	20 048	14 835	80 184
	反对率（%）	8.8	7.0	9.1	12.3	5.9	9.2	8.6
兼并、收购和重组	总数（票）	223	171	99	997	546	6 363	8 399
	反对率（%）	2.2	4.1	5.1	10.0	3.3	13.1	11.5
日常业务	总数（票）	3 579	2 534	2 612	11 802	1 576	14 435	36 538
	反对率（%）	1.4	19.3	2.0	7.9	0.2	3.5	5.6

四、参与公司治理

参与公司治理是贝莱德开展尽责管理的另一重要手段。贝莱德认为，通过参与公司治理，不仅能更好地了解被投资公司面临的挑战和机遇及其治理结构，还能与公司分享贝莱德的投资、治理理念和方法，以增强彼此的理解。

贝莱德会主动与公司董事会及管理层就对业绩有实质性影响的治理问题直接沟通，沟通议题包括董事会（架构、效力、责任）、环境风险与机遇、战略与资本配置、驱动长远发展的薪酬与福利制度以及人力资本管理等。2020 年，贝莱德共与公司进行 3 501 次沟通，其中就治理议题的沟通次数最多，达 3 183 次（如表 3 所示）。

表 3　　　贝莱德 2018—2020 年参与公司治理情况（分地区）

地区	2020 年	2019 年	2018 年
美洲	1 740	1 175	845
英国	317	286	282
欧洲、中东、非洲（不含英国）	484	337	314
日本	446	455	345
亚太区（不含日本）	514	332	263
总数	3 501	2 585	2 049

1. 全球范围内的实践案例

案例 1　董事会议题：一家希腊工业集团

2020年第一季度，贝莱德与一家希腊工业集团就董事会的提名问题和薪酬委员会主席进行了沟通。该公司明确表示希望学习本土市场和欧洲其他市场的公司治理成功范例，不仅包括董事会与投资者的交流，还包括年度董事会工作成果回顾等。该公司还希望进一步提高董事会的能力和经验，认识到可持续发展和ESG问题在该行业中日益重要的趋势。通过与该公司薪酬委员会主席的交流，贝莱德在其提出2020年薪酬议案前传达了对高管薪酬制定的想法。

案例 2　公司战略与资本配置议题：美国一家生物技术公司

贝莱德与美国的一家生物技术公司就收购事项进行沟通。该公司拟收购一家非处方药公司，涉及关联交易。尽管关联董事已回避表决，但该公司董事会未寻求财务顾问对该次交易估值的独立意见，因此贝莱德投出了反对票。

案例 3　驱动长远发展的薪酬与福利议题：英国一家大型自助寄存公司

贝莱德就高管薪酬议题与英国一家大型自助寄存公司进行沟通。贝莱德在2017—2019年的年度股东大会上均反对了该公司的薪酬议案和薪酬委员会的选举。在此期间，贝莱德与董事会接触，提出了改善公司高管薪酬结构的建议。2020年2月，该公司宣布将根据股东反馈调整薪酬结构。改进后，贝莱德对该公司的薪酬议案投出赞成票，并赞成将提出改进的董事选为薪酬委员会成员。

案例 4　人力资源管理议题：美国一家大型包装食品公司

贝莱德与美国一家大型包装食品公司就人力资源管理议题进行沟通。经调查，贝莱德认为该公司未充分披露编外员工的人权评估程序，亦未披露对违反《供应商行为守则》的供应商的处置情况。鉴于该公司的国际业务不断增长，其供应链中可能会出现与供应商员工管理相关的人权风险，因此贝莱德希望该公司能够提高信息披露水平。为了表示关注，贝莱德不仅赞成了年度股东大会的股东提案，还向该公司传达了意见，并分享了其他企业的实践经验。

2. 参与中国公司治理的案例

案例 5　政策建议：对中国证监会的规则制定提出建议

2018年，贝莱德就中国证监会修订《上市公司治理准则》发布了反馈意见，主要涵盖：

①加强核心公司治理事项的披露要求，例如党建工作、董事会运作、董事和高管的薪酬、审计师的审计费用及非审计费用。

②进一步强化董事会架构和实效性，要求上市公司建立薪酬委员会并建立独立董

事牵头人制度。

③加强对控股股东和实际控制人质押公司股票的管理，建议限制控股股东和实际控制人的质押比例、取消质押股份的表决权以及要求公司更详细的披露股票质押的相关信息（如解质押的原因、条款、融资的用途等）。

④鼓励公司积极履行社会责任，将参与公益事业与公司业务发展战略更好地结合起来。

案例 6　绿色融资：三家国有银行

自 2016 年 8 月中国人民银行发布《关于构建绿色金融体系的指导意见》以来，中国各银行已经开始加大绿色融资项目的力度。贝莱德的投资管理团队发现近期多家银行报告的绿色贷款余额大幅增加，有一些甚至达到贷款账面总值的 8%。为了更好地了解绿色贷款业务，贝莱德与三大国有银行进行了面对面的交流沟通。

中国人民银行发布的绿色金融分类标准与欧盟的分类标准有所不同。遵照中国人民银行的指示，该三家银行均在逐步减少"不可持续"业务，例如限制对与污染、高能耗和产能过剩相关行业的信贷额度。除此之外，贝莱德与该三家银行还讨论了多种提高可持续性对长期资产质量影响的方法。

案例 7　ESG 信息披露：一家中国石化公司

虽然监管部门规定，中国 H 股上市公司应披露 ESG 报告，但公司所披露的内容却良莠不齐。因此，贝莱德投资管理团队在与一家中国石化公司的 CFO 接触时提出了这一问题，并试图进一步了解该公司的 ESG 风险管理方法。在沟通中，贝莱德了解到该公司的排放目标在逐渐靠近更严格的国际标准、充分动员员工参与公司风险管理体系、鼓励员工参与泄漏监测系统并予以奖励。经过沟通，贝莱德相信该公司正在有效地控制其环境风险，同时建议其提高对减排目标和排放数据的信息披露水平。

五、结语

作为全球资产管理规模最大的投资机构，贝莱德不仅在投资领域表现出色，更在尽责管理领域实践丰富。对于 ESG 领域，贝莱德秉持强烈的行业责任感与对客户财富负责的信念感，不断开拓，形成了成熟的责任投资与尽责管理体系，既获得了良好的投资收益，又体现了社会价值，真正发挥了其作为行业标杆的积极作用。

【参考资料】

1. *BlackRock ESG Integration Statement*. https：//www.blackrock.com/corporate/literature/publication/blk – esg – investment – statement – web.pdf.

2. *2020 Investment Stewardship Annual Report*. https：//www.blackrock.com/corporate/literature/publication/blk – annual – stewardship – report – 2020.pdf.

3. *Profile of Blackrock Investment Stewardship Team Work*. https：//www.blackrock.

com/corporate/literature/publication/blk – profile – of – blackrock – investment – stewardship – team – work. pdf.

4. *BlackRock Investment Stewardship Global Principles*. https：//www. blackrock. com/corporate/literature/fact – sheet/blk – responsible – investment – engprinciples – global. pdf.

5. *2020 Calendar Year Investment Stewardship Annual Report*. https：//www. blackrock. com/corporate/literature/publication/blk – annual – stewardship – report – 2020 – calendar – year. pdf.

6. *How BlackRock Investment Stewardship Manages Conflicts of Interest*. https：//www. blackrock. com/corporate/literature/publication/blk – statement – conflicts – of – interest. pdf.

9. 挪威央行投资管理公司

——严谨负责的资产所有者

1969年，挪威于北大西洋发现了全球最大的海上油田，并助推了挪威经济的迅速发展。与此同时，政府意识到应合理规划油田所带来的收入，以规避未来经济发展中的潜在风险。1990年，挪威国会立法并创立了全球政府养老金基金（Government Pension Fund Global），也被称作石油基金。该基金由挪威央行投资管理公司（Norges Bank Investment Management，NBIM）负责运营管理，并于1996年得到了首笔注资。

挪威的石油基金只投资于海外资产，是目前全球最大的基金之一，持有全球74个国家和地区超过9 000家公司的股份。因为在每家公司的持股比例均较低，NBIM将自己定位为少数股东（Minority Shareholder）。

作为资产所有者，NBIM非常重视参与公司治理，在其进行直接投资时，会定期与持股公司举行会议，并与公司高级管理人员会面、沟通；在投资新兴经济体时，NBIM通常将资金委托给当地资产管理机构代为管理，并对外部的资产管理人提出ESG风险管理等方面的要求。

NBIM完全透明地公开其资金投向。NBIM官网会披露其基金持有股份的每家公司的相关信息，这些信息包括持股比例以及NBIM在持股公司股东大会的投票情况。

作为积极的资产所有者，NBIM认为其作为公司股东，有责任对持股公司董事会决定产生积极的影响，并督促董事会在进行公司活动时充分考虑ESG要素。在日常投资工作中，NBIM会通过投票、对话、持续监督等方式，承担其作为资产所有者的义务，以推动市场的良好运行，进而提升市场的整体治理水平。

一、代理投票

NBIM认为投票是保证基金价值的重要工具，并力求在持股公司的所有股东大会上行使投票权，并通过投票加强持股公司治理，提高公司财务业绩，督促公司开展负责任的商业活动。基于此，NBIM制定了内部投票原则，并在投票时根据实际情况进行具体分析。

1. 投票准则

NBIM在投票时遵循一致性（Consistency）和可预测性（Predictability）两大原则。一致性并不意味着NBIM在每年、每个事件以及每个公司会做出同样的投票决定，而是表示NBIM所做出的投票决定都是有准则依据的。实际投票时，NBIM会充分考虑公司的实际情况，做出符合市场实践的最佳决策。可预测性则意味着NBIM的投票方式能被其持股公司理解，且后者能对其进行合理的推测。NBIM会公开披露自己的投票决定，投票结果会在股东大会召开后次日于官网发布。

2. 行使投票权标准

NBIM 会尽最大努力参与所有持股公司的股东大会投票，除非遇到特定市场对参与投票有股份冻结的要求，NBIM 会出于确保流动性的考虑而放弃投票。仅 2019 年，NBIM 就在 11 518 场股东大会上对 116 777 项议案进行了投票。

3. 投票流程

目前，绝大多数公司都允许股东远程投票，这也使得 NBIM 可以广泛参与其全球持股公司的股东大会投票。由于会议数量众多，如图 1 所示，NBIM 制定了一套完备的投票流程，并披露于其发布的责任投资报告中。

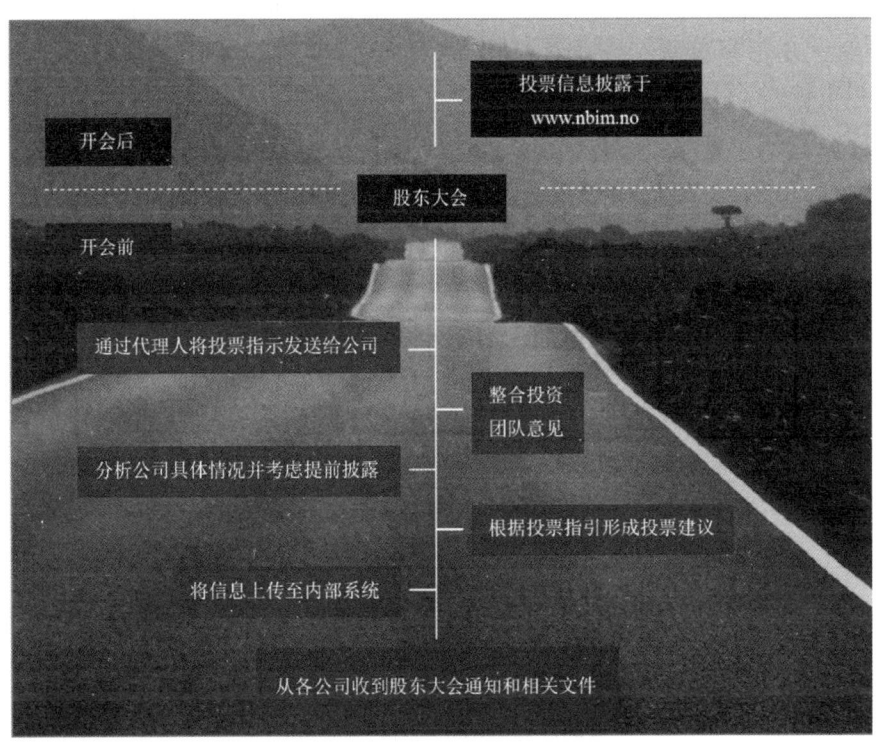

图 1　NBIM 投票流程示意图

NBIM 设计了一个线上投票平台，第三方专业机构会提前将待召开股东大会的全部信息上传到此在线平台，这些信息包括需要投票的议案、董事会对议案的态度和投票截止时间。

NBIM 在投票准则的指导下进行投票。由于掌握了关于持股公司的大量数据，且制定了详尽的投票标准，多数情况下投票决策可由系统自动处理，这不仅提高了处理海量议案的效率，也有利于保持投票的一致性。当遇到无法自动处理的议案时，如高管薪酬、兼并收购以及可持续性发展相关议案，NBIM 则会基于投票准则对议案进行专门分析。

此外，NBIM 的投资团队也会参与到投票流程中。因投资经理对公司了解较为深入，其专业意见可以帮助投票团队更加准确地应用投票准则，并适时与公司沟通，说明其投票观点及背后的理由。2019 年,投资团队共参与了 627 家公司的投票决策。

4. 提前披露投票意向

股东可以在股东大会召开前就公开披露投票意向来表达自己支持或反对的态度。2019 年,NBIM 曾就三家公司的股东大会提前披露了投票意向。第一,对安乐氏(Kellogg Co)① 提出的每年选举董事的股东提案表示了支持,NBIM 认为理想情况下,公司应该给予持股股东每年选举董事的权利,以更好地监督董事会对其行为负责。第二,NBIM 对 Grupo Mexico SAB de CV② 选举董事的董事会提案表达了反对意见,要求公司披露其董事候选人姓名,理由是股东只有在了解候选人背景的前提下才能更好地评估他们的能力和董事会的构成。第三,NBIM 对 Pilgrim's Pride Crop③ 减少水污染的股东提案表示了支持,因为该提案与 NBIM 对水资源管理的要求一致。

NBIM 表示,提前披露投票意向的目的是提高其投票决定的透明度,并将其原则和立场传达给整个市场。

5. 投票数据

2019 年,NBIM 参与投票的股东大会比例达到 97.8%,与前几年数据持平。参与投票会议数和议案反对率情况如表 1 所示。

表 1　　　　　2017—2019 年 NBIM 参与股东大会投票情况

年度	参与投票会议数（次）	参与投票议案数（项）	会议反对率（含一个或以上反对议案）（%）	议案反对率（%）
2017	11 084	113 216	N/A	6
2018	11 287	113 546	27.50	5.30
2019	11 518	116 777	29.10	5.20

在 2019 年董事会的提案中,提案主要集中在董事会有效性、薪酬激励和股东权利三方面,NBIM 对各类决议的具体反对情况如表 2 所示。

表 2　　　　　2019 年 NBIM 反对议案分布

类别	议案类型	反对议案数（项）
董事会有效性	董事会或委员会缺乏独立性	1 116
	董事长和 CEO 职位重合	659
	董事兼职过多或参与董事会议次数太少	593
管理层激励	薪酬	441
	修订公司治理等内部管理制度	248

---

① 家乐氏（Kellogg Company）是一家总部位于美国密歇根州的零食制造谷物早餐和零食制造商。

② Grupo Mexico SAB de CV 是一家多元化矿业公司,负责开采、加工和销售铜、银、金、钼、铅和锌等金属。

③ Pilgrim's Pride Corporation 是一家零售食品商店,该公司在美国、墨西哥和波多黎各从事鸡肉产品的生产和销售业务。

续表

类别	议案类型	反对议案数（项）
股东权利	聘任审计机构	233
	股份发行	472
	反收购条款	92

2019 年，NBIM 所参与审议的议案中，约 2.2% 的提案是由上市公司股东提出的，其中有关公司治理的事项占比为 89.6%，议案主要涉及选举独立的董事长、发起股东大会的权利、提名竞争性董事会候选人的权利。另外，10.4% 的议案则与可持续发展事项相关。NBIM 详细披露其针对股东提案的投票表决情况（如表 3 所示）。

表 3　　2019 年 NBIM 对股东提案的投票情况

	议案总数（项）	赞成议案数（项）
治理相关事项	2 301	1 374
可持续发展事项	267	106

近几年，股东提案中有关环境和社会发展的事项越来越多，但仅有小部分议案真正得到了大范围的支持。2019 年，在 NBIM 持股的所有公司的股东大会议案中，只有 12 项有关环境和社会发展的议案被通过，NBIM 对这 12 项议案均投出了赞成票。除环境和社会发展事项以外，有关互联网公司管理用户信息的议案也在增多，2019 年 NBIM 对推特（Twitter）、谷歌母公司（Alphabet）和脸书（Facebook）股东大会中有关此类旨在提高透明度的议案均投出赞成票。

二、参与公司治理

作为长期机构投资者，NBIM 与持股公司董事会和管理层经常进行直接交流沟通，并提出与基金长期收益相关的治理和可持续发展议题。NBIM 与近 1 000 家公司保持日常对话，这些公司占其股票资产组合价值的 2/3。

1. 2019 年度优先关注的主题

NBIM 在与公司开展对话时，会对讨论主题进行排序，并在接下来的一年中优先讨论此类问题。在 2017—2019 年，NBIM 关注的环境相关议题有所增加（如表 4 所示）。

表 4　　2017—2019 年 NBIM 就各主题参与公司治理的次数

年份	涉及议题		
	环境（次）	社会（次）	治理（次）
2017	962	746	2 902
2018	561	417	1 348
2019	982	687	1 856

对上述三大类主题进行细分可以发现，2019 年，NBIM 主要关注的五大问题是有效的董事会、高管薪酬、气候与环境、人权和反腐与税务。

①有效的董事会（Effective Boards）：2019 年，NBIM 与持股上市公司董事会总计召开了 167 次会议，其重点关注的三大问题包括董事会独立性、董事会成员的时间投入情况和董事提名流程。为建立有效的董事会，NBIM 建议公司董事会对公司事务持有自己的判断，并独立于管理层做出决定。

②高管薪酬（Executive Remuneration）：2019 年，NBIM 与 206 家持股上市公司针对高管薪酬问题进行讨论，并回复了 138 封询问信件。NBIM 强调薪酬计划的简单性、透明性和长期性，特别强调即使高管由于辞职或退休等原因离开公司，也应当将公司的股份持有五年至十年。

③气候与环境（Climate and Environment）：NBIM 持续与拉丁美洲和东南亚的银行就其向破坏森林的公司发放贷款的做法进行沟通，并强烈建议银行加强其尽责管理职能，定期汇报气候变化和砍伐森林的风险。

④人权（Human Rights）：NBIM 与持股公司开展人权相关对话，旨在了解公司如何应对毁林风险和供应链中的儿童权利问题，以及这些因素将如何影响公司的采购流程。

⑤反腐与税务（Anti-corruption and Tax）：NBIM 与持股公司开展反腐与税务相关沟通，旨在鼓励公司披露其管理腐败风险的内容及其反腐行动的效果评估。

2. 参与公司治理案例

2019 年，NBIM 就上述主题与多个公司沟通并力求解决问题，下文即为 NBIM 与公司就董事会有效性、气候与环境、人权和反腐与税务四大主题开展沟通的典型案例。

案例 1　董事会：Saab AB，Alphabet Inc 和 Nestlé SA①

2019 年，NBIM 就董事过度兼职问题，与组合中占比较大的几家公司进行了交流。NBIM 注意到 Saab AB，Alphabet Inc，Nestlé SA 的几位董事在其他上市公司担任了过多职务，因此与公司就该问题进行沟通，并反对相关董事的连任。

案例 2　可持续性发展：十家海运公司

NBIM 与十家海运公司就能源转型问题进行了交流。国际海事组织（IMO）发布了含硫水和压载水的新规则，以及关于降低碳排放的宏远目标，这对海运公司的战略产生了影响。NBIM 希望这些公司针对气候风险和机遇进行报告，并披露他们将如何确保对船舶进行回收。例如，AP Moller - Maersk A/S② 公司设定了于 2050 年达到碳中和的目标，并报告每阶段的工作进展。除此之外，该公司还披露了其在印度阿朗港船舶回收项目中改善社会和环境的工作情况。

---

① Saab AB 是瑞典一家提供航空和防御产品及服务的公司；Alphabet Inc 是美国一家跨国联合企业，是谷歌的母公司；Nestlé SA 是瑞士一家生产食物和饮品的跨国联合企业。

② AP Moller - Maersk A/S 是丹麦一家整合船运的公司，从事海洋和内陆货运相关服务。

案例 3　人权：十四家电子公司

NBIM 与十四家电子公司针对其业务和供应链中因强迫劳动带来的潜在风险问题进行了沟通与对话。国际劳工组织（ILO）于 2016 年估测约有 2 490 万人是强迫劳动的受害者，其中约 1 600 万人在私营企业工作。由于电子行业为劳动密集型行业，移民工人比例很高，而且存在不合规的问题，所以电子行业中强迫劳动的风险不断增加。矿物开采工作也存在相似问题。NBIM 与此类公司对话的目的是希望更了解这些公司对强迫劳动风险的尽职调查和管理情况，并鼓励他们进行完善的披露。与 NBIM 交流的公司包括 Intel Corp，Compal Electronics Inc and Micron Technology Inc① 等。

案例 4　反腐与税务：十家石油公司

NBIM 联系了十家向石油行业提供装备、服务和分销的公司，与他们讨论使用代理协议的问题。这些公司经常利用此类协议联合其他中介机构获得合同，这可能会增加腐败的风险。NBIM 与公司交流的目的是希望他们在使用代理人和中间人时进行详尽的尽职调查。

3. 参与治理数据

2019 年，NBIM 与 1 474 家持股公司举行了 3 412 场会议，与 625 家公司开展过书面沟通。表 5 展示了 NBIM 在 2019 年参与 ESG 议题的会议情况，其中气候变化、董事会构成、薪酬是 NBIM 与公司讨论频率最高的话题。

表 5　2019 年 NBIM 参与公司 ESG 沟通会议的情况

类型	议题	会议次数（次）
环境	气候变化	422
	用水管理	108
	海洋可持续性	42
	其他环境类话题	410
社会	人权	99
	儿童权利	56
	税款和透明度	75
	反腐	77
	其他社会话题	380
治理	董事会责任和效力	402
	薪酬	260
	股东权利	116
	其他	1 078

---

① Intel Corp 为英特尔公司，Compal Electronics Inc 是台湾一家原始设计制造商，为全球客户生产笔记本电脑、显示器、平板电脑和电视等产品，Micron Technology Inc 是美国一家计算机存储器的生产商。

相较于 2018 年，NBIM 在 2019 年参与会议次数明显增多，治理类议题的讨论频率高于环境和社会类议题（如图 2 所示）。

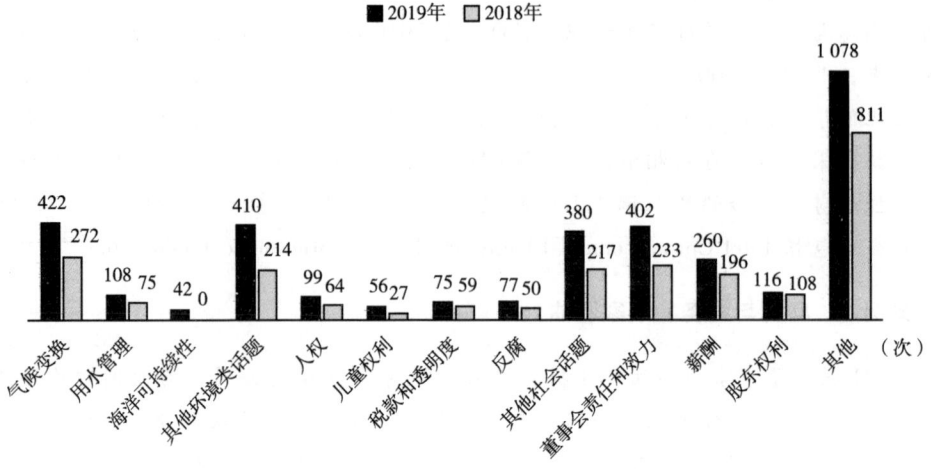

图 2　NBIM 参与公司 ESG 沟通会议的次数

4. 与国际组织和机构合作制定国际标准

国际标准有利于提高市场的一致性和准入门槛，对推动提高公司长期价值有着积极影响。NBIM 积极与国际标准的制定者和管理者进行沟通，推动国际标准的发展，这不仅帮助 NBIM 了解国际标准的战略重点，也为 NBIM 提供了就其自身关注议题与标准制定者进行沟通的渠道。在 2019 年，NBIM 广泛地与机构合作制定国际标准（如表 6 所示）。

表 6　2019 年 NBIM 合作的国际组织和倡议

主题	机构	具体情况
公司治理	非洲公司治理网络 African Corporate Governance Network（ACGN）	董事会员组织网络 Network of Director Membership Organizations
	亚洲公司治理协会 Asian Corporate Governance Association（ACGA）	投资者和公司成员组织 Membership Organization for Investors and Companies
	机构投资者委员会 Council of Institutional Investors（CII）	投资者协会 Association of Investors
	欧洲公司治理研究所 European Corporate Governance Institute（ECGI）	学术实践相结合的研究网络 Academia–practitioner Research Network
	哈佛大学法学院公司治理项目 Harvard Law School Program on Corporate Governance	学术实践相结合的研究网络 Academia–practitioner Research Network
	国际公司治理网络 International Corporate Governance Network（ICGN）	国际投资者协会 International Association of Investors

续表

主题	机构	具体情况
可持续发展	碳排放披露项目 (Carbon Disclosure Project, CDP) CDP Climate; CDP Forest; CDP Water	环境报告倡议 Environmental Reporting Initiatives
	气候变化机构投资者小组 Institutional Investor Group on Climate Change (IIGCC)	投资者倡议 Investor Initiative (Europe)
	挪威可持续投资论坛 Norsif	挪威可持续投资论坛 Norwegian Sustainable Investment Forum
	采掘业透明度计划 Extractive Industries Transparency Initiative (EITI)	国际采掘业透明度组织 International Organization for Transparency in Extractive Industries
	气候变化相关财务信息披露工作组 Task Force on Climate-related Financial Disclosure (TCFD)	国际原则 International Principles
	责任投资原则 Principles for Responsible Investment (PRI)	国际原则 International Principles
	可持续会计准则委员会 Sustainability Accounting Standards Board (SASB)	可持续报告的国际标准 International Standard for Sustainability Reporting
	过渡路径行动 Transition Pathway Initiative	气候风险的投资者倡议 Investor Initiative on Climate Risk
	联合国环境规划署金融自律组织 United Nations Environment Program Finance Initiative (UNEP FI)	多方利益相关者的可持续金融倡议 Multi-stakeholder Initiative for Sustainable Finance
	联合国全球契约 UN Global Compact	国际标准 International Principles
	联合国全球可持续海洋业务行动平台 UN Global Compact Action Platform on Sustainable Ocean Business	多方利益相关者的可持续金融倡议 Multi-stakeholder Initiative for Ocean Sustainability

5. 主动参与集体诉讼①

NBIM 主动参与集体诉讼的代表案例是对大众汽车的起诉。

案例 5 参与对大众汽车的集体诉讼

2015 年，大众汽车承认自己非法使用特殊软件以通过汽车尾气排放测试，该事件

---

① https://www.ipe.com/norwegian-sovereign-fund-joins-vw-suit-backed-by-calstrs/10013959.article.
https://www.reuters.com/article/us-volkswagen-emissions-norway-idUSKCN0Y60RA.
https://www.classaction.com/volkswagen/settlement/.
https://topclassactions.com/lawsuit-settlements/open-lawsuit-settlements/auto-news/volkswagen-fuel-economy-class-action-settlement.

曝出后，大众汽车的股价大幅下跌并引发了集体诉讼，诉讼者包括监管机构、经销商和车主等因此事件受到损失的各方。

截至 2014 年底，NBIM 持有大众汽车 1.22% 的股份，事件发生后持股比例下降至 1.02%，但此事件依然导致 NBIM2015 年第二季度损失约 49 亿瑞典克朗（约合 5.6 亿美元），NBIM 于 2016 年 6 月宣布加入对大众汽车的集体诉讼。

2016 年 6 月，大众汽车同意支付美国司法部和联邦贸易委员会 147 亿美元解决集体诉讼事件。

三、ESG 整合

1. 投资对象排除原则

（1）道德原则

NBIM 重点会避免以下三类投资：①参与制造违反基本人道主义原则的武器的公司；②向某些国家出售武器或军事物资的公司；③生产烟草的公司。另外，对 30% 及以上收入来自热煤的开采公司和 30% 及以上收入来自煤炭发电的能源公司，NBIM 也不会进行投资。

基于行为规范，对严重违反道德准则而导致产生行为风险的公司，执行委员会将在收到理事会有关道德伦理的建议后做出最终评价，并决定是否对该公司取消投资活动。执行委员会的判断依据包括公司未来违反规范的可能性、违规行为的严重程度以及违规行为对该公司产生的影响。执行委员会还可能考虑公司业务和治理的范围，例如公司是否在合理的时间范围内按照预期减少未来违反规范的风险。

执行委员会在决定将一家公司列为禁投标的前，会充分考虑是否有其他方法避免此类违规风险，例如积极参与持股公司治理，与公司进行沟通等。

（2）风险原则

将环境、社会和治理问题纳入 NBIM 的风险管理后，NBIM 可能放弃投资那些长期风险较高的公司。这些公司运营的方式通常是不可持续的，或者可能引发财务问题。这类长期风险的后果可能会直接显现，例如，一家公司因不负责任的行为被罚款或被驱逐出市场，或者被其他能够有效管理可持续性风险的公司淘汰；这些后果也可能间接显现，因为公司的业务对社会具有负面的外部效应，从长远来看破坏了可持续的经济发展，所以 NBIM 希望减少与这些公司的接触，将资金分配给更具有可持续性商业模式的公司。

2. ESG 标准

NBIM 在 ESG 方面的要求主要针对公司董事会，NBIM 认为董事会应全面负责公司战略，应对环境和社会问题带来的挑战，并且将这些领域的重大风险整合到战略、风险管理和报告中。NBIM 关注的 ESG 领域主要包括反腐、儿童权利、气候变化、人权、海洋可持续性、税务透明、用水管理等。参考标准和具体要求如表 7 所示。

表7　　　　　　　　　　　　NBIM关注的ESG议题

话题	参考标准	具体要求
反腐	①The UN Convention against Corruption ②OECD Anti-Bribery Convention ③Principle 10 of the UN Global Compact	①制定明确的反腐政策 ②将反腐政策融入公司经营 ③披露反腐行动并参与反腐项目
儿童权利	①the UN Convention on the Rights of the Child ②International Labor Organization (ILO) Conventions	①将儿童权利相关事项纳入公司政策和战略 ②将重要儿童权利相关事项纳入风险管理 ③针对重要儿童权利相关事项进行披露 ④透明负责地参与儿童权利问题，包括通过投诉机制解决问题
气候变化	①The Paris Agreement ②Nationally Determined Contributions ③UN Sustainable Development Goals 13 (Climate Action) and 15 (Life on Land) ④Task Force on Climate-related Financial Disclosures (TCFD)	①将气候变化相关事项纳入公司政策和战略 ②将重要气候变化相关事项权纳入风险管理 ③针对重要气候变化相关事项进行披露 ④透明负责地参与气候变化政策制定
人权	①the International Bill of Human Rights ②the Core ILO Conventions	①将人权相关事项纳入公司政策和战略 ②将重要人权事项纳入风险管理 ③针对重要人权事项进行披露 ④透明负责地参与人权问题，包括通过投诉机制解决问题
海洋可持续性	①the UN Convention on the Law of the Sea ②UN Sustainable Development Goal 14 (Life Below Water) ③UN Global Compact Sustainable Ocean Principles	①将海洋可持续性相关事项纳入公司政策和战略 ②将重要海洋可持续相关事项权利纳入风险管理 ③针对重要海洋可持续性相关事项进行披露 ④透明负责地参与海洋可持续性相关事项
税务透明	三大原则 ①公司应该对所有产生经济价值的活动进行纳税 ②公司税务安排是公司董事会的职责 ③针对不同国家的业务公开报告是透明税务披露的核心要素	①实施合理谨慎的纳税政策 ②透明披露公司生产价值情况
用水管理	UN Sustainable Development Goal 6 (Clean Water and Sanitation)	①将用水管理相关事项纳入公司政策和战略 ②将重要用水管理相关事项权纳入风险管理 ③针对重要用水管理信息进行披露 ④透明负责地参与用水管理相关事项

3. 后续跟进

NBIM通过与其他公司、投资者、利益相关者合作来增加投资者可获得的信息，并促进企业开展负责任的商业行为。NBIM尤其关注气候变化、水资源管理、儿童权利相关话题带来的风险和机遇，并通过发布相关文件表达对公司解决人权、税收和透明度、腐败和海洋可持续发展等相关问题的期待。NBIM希望公司能够将上述问题中的重要风险整合进公司战略和风险管理中。

自2008年以来，NBIM持续对公司的ESG报告信息披露情况进行评估并按五个等级进行打分。2019 年，NBIM 对公司的汇报进行了 3 941 次评估，其中有 1 500 次与气候变化问题相关，有 500 次与儿童权利和人权问题相关，493 次与水资源管理相关，250 次与反腐败问题相关，249 次与森林砍伐问题相关，200 次与税收问题相关。被评估的公司总计占 NBIM 股票资产组合价值的 76.2%，NBIM 会记录在可持续发展问题上披露较好的公司并公开发布。

四、结语

NBIM 所持有和管理的基金目前是全球最大的基金之一，占有全球上市公司股份的 1.5%，虽然在每个公司都是少数股东，但 NBIM 依然积极发挥其资产所有者的作用，承担尽责管理的义务，通过积极地投票与公司开展对话、持续跟踪以推动公司发展，保证基金价值的长期增长。

【参考资料】

1. *Annual Report 2019*. https：//www.nbim.no/contentassets/3d447c795db84a18b54df8dd87d3b60e/spu_annual_report_2019_en_web.pdf.

2. *Responsible Investment 2019*. https：//www.nbim.no/contentassets/aaa1c4c4557e4619bd8345 db022e981e/spu_responsible‐investments‐2019_web.pdf.

3. *Investing responsibly*. https：//www.nbim.no/contentassets/aee68d3bc8e145c8bc5c5636c1bafe5b/investing‐responsibly_government‐pension‐fund‐global_web.pdf.

后 记

研究课题设置

课题名称：
境外机构投资者参与上市公司治理制度及最佳实践汇编

编委会名单：
中国证券投资基金业协会
紫顶股东服务机构

随着中国资本市场改革开放的不断深入，机构投资者在市场中扮演着越来越重要的角色。如何规范与引导机构投资者的力量，充分发挥其参与上市公司治理的积极作用，已经成为资本市场关注焦点之一。

为全面落实国务院《关于进一步提高上市公司质量的意见（国发〔2020〕14号）》的要求，探索适合机构投资者参与公司治理的渠道和方式，推动提高上市公司治理水平，有必要对境外规则、境内外实践情况做全面而深入的研究和梳理。

本课题通过理论研究和实践研究相结合的方式，梳理了境外监管机构指导机构投资者参与公司治理的相关法规，以及境内外机构投资者参与公司治理的相关实践，总结其中值得借鉴的经验，期待能为国内的市场参与者及研究者提供有益借鉴。

感谢参与本书编制的中国证券投资基金业协会会员一部，以及紫顶股东服务机构的唐淑薇、方领、胡至臻、刘沐昕、李杪。感谢陈贝尔、胡旭妍、王中华、熊甜甜的校对工作。

感谢中国财政经济出版社的支持，在他们的努力下，本书才得以更完美地呈现给大家。

在此对所有关心和支持本书出版的同志们表示衷心感谢！

由于水平有限，本书的编辑和翻译难免有不当之处，恳请读者批评指正。

编委会
2021 年 11 月